平和統一과 金剛山

李 勳 著

백산출판사

화성 겸재 정선 先生 집터(경복고등학교 본관 앞 필자 촬영)

항상 어려운 이웃을 위해 헌신하시며, 평화통일을 기원하신 어머님과 아이들의 외할아버님, 외할머님 영면永眠에 이 적은 노력을 바침과 동시에 건강하고 성실하게 자란 사랑하는 아이들(솔·달·해)과 남북화해와 협력을 위해 헌신하신 시민단체NGO 여러분과 함께 출판의 기쁨을 나누고저 합니다.

저자 배상

책을 펴내면서

필자가 금강산에 관심을 갖게 된 것은 1970년대 초 광주 무등산 춘설헌春雪軒 의제 허백련 先生 화실에서였고, 결정적인 계기는 高麗大學教 재학 시 故인촌 김성수 先生과 의제 허백련 先生의 「생과 사를 초월한 우정友情」 高大 교우회보 특집을 위해 무등산 춘설헌 화실 인터뷰 때문이었다.

이런 연유로 인해 금강산에 특별한 관심을 갖게 되었고, 특히 의제 先生과 이당 先生이 일제 말 금강산 여행 중 완성한 금강산 작품 다수가 6·25전쟁으로 모두 소실된 사실을 상기하시며 남북南北분단 때문에 금강산을 다시 그릴 수 없다며, 몹시 안타까워 하신 것이 계기가 되었다.

무등산 중심사 계곡 의제 先生 화실 춘설헌에서 5시간에 걸친 인터뷰를 마치고, 춘설春雪을 맞으면서, 하산下山하며 '비록 제가 화가는 아니지만, 반드시 금강산을 작품화해 선생님께서 이루지 못하신 뜻을 기필코 실현시키겠다'고 다짐하였지만 30여 년이 지나 실현된 점을 이 책을 통해 밝힌다.

세월은 속절없이 흘러 1990년 초 개인적으로 참으로 어려운 시기가 있었고, 이때가 기회라 생각해 금강산 황금화 제작에 착수하였고, 일본日本·중국中國·금강산金剛山 등을 금강산의 진면목을 화폭에 담기 위해 중국 리 영李穎 화백과 함께 50여 회나 오가며 금강산 금화 작품을 완성하게 되었다.

화가 선정은 금강산 이미지를 살리기 위해 동·서양화에 능能하고, 금金을 잘 다루는 화가여야만 했다. 지성이면 감천이라고 중국中國 리 영李穎 화백을 만나 작품 제작에 박차를 가했고, 그 결과 서울 6회, 북한 1회 등 금강산 황금화 전시회를 성공리에 마쳤고, 이제 세계 순회전시를 준비 중이다.

리李 화백은 일본 동경東京과 서울평창동의 열악한 환경에서도 최선을 다해 금강산 금화작품金畵作品 완성에 최선을 다했다. 이제 그러한 경험 등을 모아 故人이 되신 리 영李穎 화백의 순수한 열정에 의해 완성된 작품을 『平和統一과 金剛山』이라는 책으로 출판하게 되어 감개무량하기 그지없다.

금강산이 그곳에 있었기에 「**민족평화통일을 위한 금자탑**金字塔」인 금강산 관광길이 열렸고, 무려 200여만 명에 달하는 '평화통일을 향한 민족대행진'을 어렵게나마 실현했다. 그리고 위기에 처한 남북南北 대치상황에 새로운 전기를 마련했을 뿐 아니라, 남북 평화통일의 비전vision을 제시하고 있다.

금강산 관광사업은 단순 관광사업이 아니다. 지구촌 마지막 분단국을 극복할 수 있는 한반도 유일한 「**민족평화통일의 대행진**」임과 동시에 우리의 소원인 「평화통일의 금자탑金字塔」을 하나하나 쌓아가는 평화의 프로세스process라 생각한다. 그것은 금강산을 주의 깊게 살펴보면 충분히 이해하리라고 본다.

그 시작은 故 김대중 前 대통령, 故 정주영 명예회장, 그리고 김정일 국방위원장의 협력과 용단에 의해 가능했다. 그러나 이것 역시 인간과 자연의 극적인 조화에 의해 가능했다고 하지 않을 수 없다. 하지만 이제 평화통일 성취는 순전히 우리 모두의 책무責務로 남고 말았다.

또한 책을 쓰면서 민족분단 60여 년의 처절한 아픔을 절감했고, 남북南北 화해와 협력에 무엇인가 해야 한다는 생각에서 금강산 온정리 마을 약 5,000여 명에 달하는 어린이와 주민들을 위해 치과병동을 신설해 모두가 불가능하다는 의료봉사를 추진해 무료진료를 할 수 있어 참으로 기뻤다.

그러나 굶주림과 폐결핵 등의 질병 때문에 꽃다운 젊은이들이 상당수가 죽어가는 것을 볼 때면 뭐라 말할 수 없는 참담한 심경이었다. 비록 한반도가 분단된 처참한 상황이지만, 뒤늦게나마 명산名山 금강산이 열렸기에 개성開城이 열리고 백두산白頭山과 평양平壤이 열리려 하고 있다.

그러나 금강산관광 중단과 개성공단의 경직된 상황, 나아가 현대아산 직원 억류 등의 남북화해와 협력을 해치는 역기능의 참담함에 남북南北 모두 고통스러웠지만, 기필코 평화통일을 위한 여명기黎明期는 다시 밝아올 것이라는 확신을 하며, 그간의 경험이 평화통일의 길로 함께 나아가기를 기대한다.

필자가 책명을 『平和統一과 金剛山』이라 함도 21세기 태평양 시대를 여는 합목적성合目的性 때문이었고, 한반도 태평양 시대로 성큼 나서고 있다는 사실을 직시하면서 대다수 국민의 평화통일에 대한 열정과 가슴 벅찬 심정을 하나하나 담고자 노력했지만 미흡한 점이 한두 가지가 아니라 본다.

특히, 남한의 선량한 관광객 박왕자 여사가 북한군에 의해 살해되어 유가족과 국민에게 큰 슬픔을 주었을 뿐 아니라 참담하기까지 했다. 그리고 천안함 사태와 연평도에서 무참히 희생된 故人들께 마음을 다해 명복을 빌면서, 7천만 민족의 평화통일 염원은 기필코 실현될 것이라 확신해본다.

끝으로, 故 정주영 명예회장, 故 정몽헌 회장, 故 김대중 前 대통령, 故 리 영 화백님 영면永眠에 명복을 빌면서, 그간 전시회를 도와주신 모든 분과 (주)현대아산, 세계적인 사진작가 백남식 선생, 금강산 전문 사진작가 리정수 선생, 금강산 사랑운동 본부 임원 여러분, 출판을 기꺼이 도와주신 백산출판사 진욱상 사장님과 출판부 여러분의 노고에 진심으로 감사를 드립니다.

2011. 설날

인왕산 기슭에서 玄步 李 勳

목 차

겸재 정선 先生 독서여가

제3장 만물상萬物相·초草 일대 • 73

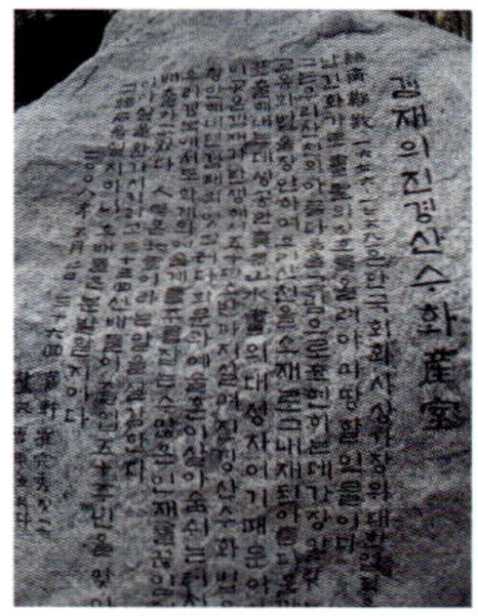

겸재 정선 先生 진경산수화 산실
(경복고등학교 교정 생가)

제4장 내금강內金剛 일대 • 91

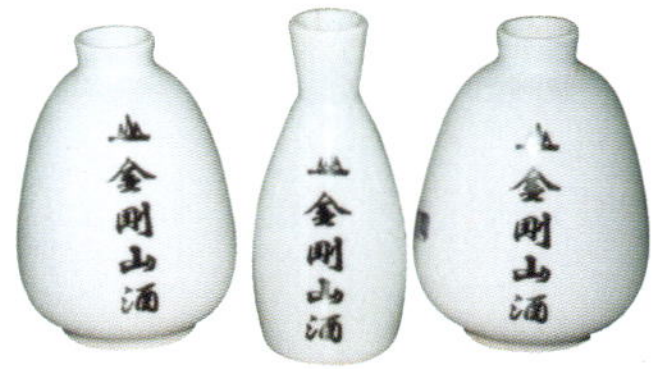

금강산을 사랑하는 마음의 술병

귀면암 금화(양태석 작품)

제9장 금강산 남북 평화포럼平和 forum • 173

삼선암 금화(양태석 작품)

제10장 아! 금강산 육로관광이 열리다니 • 249

제11장 금강산 세계평화운동 산실이어야! • 269

만물상 금화(중국 리 영 작품)

제12장 금강산金剛山 단상斷想 • 285

부록 1 | 남북기본합의서 및 북한 각종 자료 • 363

만물상 금화(중국 리 영 작품)

부록 2 | 금강산 산봉우리·고개(령)·명소 높이와 위치 • 443

부록 3 | 사진으로 본 필자 활동 • 453

제1장

금강산 평화포럼forum

금강산 연적(고려대학교 박물관)

1. 금강산과 故 정주영 명예회장

금강산을 '평화平和의 산山'이라 정의하기에 앞서, 먼저 금강산이 우리 민족의 역사와 생활, 그리고 정서emotion와 어떤 유기적 관계성을 맺어왔고, 나아가 민족 정체성正體性과는 어떤 상황이었을까에 대해 의문을 갖지 않을 수 없다. 나아가 금강산이 민족분단 극복을 위해 어떤 역할을 할 수 있는지에 대해서도 또 다른 이해理解가 있어야 하리라 본다.

그뿐 아니라 민족분단 60여 년간 지구촌 마지막 분단국일 뿐 아니라 심각한 대결장으로 치닫는 상황에서 극적으로 민족화해와 협력으로 나아갈 수 있었는지에 대해 폭넓은 이해가 있었으면 한다. 그러기 위해서는 금강산에 대한 또 다른 조망이 필요하다. 다시 말해서 금강산金剛山이 남북南北 화해협력에 구심점이 되어 남북화해와 협력의 장場으로 나아가는 과정에서 향후 전개될 '평화프로세스'를 다시 한 번 살펴보자는 것이다.

모름지기 기본적 상황이었지만, 그것은 자연과 인간의 극적인 조화에서 비롯되었고, 이것은 한반도 금수강산을 상징하는 아름답고 신비로운 금강산이 우리 조상들과 쉼 없는 교감을 통해서 민족의 삶과 함께 영위되어 존속되었다는 점을 간과하지 않을 수 없다. 때문에 민족분단 50여 년금강산관광 초기을 극복하기 위해 남북한 공共히 현 위기적 정치상황政治狀況을 극복, 민족화해와 협력을 위해 새로운 역사의 전환점을 마련하자는 것이다.

소떼 방북 차량 출발 모습(1998.6)

그런 관점에서 보면, 故 김대중 前 대통령은 적절한 시기에 햇볕정책을 표방했고, 김정일 위원장은 중국中國식 시장경제정책(?) 등에 의해 북한의 심각한 정치적 상황을 극복하기 위해 점진적 개방정책으로 가야 한다는 상황에 봉착했던 것이며, 주변국구소련, 중국과 중동지역 분위기가 지난날의 정치적 상황과는 판이하게 달라졌기 때문에 민족분단 50여 년금강산 관광 초기에 또 다른 정치적 전략이 필요했던 것이라 믿는다.

특히 동독이 무너지고, 중국과 구소련이 점차 붕괴되기 시작하기에 이르렀고, 이러한 분위기는 김일성 주석과 김영삼 前 대통령의 정상회담 합의가 증명해 주고 있다. 그러나 갑작스러운 김일성 주석의 타계로 남북 정상회담은 무산되고 말았으며, 나아가 김 주석의 갑작스러운 타계는 많은 의문과 추측을 낳았다.

하지만 민족분단 50여 년금강산관광 초기 민족의 화해와 협력에 새로운 전기가 모색되어야 할 절박한 상황에 이른 것은 부인할 수 없는 현실이었고, 이점은 민족분단사에 매우 중요한 의미로 부각될 뿐 아니라 이러한 결과가 초래된 것은 남북南北 공히 분단 50여 년금강산 관광 초기 처참한 한반도 상황도 빼놓을 수 없는 요인要因으로 작용되었다.

그러한 의미에서 본다면, 故 김대중 前 대통령의 햇볕정책에 힘입어 단행된 故 정주영 명예회장의 방북은 참으로 의미 깊은 결단이 아닐 수 없다. 어떤 사람은 故 정주영 명예회장의 방북을 '노인의 행위예술'이라고 하거나 실향민의 한사람으로서 고향을 찾은 끈질긴 노력의 결과 등으로 보았으나, 필자는 故 정주영 명예회장의 방북이야말로 생애生涯 마지막으로 민족 평화통일에 뭔가 해야 한다는 사명감에 의한 결과라 여기지 않을 수 없다.

故 정주영 명예회장의 방북을 유심히 살펴보면, 사전에 철저히 준비된 것임을 알 수 있다. 어떤 일이 있어도 분단된 조국의 평화통일을 더 이상 늦출 수 없다는 강렬한 신념이 작용되었으며, 이 한 몸 죽어 이 땅에 한 줌의 흙이 될지라도 조국 분단의 처참한 고통을 더 이상 지속시킬 수 없다는 남다른 애국애족愛國愛族의 철학哲學과 신념信念이 있었기에 가능했던 것이라 믿는다. 때문에 소떼방북은 위대한 결행이라 생각한다.

필자는 통일국민당 창당 당시초기 故 정주영 명예회장 청운동 자택에서 새벽 6시 20분경 인삼차를 마시며, '당을 만드는 것은 민족의 장래와 남북 평화통일에 긴요하다'고 말씀하시면서, 죽기 전 남북 평화통일을 위해 뭔가 하시겠다며 비서진 7~8명과 함께 몹시 추운 아침 7시를 가르며 청와대 앞을 통과 현대사옥계동 집무실로 이동, 통일국민당 창당발기 서명필자을 했던 기억을 지금도 잊을 수 없다. 참으로 아름다운 아침이었다.

결국 세계적으로 성공한 사업가라 할지라도 민족분단 50여 년금강산관광 초기 동안 대치상황에서 모든 정치적·사회적·경제적 상황이 故 정주영 명예회장이 바라는 바대로 이루어질 수는 없다는 사실을 알았으면 한다. 그럼에도 故 김대중 前 대통령의 햇볕정책과 김정일 위원장의 개방정책(?), 그리고 금수강산을 상징하는 아름답고 신비로운 금강산의 조화로운 상황이 남북화해와 협력의 상징인 금강산 관광사업이 창출된 것이라 확신해본다.

지난날의 한반도 정치상황에서 생각하면 꿈같은 이야기가 아닐 수 없다. 故 박정희 군사독재 정권 때 이후락당시 중앙정보부장 등이 비밀리에 평양을 방문, 김일성 주석과 만나 기념촬영 등을 하고 돌아와 위기에 처한 국내정치 국면전환을 모색했던 것과는 비교할 수 없는 상황이었다는 사실을 인식하지 않으면 안 된다.

故 박정희 군사정부의 이러한 정책은 故 김대중 前 대통령을 상당히 신뢰하는 정치상황으로 몰아갔고, 북北측의 관심사는 결과적으로 故 정주영 명예회장의 방북에 힘을 보탰으며, 故 정주영 명예회장의 방북은 단순한 사업가의 방북을 넘어 오직 민족분단 50여 년금강산관광 초기을 극복하기 위한 초석을 만들기 위한 방북이었다고 생각된다. 때문에 이것은 진정한 의미에서 남북 협력시대를 열기 위한 최상의 노력이었다고 하지 않을 수 없다.금강산 육

故 정주영 명예회장 1차 소떼 방북 모습(1998.6)

로관광 특집 中, ASIA press, 리 훈, 2004

혹자들은 故 정주영 명예회장의 방북을 돈벌기 위해 북北에 진출한다는 오해도 있었으나, 이는 진실을 이해하지 못한 입장에서 비롯되었다. 故 정주영 명예회장은 일제시대 소학교에서 한글과 한문을 배웠을 뿐이지만, 인간의 지혜란 교육을 많이 받았다는 사실 때문에 크게 달라지는 것은 아니기 때문에개인차는 있겠지만, 故 정주영 명예회장의 방북을 장삿속이나 단순한 대북 투자로만 국한시켜서는 안 된다는 생각을 해본다.

특히 유의해야 할 점은, 故 정주영 명예회장의 민족 분단 50년금강산관광 초기만에 이루어진 방북을 돈이 뚫은 것이라며 비판하기도 하지만, 이러한 섣부른 추측이나 평가는 그분의 순수한 민족사랑과 조국의 평화통일에 대한 의지와 열정을 이해하지 못한 데서 비롯된 오해라고 생각된다. 다시 말해, 금강산과 故 정주영 명예회장, 故 김대중 前 대통령, 그리고 김정일 국방위원장의 협력의지와 용단이 있었기에 가능했었다고 생각한다.

뱃길관광 첫 출항 모습(1998.11)

1998년은 한반도 대한민국과 조선민주주의인민공화국이라는 서로 다른 정권이 공식화된 지 50여 년금강산관광 초기이 되는 해였다. 그간 남북 50여 년은 전쟁 직전의 대치상황이었고, 간혹 심각한 대결로 치닫곤 했다. 그런가 하면 비무장지대 양측 군사지역은 지뢰밭을 구축하여 전혀 오갈 수도 없는 비참한 지구촌 마지막 분단국이 되었던 것이다. 그러나 이러한 상황에서도 우리 민족은 유독 평화를 사랑하는 민족이었기에 남북南北 화해와 협력을 부정하는 사람은 거의 없었다. 때문에 소떼 방북이란 세계적 이벤트가 창출되지 않았나 싶다.

1998년 6월 16일 오전 10시 故 정주영 명예회장과 일행은 판문점 중립국 감독위원회 사무실을 통해 북北으로 향했고, 이날 일행은 故 정주영 명예회장과 故 정몽헌 회장, 그리고 비서진을 포함해 15명이었다. 이것은 남북 당국자의 적극적인 협력에 의한 순수 민간차원에서 비롯된 방북이었고, 일행이 군사분계선을 넘어 소떼 500마리와 함께 한 세계적 사건

故 정주영 명예회장 소떼 2차 방북 모습(1998.10)

event이었으며, 해방 후 처음으로 단행된 민족의 자주적 행위가 아닐 수 없었다.

강원도 통천금강산에서 그리 멀지 않은 곳이 고향인 故 정주영 명예회장의 방북기념 선물로 서산 농장에서 키운 소 1001마리를 북한에 기증하기로 했으며, 1차 방북 때 500마리를 끌고, 방북 길에 올랐다. 이때 국내·외 모든 매스컴들은 故 정주영 명예회장은 '강원도 통천 가난한 농부의 아들로 태어나 뜻한 바 있어 세 번째 가출하여 소를 판 돈전재산이나 다름 없는 약 70원을 가지고 남하했다'며 대서특필했다.

그런가 하면 어떤 신문은 故 정주영 명예회장이 아니면 할 수 없는 발상이라며 보도했고, 이같은 故 정주영 명예회장의 극적인 행동에 대해 온 국민은 신선한 충격을 받았다. 특별히 진한 감동을 받은 사람들은 고향을 떠나온 실향민들이었다. 이때 실향민들은 소가 되어 고향 땅을 밟기를 원했고, 이에 전국민은 간절한 남북 평화통일 소망의 시선을 TV에 집중시키며 故 정주영 명예회장의 성공적 방북을 기원했었다.금강산기행문 中, 리 훈, 2003

앞에서도 언급했지만, 일부이지만 위대한 역사적 사실을 과소평가하며 장사꾼(?) 故 정주영 명예회장이 돈벌기 위해 북한에 투자를 노리고 저런 쇼show 소떼 1,001마리 방북를 한다는 비난도 있었으나 필자가 보는 시각은 달랐다. 그것은 기업인으로써 예측 불가능한 북北에 위험부담을 감수하며 수천억 원을 투자해야 할 이유가 더더욱 없었고, 특히 원로노인의 입장에서는 불가능한 일이었기 때문이다.

故 정주영 명예회장은 이미 북한을 상대로 사업을 할 수 없다는 사실을 너무나 정확히 알고 있었다는 생각을 하기란 그리 어렵지 않다. 단지 남북南北 경제교류가 어렵지만 누군가가 필연코 나서야 할 민족의 역사적 현실을 직시한 상황에서 볼 때 도탄에 빠진 북한 동포들을 돕고, 지구상에 마지막 남은 분단국 극복에 힘써야 한다는 신념信念에서 방북이 결행되지 않았나 싶다.

소떼 1001마리를 이끌고 판문점을 넘은 故 정주영 명예회장의 방북은 남북 연석회의를 위해 38선을 넘은 故 김 구, 김규식 先生의 건국당시의 방북을 연상케 했다. 그러나 그 의미는 사뭇 달랐다. 故 김 구·김규식 先生의 방북은 어떻게든 분단을 막아 남북 단일정부 수립을 막아야 한다는 일념 때문이었다. 그러나 故 정주영 명예회장의 방북은 민족분단 50여 년당시을 극복하겠다는 순수한 조국사랑과 민족애民族愛에서 비롯된 것이었다고 하지 않을 수 없다.

故 정주영 명예회장은 16일 아침 8시 경 노구를 이끌고 임진각에 도착, 전날 충남 서산 농장에서 키운 소떼와 합류했고, 판문점을 통해 방북했다. 공동경비구역에 도착한 소떼는 두 갈래로 나뉘어졌고, 방북단 일행은 판문점 평화의 집에서 잠시 머무는 동안 소떼를 트럭에 실어 오전 9시 중립국 감독위원회 회의실 옆에 임시로 만든 도로를 따라 군사분계선을 넘기 시작했다. 결국 현대그룹을 일으킴도 훌륭한 일이지만 민족분단 극복에 과감히 나섬도 위대한 일이 아닌가 한다.

소떼 마지막 트럭이 군사분계선을 통과한 후 방북단 일행은 9시 경 평화의 집에서 나와 군사분계선을 가로질러 판문점 중립국 감독위원회 사무실을 통해 오전 10시 북쪽을 향했고, 故 정주영 명예회장은 군사분계선을 넘은 순간 기자들의 질문에 "고향땅을 밟게 되어 반갑다"는 극히 상식적인 인삿말을 남기며, 함께 한 일행의 부축을 받으며, 폭 10cm 정도인 파란색 군사분계선을 넘었다.

이에 송호경 북측 아태평화위원회 부위원장을 비롯한 20여 명의 환영객들이 중립국 감

소떼 방북 차량 행렬

독위원회 회의실 북측 출입구 앞에서 방북단 일행을 영접했으며, 송 부위원장은 반가운 표정으로 "정 선생이 오신 것을 열렬히 환영합니다"라며 정 회장의 손을 잡고 인사를 했고, 이러한 극적인 장면은 TV를 통해 온 국민과 지구촌에 시시각각 전달되었다.

특히, 故 정주영 명예회장의 501마리의 소떼를 몰고 간 10월 2차 방북 때는 김정일 국방위원장과의 면담이 이루어짐으로써, 남북 경제협력은 새로운 국면에 접어들었다. 1998년 10월 30일 밤 9시 55분 故 정주영 명예회장의 숙소인 백화원 초대소에 김정일 국방위원장이 방문하여 정 명예회장의 거동이 불편하심에도 직접 왔다면서 "길을 텄으니 자주 오시라"고 환영의 뜻을 밝히며 원로 경제인 예우에 성의를 다했다.

故 정몽헌 회장은 김정일 국방위원장에게 "경협이 남북교류에 도움이 되고, 남북 모두에게 이익이 되는 사업"이라고 하자, 김정일 위원장은 김용순 위원장에게 "잘되도록 하라"고 직접 지시해, 남북 경협에 대한 북한 최고지도자의 의지를 명확히 해주었다.한겨레신문,

소떼 방북 차량 행렬(통일의 관문)

1998.11.2 필자는 이 광경을 보고, 한반도 우리민족의 장래는 밝다는 희망을 보았고, 저토록 훌륭한 모습을 본 남북南北 국민과 청소년들이 어떤 생각을 할지에 대해 생각했다.

결과적으로, 상호 적극적인 의지에 의해 성사된 현대 대북사업은 급물살을 타게 되었고, 이에 故 정주영 명예회장은 김정일 국방위원장과 회동 후 남측으로 돌아왔고1998.10.31, 故 정몽헌 회장은 방북결과에 대해 기자회견을 상세히 했다. 결국 금강산관광사업은 이러한 과정과 절차를 거쳐 시작되었고, 드디어 민족분단 53년 만에 처음으로 동해안 뱃길이 열렸던 것이다.

1998년 11월 18일 오후 5시 43분 관광객 835명을 태운 「금강호」가 온 국민의 환영을 받으며 출항해 19일 오전 6시 장전항에 도착, 전체 4박 5일 일정의 민족 대단원의 평화 관광길이 열렸던 것이다. 온 국민의 기대를 간직한 그들 일행은 11월 22일 아침 6시 동해항에 무사히 돌아옴으로써 역사적 첫 금강산관광은 성공적으로 완료되었던 것이다.

그러나 1999년 2월 현대의 대북송금 문제가 제기되어 시련을 겪었고, 6월 관광객 억류북

2차 소떼 방북(판문점)

측가 돌발한 후 45일 동안 금강산관광이 중단되었지만 8월 5일 다시 재개되었다. 이유야 어쨌든 북측과 현대는 제3국 건설시장 등의 다양한 경제협력사업에도 합의했고, 이것은 남북경협에 또 다른 시작임과 동시에 비전이 아닐 수 없다. 다시 말해, 국제 건설사업에 북측의 인력을 최대한 활용 남북경협에 새로운 돌파구를 만들어 가겠다는 남북 의지가 결집되었다는 사실을 확인케 하고 있다.

故 정주영 명예회장의 선견지명에 우선 매우 놀랍다. 해외건설시장 현장에 북한동포 고용을 전제로 한 것은 국제경쟁력 강화라는 측면도 있지만, 그들의 실질소득을 높이는 유일한 길이 아닌가 생각된다. 이는 북한을 개방시키겠다는 뜻과도 연결된 동포애가 발휘된 중요한 대목이다. 이러한 실질적 조치야말로 故 정주영 명예회장의 남북 평화통일 의지에 의해 비롯된 결과라 여겨진다.

결국 소떼 방북으로 남북경협과 민간교류가 금강산관광을 필두로 개성開城이 열리게 되었고, 이제 이러한 교류는 어느 정도 안정적으로 발전되는 모습을 보이기도 했다. 하지만 향후 남북南北 공히 더 많은 노력과 지혜가 모아져야 한다. 다시 말해, 남북경협과 민간교류는 남북 공히 경제사회적으로 크게 도움이 될 뿐 아니라, 민족화해와 협력에 중대한 의미를 갖고 있기에 위기에 처한 지구촌 평화에도 크게 기여할 수 있다는 것이다.

이런 의미에서 볼 때 금강산이야말로 민족분단 50여 년당시의 처참한 상황을 극복할 수 있는 상징적인 산山임에는 틀림이 없다는 결론이다. 다시 말해, 금강산이 거기에 있었기에, 故 김대중 前 대통령, 故 정주영 명예회장, 김정일 국방위원장의 마음이 하나가 되었고, 이에 '경건한 민족의 성원'에 의해 금강산관광 사업이 추진된 것이라 본다. 때문에 현재 약 200만 명이 비무장지대를 통과해 금강산을 왕래할 수 있었던 것은 한반도에 새로운 시대를 여는 금자탑金子塔이라 확신해 본다.

일부 사람들은 금강산관광을 단순한 관광사업이라 가볍게 생각하나 좀더 폭넓게 생각해 보면, 하늘과 땅 그리고 인간의 신비로운 조화에 의해 가능해질 수 있었다는 사실을 이해하지 않으면 안 된다. 결국 인간도 자연의 일부이고, 민족분단 50여 년당시의 처참한 상황을 극복해야 한다는 상황에서 볼 때, 사람, 자연, 세월의 극적인 조화에서 21C가 시작되는 찰라에 금강산관광 사업이 열리게 되었다는 사실을 알자는 것이다.

사람들은 자연의 심오한 현상과 조화에서 생존을 영위하면서도 생존 자체를 너무도 당연시해 인간의 생존에 결정적 요인인 공기마저도 아무것도 아닌 것처럼 생각하고 있으나, 풀 한 포기, 사소한 생명체生命體에 이르기까지 너무도 신비한 유기적 관계 속에서 살아가고 있기에 자연과 인간, 그리고 분단 50여 년당시의 처참한 상황 극복을 위해 21세기 밀레니엄 시대에 민족 하나, 국토 하나, 나라 하나의 새 지평을 열었던 것은 금강산의 신묘한 기氣에 의한 결과라 관측해 본다.

그래서 필자는 금강산을 「평화의 산山」이라 부른다. 이것은 민족분단 50여 년을 넘어 선조들의 오랜 역사적 지혜에서 찾고 싶었고, 나아가 위대한 건국의 시조이신 단군께서 창제한 「홍익인간弘益人間」의 민족정신과 「천부경天符經」에 상징되는 "일시무시일一始無始一 만물은 하나로 시작되나 곧 하나이고, 절삼주무진본析三極無盡本 삼극을 나누어도 근본은 다함이 없다. 천일일天一一 하늘은 하나이고 첫째이다. 지일이地一二 땅도 하나이되 하늘과는 둘이라. 인일삼人一三 하늘, 땅, 사람이 합해 셋이라" 정의했음을 다시 한 번 상기해 본다.

이는 천지인天地人, 즉 삼재三才, 세 가지 근본은 삼극三極이고, 삼극이 합하면 삼각형△이 된다. 삼각형△은 곧 하나이기에 어느 하나가 중요치 않은 것이 없고, 그러므로 셋이 하나이고 하나가 셋이며, 삼위三位는 곧 일체一體가 된다는 진리眞理가 천부경의 원리原理라 했던 점을 감안해 보면, 위대한 단군께서 천天·지地·인人의 대자연과 민족의 정서와 극적인 조화

김정일 위원장, 故 정주영 명예회장, 故 정몽헌 회장(백화원 초대소 1998.10)

로움을 창안하셔 오늘에 이르렀다는 것이라 믿는다.고려지 : 홍익인간 정신과 천부경, 리 훈, 1984

삼천리금수강산 한반도 중심에 우뚝 솟은 금강산이 그곳에 있었기에 남북南北이 하나 되는 길이 분단 후 50여 년당시을 기점으로 극적으로 열렸고, 이것은 故 정주영 명예회장에

김정일 위원장, 故 정주영 명예회장, 故 정몽헌 회장 영접(1998.10)

의해 실현될 수 있었음은 결코 우연이 아닌 자연과 인간의 신비로운 조화에서 비롯되었고, 하늘과 땅 그리고 인간의 주체적인 조화력에 의한 결과가 아닌가 한다.

"지성이면 감천"이다. 인간의 간절한 소망은 우주의 신비함에 의해 성취되는 점을 감안해 보면 이해가 되리라 본다. "하늘은 스스로 돕는 자를 돕는다"는 말은 이를 증명하지 않는가? 참으로 신기한 일이다. 21C 새천년이 열리는 찰라에 50여 년이 넘도록 오갈 수 없을 뿐 아니라 비참함과 참혹함으로 대치된 남북南北이 하나 되기 위해 화해와 협력의 기지개를 폈다니 이는 놀랍고 신비로운 일이 아닌가?금강산기행문 中, ASIA press, 리 훈, 2004

평양 류경 故 정주영체육관 개관식에 참석하기 위한 방북단 1,100여 명은故 정몽헌 회장 유가족 100여 명 포함 서울 종로구 계동 현대사옥 광장에 아침 7시 방북 분위기는 한층 고조되었다. 이에 현대아산(주) 직원들은 친절하게 방북단 일행들을 안내했고, 출발시간이 가까워 오자 금강산사랑운동본부 임원들은 출발 전 이벤트 행사준비에 바빴다. 풍선에 평양행 고속버스 승차권을 매달아 허공에 날리는 행사였고, 참석인사는 이수성 前 총리와 신상우 前 장관 그리고 시민단체NGO 대표들과 국회의원, 각계 인사들로 구성되었고, 필자는 영광스럽게도 53년 만의 대규모 방북단 단장으로써 「방북선언문」을 낭독했다.

대규모 방북단 일행은 약 30여 대의 버스에 분승, 현대빌딩계동을 미끄러지듯 빠져나와

평양 류경 정주영체육관 개관 출범식 모습(현대 본사 10.6)

도라산 역을 향했고, 빼앗긴 긴 세월처럼 버스 행렬은 기차처럼 길게 줄지어 분단 53년을 뒤로 하며 개성과 평양을 향해 전진했다. 이렇게 해 방북단 1,100여 명은 만 53년 만에 개성과 평양을 방문했고, 예정대로 평양 류경 故 정주영체육관 오픈식에 참석해 남북南北 친선농구대회와 평양시민들의 환영을 받는 행사를 마쳤다.

필자는 체육관 개관식을 마친 오후 4시경 숙소인 류경 호텔로 돌아가기 위해 버스에 승차하며 무심코 차창 밖 하늘을 보는 순간 故 정주영 명예회장과 故 정몽헌 회장 모습이 곰처럼 형상화한 흰구름아버지와 아들이 흡사 손을 맞잡고 우리 일행들을 환영하는 형상을 해 놀랐다. 버스에 함께 탄 동료들에게 이 사실을 알리자 정말이냐며 의아해 하면서 놀라는 표정을 지었고, 이에 필자는 호텔로 돌아와 평양 하늘에 두 분의 형상화한 구름을 상상하면서 많은 생각에 잠기어 그날 밤 제대로 잠을 이루지 못했다.

2. 금강산과 故 정몽헌 회장

1) 방북 기자회견

故 정주영 명예회장의 방북으로, 모든 국민이 원하고 고대하던 남북관계 실질성이 성립될 가능성이 매우 높아졌을 뿐 아니라 금강산관광과 남북경제 협력은 새로운 국면에 직면하게 되었다. 소떼 501마리를 이끌고, 10월 2차 방북 때 김정일 국방위원장과의 만남이 결정적 계기가 되어 금강산관광과 남북 경제협력에 신기원이 열리게 되었기 때문이다.

1998년 10월 30일 밤 9시 55분 故 정주영 명예회장이 머물고 있는 백화원 초대소를 방문한 김정일 국방위원장은 "정 명예회장이 거동이 불편하심에도 직접 왔다면서, 길을 터놓았으니 자주 오시라"며 환영의 뜻을 밝혔다. 이에 故 정몽헌 회장은 "경협이 남북 경제교류에 도움이 되고 남북 모두에게 이익이 되는 사업"이라고 하자, 김정일 위원장은 김용순 아태평화위원회 위원장에게 잘되도록 하라고 직접 지시해 남북경협에 대한 북한 최고지도자의 의지를 명확히 보여주었다.한겨레, 1998.11.2

1998년 10월 31일 김정일 국방위원장과의 회동 후 故 정주영 명예회장 일행은 곧바로 귀환했고, 이에 故 정몽헌 회장은 기자회견을 통해 방북결과에 대해 소상히 발표했다. 국민

평양 류경 정주영체육관 개관 출발 전 모습(현대 본사 10.6)

들의 마음은 남북 평화통일이 성큼 다가서는 감정에 휩싸였고, 금세라도 평양을 다녀올 수 있을 것 같은 착각에 빠지며, 국민 모두는 우리의 소원인 평화통일을 염원하며 이런 상태라면 몇 년 안에 상호방문의 길이 열릴 것 같은 기대를 하며 모두 반가워했다.

김정일 국방위원장은 현대와 북측이 진행하고 있는 금강산관광 개발사업에 큰 관심을 갖고 있으며, 사업의 성공을 약속해 주었다. 현대와 북北 아태평화위원회는 1989년 1월과 1998년 6월에 체결된 의정서의 기본정신과 취지에 따라 금강산관광 및 시설투자 그리고 경제협력사업에 대해 합의했다. 구체적 합의 내용은 금강산 사업에 필요한 토지이용권을 장기간 현대에게만 주기로 한 것이다.

금강산관광 사업이란 다음의 대상지역을 세계적으로 유명한 관광지로 개발, 운영하는 사업과 관광과 관련된 기타 경제분야의 개발사업을 말한다. 관광사업지역은 삼일포, 해금강 및 해변지구, 온정리지구, 성북리지구, 장전만지구, 내금강지역, 통천지구금란·총석정지구 포함, 시중호지구, 상기 각 지구를 연결하는 해로와 육로지구 등이며, 사업지역은 향후 확대키로 합의했다.

관광시설 투자 및 사업권은 호텔, 해수욕장, 온천, 골프장, 스키장, 각종 오락시설, 유희장, 광천수, 판매시설 등이다. 이 모든 사업권을 현대측이 갖기로 합의했으며, 북北 아태평화위원회측은 관광사업지역의 특수성을 고려하여 관계기관과 합의하여 다음과 같은 특혜조치를 보장하기로 했다.

특혜조치사항은 모든 세금, 관세, 부과금면제, 외화의 직접적인 거래와 반출입 및 송금보장, 장전항을 통해 출입하는 인원에 대한 신속하고 간편한 출입절차 보장, 유선통신의 설치와 이용, 사업에 필요한 일체의 관계기관의 승인보장, 경제력 있는 노동력과 물자시설 및 기타 봉사 보장, 시설물 및 기타 재산에 대한 이용권의 보장이용권 제3자에게 양도할 수 있음, 이용지역 및 관광코스에서의 통행 보장, 관광객 및 모든 인원에 대한 신변 안전과 편의 및 무사귀환 보장, 금강산관광 사업을 위한 선박 운행 및 화물선의 연안 직항로 운행과 비상사태 시 필요한 항구 이용 및 공동 공단구조의 보장, 현대관광기업의 설립, 보험은행, 의료봉사와 관광사업과 관련된 물자 및 상품의 수출입을 보장하고, 기타 국제수준의 사업을 위한

평양 류경 정주영체육관 개관식 참관단 차량 행렬(군사분계선 10.6)

필요한 추가 조치는 차후 협의해서 정하기로 했다.

또한 본 계약은 국제적 수준의 계약서로 효력을 갖게 하기 위해 본 사업에서 분쟁이 발생하는 경우, 제3자가 관련된 분쟁은 제3국에서 국제법의 원칙을 적용해서 해결하기로 했다. 이와 같은 특혜 보장의 대가로 현대는 2004년까지 6년간 9억 6백만 달러후에 9억 4천만 달러로 수정를 월별로 분할해서 북측에 지급키로 했다. 이러한 과정을 거쳐 금강산관광 사업에 활기를 띠게 되었고, 드디어 분단 53년 만당시에 처음으로 금강산 뱃길이 열리게 되었다.

1998년 11월 18일 오후 5시 43분, 일반 관광객 835명과 승무원 419명, 여행안내원과 관광버스 기사 98명, 카자흐스탄 무용수 3명 등 총 1,355명을 태운 금강산유람선 「금강호」가 속초 동해항을 출발해 온 국민의 관심을 집중시켰다.한겨레, 1998.11.23

금강산관광은 1999년 2월 현대의 대북송금 관계로 잠시 문제가 발생되기도 했으나 무난히 해결되었고, 6월 관광객 억류문제가 발생해 45일 동안 금강산관광이 중단되었다가 8월 5일 다시 재개되기도 했다. 그러나 북한과 현대아산(주), 나아가 그간의 정부와의 관계를 볼 때 큰 문제점은 없을 것으로 보이나, 군사지역이기에 항상 긴장이 고조될 수 있고, 우발

방북단 환영(北 취약대)

적인 사고가 있을 수 있기에 이런 문제에 깊은 관심을 가져야 하리라 본다.금강산 특별기고문 中, ASIA press, 2004

2) 금강산 육로관광

정몽헌 회장에 의해 주도된 금강산 육로관광이야 말로 故 정주영 명예회장 이후 가장 큰 행사였고, 지금까지 지속해 온 동해상 관광에 종지부를 찍고, 새로운 출범과 도약을 의미하는 중요한 행사였다고 하지 않을 수 없다. 그것은 일시적으로 하는 임시 시범관광이 아니라, 동해선 임시도로 개통까지 완료해 지속적인 육로관광을 도모하기 위한 출범이었기에 더욱 의미가 컸다.

금강산 뱃길관광이 지난 4년 동안 약 51만 명이 금강산을 왕래해 어느 정도 자신감이 생겼고, 이제 더 많은 인원을 신속히 왕래시킬 수 있는 육로가 완성되었으니 얼마나 기대가 컸겠는가? 상상만해도 가슴이 설레는 순간이었다. 14일 계동 현대 본사 앞에서 새벽 5시경

평양 류경 정주영체육관 행사 前

에 출발한 육로 시범관광단 400여 명은 새벽 공기를 가르며 부푼 가슴으로 모여들었고 10여 대가 넘는 버스에 올라 역사적인 육로 시범관광길에 올랐다.필자 동참

금강산 시범관광은 큰 무리 없이 진행되었고, 겨울인데도 온정리 마을은 따스한 편이었으며, 눈이 많이 내려 있었다. 산과 계곡에는 1미터 가까운 흰 눈이 쌓여 운치를 더해 개골산의 진미를 마음껏 뽐내는 느낌마저 들었다. 아쉬운 점은 남측 통일동산에서 거행된 기념식은 필자가 느끼기엔 너무 조촐한 행사라 여겨졌다. 이것은 남측의 정치적 기류가 영향을 미치지 않았나 싶다. 육로관광은 비무장지대DMZ를 통과하는 상황이기에 역사적으로 큰 의미가 있었고, 남북 공히 크게 축하해야 할 일이 아닌가?

故 정주영 명예회장은 세계적인 기업을 맨손으로 일으킨 위대한 분이기에 남북 평화통일 문제도 사심 없이 오직 민족을 위해 이윤추구라는 단순 기업인의 한계를 과감히 넘어서는 열정을 보여주었다. 그래서 故 정몽헌 회장은 이런 점 때문에 어려움이 많았지만, 금강산 육로관광에 남다른 애정을 가지고 서둘러 추진했고, 이 길만이 남북南北이 하나가 될 수 있는 유일한 길임을 알고 최선을 다했던 것이다.

故 정몽헌 회장 인터뷰(동해 임시도로 육로관광)

육로관광 때 필자도 초대받아 미국 CNN 방송팀과 만물상 등정을 함께 했다. CNN 방송이 북한 사람과 인터뷰를 원했으나 응해주지 않았기에 필자가 북北 환경감시원 책임자에게 정치적 문제를 떠나 금강산의 아름다움에 관해서만 인터뷰를 하면 어떻겠느냐는 의견을 제시해 환경감시원 4명이 합의해 어렵게 인터뷰가 이루어져, 약 4분간 전 세계에 CNN TV 방송 채널을 통해 방송되기도 했다.

당시 부시 대통령은 북한을 '악의 축axis of evil'이라고 해 대립각을 내세웠기에 북측과 인터뷰가 불가능했었다. 이때 미국 CNN 방송팀은 아무리 금강산이 아름다워도 북한 사람과 직접 인터뷰를 하지 않을 경우 TV방송은 할 수 없다며 난색을 표하며 필자에게 협조를 요청했던 것이다. 필자도 북측 환경감시원 중 책임자격인 사람을 자주 보아 어느 정도는 서로 알기 때문에 자신감을 가지고 금강산을 세계에 홍보할 수 있는 기회를 놓치지 말자고 두 번이나 설득을 해, CNN TV 방송 인터뷰 기회를 가졌다.금강산 육로관광 특집 中, ASIA press, 2004

동해 임시도로 개통 축하(합창단)

3) 금강산 특별기획 상품전

2003년 4월 18~30일까지 한국관광공사 지하 1층 홍보관에서 (주)아산이 주최하고, 관광공사가 후원하는 북한상품 판매 및 관련자료 전시회가 화제가 되었으며, 이에 참석자들의 표정을 담기 위해 아시아 프레스ASIA press 수석논설위원으로 취재에 나서 금강산 특별기획 상품전 표정을 담았다.

남북南北 관계가 교착상태에 빠진 상황에서 어렵게 추진된 대북행사이기에 뜻있는 사람들의 관심이 집중되었고, 한편으로 기대감보다는 염려하는 마음들로 모였으나 의외로 성황을 이뤄 금강산관광에 대한 국민적 기대가 크다는 생각과 함께 금강산관광 효도상품권 특별할인 판매가 주목을 끌었고, 최근 정치권의 기류처럼 우울함을 상징이라도 하듯 봄비가 제법 많이 쏟아졌다.

이때 이라크 전쟁은 독재자 후세인으로 인해 도시와 박물관이 파괴되어 문화재가 도난당했을 뿐 아니라 심지어 도둑질과 약탈이 심해 아수라장이 되었기 때문에 아무런 잘못도

금강산 특별 기획상품 판매전(故 정몽헌 회장과 국내·외 인사 2003.4)

없는 무고한 국민들이 죽고 부상당해 방치된 상태가 지속되어 도시는 생지옥이 되었고, 독재자의 최후가 어떤 것인가를 실감케 했다.

부시 미국 대통령은 이라크와 북한을 '악의 축axis of evil'이라 규정했고, 이라크는 후세인의 독재정권이란 탈을 썼다는 명분으로 미국의 침략을 정당화시켜 결국 패망하고 말았다. 그러나 우리 국민들은 북한 핵문제로 인해 많은 우려를 가졌다. 심지어 미국美國이 기침을 하면 일본日本은 감기에 걸리고, 우린 독감에 걸린다는 상황에서 어찌 국민들이 걱정이 안 되겠는가? 교착상태에 빠진 남북南北 관계는 좀처럼 회복될 기미가 보이지 않은 상황이었다.

워싱턴에서는 평양을 불바다가 될거라는 말들도 있었다. 때문에 국민은 남과 북을 전쟁 없는 평화로운 한반도가 되길 원하고 있었으며, 이러한 걱정 때문에 심리적으로 위축되어 경제에 악영향을 끼치지 않을지 걱정이 많았다. 이러한 분위기에서 열린 '금강산 특별기획 판매전'이 환영받기 어렵다는 것은 누구나 다 아는 사실임에도 불구하고 강행된 것은 대북

금강산 청소년 북한 바로 보기 운동 전시회(2003.4.24)

사업에 진일보해야 한다는 국민적 여망과 현대아산(주)와 관련된 시민단체NGO의 뜻이 함께했다.

아무리 상황이 어려워도 남북南北이 하나되는 길을 지속적으로 열어가야 한다는 옹골찬 모습이 엿보인 행사였고, 중국 리영 화백 집선봉 금화전시와 이정수 금강산 사진작가의 「금강산 산하」 작품전과 북한 작가들의 미술품과 술, 액세서리, 인삼, 접시, 엽서, 농수산물 등이 였으며 그간 대북사업과 관련된 중요 사진전도 열어 관람객을 더욱 반겨주었고, 개성공단 개발사업에도 관심을 끌었다.

중요 인사로는 헝가리 대사와 주한 외교사절 등이 참석했고, 아쉽게도 한나라당 의원들은 약속이라도 한 듯 눈에 보이지 않았다. 민주당 의원 7~8명과 각계 인사 200여 명이 우중雨中임에도 불구하고 각별한 관심을 보였다. 특별한 것은 개인상품으로 금강산관광권을 40만원에 팔았다. 평상시엔 56만원 정도였으나 특별 할인된 가격이었고, 관광권은 항상 쓸 수 있고 몇 가지 인센티브를 주는 기획상품이었다.

금강 관광 자료전시회(한국관광공사 2003.4.24)

필자가 이 행사를 보고 느낀 점은 금강산관광 사업은 단순한 관광 사업을 넘어 남북화해와 협력을 가시화해 남북 항구적 평화사업이라는 목적에서 이루어져야 한다는 전제에서 모색되고 추진되어야 한다는 원칙을 이해하게 되었고, 특히 굴뚝 없는 관광산업이기에 더욱 절실하다는 생각을 했다. 때문에 현대아산(주)이 추진하는 남북南北관광 사업은 그 의의가 더욱 크다고 생각된다. 이에 정부는 국민적 역량을 모으는 데 최선을 다해야 하리라 믿는다.

뱃길로 금강산을 다녀온 사람은 약 43만 명에 달하지만, 향후 육로와 철도가 개통되어 관광이 정상화될 때는 연간 약 200여만 명의 관광객이 될 것이라 전망해본다. 금강산관광 사업은 남북 평화통일을 위한 핵심사업일 뿐 아니라, 한반도에 전쟁 없는 진정한 남북 평화통일을 이룩하는데 결정적인 계기가 되리라 확신해본다. 뿐만 아니라 한반도 국제관광 개발 구축에도 핵심적인 요인이기에 이 이상 뒤로 미룰 수가 없다. 참고로 헝가리·태국·유럽·호주·캐나다 등의 관광사업은 우리에게 많은 것을 시사해 주고 있다.

금강산 사랑 운동본부 창립 총회(한국관광공사 2003.4.24)

한국 관광사업이 세계화하려면 금강산·백두산·한라산·설악산·서해안 등이 연계되어 추진되어야 하고, 뱃길을 활성화하는 방안이 적극 모색되어 일본·중국·유럽·호주 등에서 호화유람선을 운항시켜 카지노와 쇼show를 즐기며 관광할 수 있는 21세기 국제관광 인프라SOC 구축이 단행되어야 한다고 느꼈다. 하루속히 정치적 갈등 상황을 극복하고, 이념을 뛰어 넘어 남북이 평화롭게 잘사는 나라로 세계 속에 우뚝 서는 한반도가 되었으면 한다.

금강산 특별기획상품 특집 中, ASIA press, 리 훈, 2004

4) 정몽헌 회장 타계

결과적으로 현대아산(주)과 북한은 금강산관광 사업 외에도 서해안 공단개발, 서해안 석유공동개발, 제3국 건설시장 공동진출 등의 다양한 경제협력사업에도 합의했다. 故 정주영 명예회장의 통일 소떼방북으로 남북 경제협력과 남북 민간교류 등은 어렵게 추진되고 있지만, 앞으로 발전적 단계로 이끄는 일은 우리 모두에게 부여된 책무가 아닌가 생각한다.

故 정몽헌 회장은 이러한 막중한 과업을 故 정주영 명예회장으로부터 이어받았으나, 故 정주영 명예회장의 작고로 어려운 상황에 직면하게 되었고, 이를 극복하기 위해 동분서주하며 그런대로 안정적으로 이끌어 갔다. 그러나 한국의 정치상황은 그러한 분위기를 허용하지 않았고 오직 대북 송금과 관련해 많은 의문을 제기하며 먹구름을 안겨다 주었다. 이에 故 정몽헌 회장은 검찰 수사를 받아야 했고, 이 과정에서 갑자기 타계하는 비운을 맞게 되었다.

모든 매스컴은 故 정몽헌 회장이 계동 현대 본사 집무실에서 밤늦게 일하다 새벽 4시 경에 1층 화단에 투신자살했다며 유서도 몇 장 보여주며 대서특필했다. 그럼에도 불구하고 많은 국민들은 그의 죽음에 대해 의아해하며 정말 자살일까 하고 의아해했다. 결과적으로 의혹은 점점 커져, 경제문제인데 무슨 자살이냐며 이상한 소문도 돌았다. 그리고 창문이 좁아서 뛰어내리지 못할 것이라는 추측과 함께 많은 루머와 함께 국민들은 아까운 젊은 일꾼을 잃었다며 무척이나 아쉬워했다.

장례식 날 금강산 사랑운동금사운 공동대표 등이 영결식장인 아산병원과 하남 선영에 참석했고, 이때도 이구동성으로 많은 말들을 했다. 심지어 故 정몽헌 회장 자살진상규명위원회를 만들자는 이야기도 장례버스에서 논의되었으나, 유가족들의 입장을 가늠하기가 어려

故 정몽헌 회장 영결식(아산병원 2003.8.8)

워 공론화되지 못했다. 이 점에 관해 필자도 유가족 뜻에 따라야 한다는 사실에 동감하며, 차차 규명이 될 것이라는 말을 하기도 했다.

참으로 안타까운 일이었다. 한참 일할 나이에 졸지에 당한 일이라 유가족들은 얼마나 황당할까를 생각해 보았다. 아산병원에서 장례식이 거행되었고, 아까운 사람이 죽었다며 국민들은 큰 충격에 빠져 슬픔에 잠겼다.

故 정주영 명예회장께서 현대그룹과 대북사업을 故 정몽헌 회장께 위임할 때는 충분한 검토가 있었을 것이고, 능력도 검증했을 것이다. 필자는 故 정몽헌 회장과 평소 빈번한 교류는 없었지만, 아버님과 함께 여러 번 만나 소탈하고 반듯한 생활철학을 갖고 남의 말을 경청하며 서둘지 않고 시간을 두고 차분히 검토해 일을 추진하는 입장에서 매사에 임하는 성격이라 생각했다.

가장 안타까운 사실은 남북협력에 탄력성이 절실한 시기에 故 정주영 명예회장과 故 정몽헌 회장의 갑작스러운 타계로 인해 남북관계에 공백이 생길 수밖에 없다는 점이었다. 이 사실은 남북南北 공히 큰 손실이 아닐 수 없으며, 상대적으로 북北측은 장기간 그 직책을 수행하며 많은 것을 익히고 경험하는 기회를 갖기도 한다는 생각을 하며 故 정주영 명예회장과 故 정몽헌 회장의 공백이 남북교류에 미칠 영향에 대해 걱정을 하지 않을 수 없었다.

물론 남북南北 관계의 모든 결정은 결과적으로 남북南北 정부에서 결정하지만, 실질적 대화창구가 공백기를 맞게 되었다는 사실은 남측도 엄청난 손실이 아닐 수 없다. 현대아산(주)은 차선책을 택하겠지만, 故 정몽헌 회장의 능력이 유감없이 발휘될 수 없다는 사실은 향후 남북관계에 있어 여러 징후들이 나타날 수 있다는 사실을 전망해 보며, 남북南北 협력사업에 초래될 역기능에 대해 염려하며 영전에 국화꽃 한송이를 올렸다.

정회장님!

어찌하여 이 민족을 위한 숭고한 대업을 뒤로한 채 그렇게 홀연히 떠나셨습니까?

남북관계에 있어 지금처럼 중요한 시기가 없습니다.

정회장의 젊음과 열정 그리고 과감한 추진력은 이미 7,000만 민족 전체의 것이기 때문입니다.

故 정몽헌 회장 현대아산병원 영결식(2003.8.8)

어찌하여 이토록 갑자기 우리 곁을 홀연히 떠나실 수가 있단 말입니까?

과연, 이 민족을 위해 누가 감히 두 분故 정주영 명예회장과 故 정몽헌 회장처럼, 대담한 희생정신과 냉철한 민족정신을 발휘할 수 있단 말입니까?

남북 평화통일은 우리생애에는 불가능하단 말입니까를 되뇌이며 명복을 빌었다.

그런가 하면 故 정몽헌 회장이 타계하신지 얼마 되지 않아 헛욕심에 가득한 사람도 있었고, 다른 기업인장사치들이 중국과 북한을 오가며 북北 비즈니스에 열을 올리기도 했다. 금강산관광 초기 그토록 어려운 시기엔 모두 약속이라도 한 듯 뒷짐지고 강건너 불보듯 했던 기업들은 이제 대북사업을 시작할 시기가 되었다며 동분서주하며 열심히 뛰고 있지 않은가? 개성관광·골프장 등에도 군침을 흘리며 말이다.

금강산 북한상품 전시회(한국관광공사 2003.4.24)

삼선암 순금화(中國 故 리 영 작품 1998)

제2장

외금강外金剛 주변

겸재 정선 先生 독서여가

1. 외금강

1) 온정리溫井理

온정리는 한하계에서 한가히 흘러내리는 맑은 물과 양질의 온천수가 나오는 마을, 맑고 깨끗한 산수가 온정천에 흘러 주민들은 여기서 몸도 씻고, 머리도 감고, 빨래도 하는 곳이다. 금강산 관광객은 하절기엔 이런 모습을 쉽게 볼 수 있다. 온정리 마을은 금강산관광의 관문으로써 중요한 위치를 차지하는 곳이기도 하다.

이곳 온정리는 일본日本 침략 36년과 그 후 상당기간은 제법 큰 규모의 숙박시설과 온천장이 성업 중이었고, 심지어 철도회사가 운영하는 호텔급도 있었다. 그리고 해방 전 외금강역은 원산과 강릉에서 철도를 이용해 금강산관광이 가능했기 때문에 기차역 규모도 생각보다 크고 민박시설도 규모가 적지 않았다.

금강산관광이 열리면서 확인된 관광자원은 극히 미비한 상태였다. 일제 강점기 당시 성황을 이룬 여관과 온천장 등은 볼 수 없었고, 일본日本 조총련 경제인들에 의해 건설된 약 240객실에 달하는 금강산호텔은 노후되어 사용할 수 없는 상태였다.금강산기행문 특집 中, 리 훈, 2003

한 가지 두드러진 특징은 산山을 해치지 않은 위치에 마을이 조성되어 있고, 평화로운 마을은 금강산 산악미에 잘 조화되고 있다는 점과 명산名山 관광지로써 전혀 지장을 주지 않으나 낙후된 마을을 보고 남측 관광객은 쉽게 실망할 수도 있지만, 북한 실정에 비추어보면 상당히 좋은 환경에 속한 생활상이 아닌가 한다.

한마디로 온정리는 수정봉·바리봉·상관음봉·중관음봉이 병풍처럼 둘러있고, 평화로운 느낌이 감도는 전형적 시골마을이다. 온정리 마을 이름은 온천수가 나올 것이라는 예측에서 명명되어 전래되었고, 북쪽이라 상당히 추울 것으로 생각하지만, 한겨울에도 그렇게 춥지 않은 전형적 산골마을이다.

온정리는 한마디로 금강산관광의 교통의 중심지역이다. 금강산 산악미를 한눈에 볼 수 있으며, 온정령을 넘어 갈 수 있고, 삼일포와 해금강으로 통하는 관문에 해당된다. 그뿐 아니라 신계사·유점사 등으로 갈 수 있고, 상주인구는 약 5천여 명이고, 가구수는 약 1천 세대이다.금강산기행문 中, ASIA press, 리 훈, 2004

온정리에서 남측 통일동산까지 버스로 약 30여분 정도 소요되고, 장전항까지는 7km이

온정각 온정리 전경

고, 구룡폭포까지는 11km, 만물상은 12km, 삼일포는 12km에 해당된다. 온정리 온천수는 옛부터 유명한데, 약한 방사능과 라돈천으로 40도가 넘는 순수자연 온천수이고, 피부질환에 효과가 있다고 잘 알려지고 있다.

2) 온정각溫井閣

온정각을 중심으로 설치된 각종 시설물들을 살펴보면, 온정각은 관광객을 위한 식사처식당가와 물건관광상품 등을 살 수 있는 일체의 상점시설물이 모인 곳이기도 하다. 그리고 북北에서 자랑하는 교외단서커스 공연을 관람할 수 있는 곳이고, 요금은 약 20불 정도이며 식사는 10불 정도1인 기준이다.

온정각 앞 광장은 셔틀버스나 관광버스가 순환·정차할 수 있는 공간으로 조성되었고, 광장 건너편 공간에는 故 정몽헌 회장 기념비가 있고, 금강산 병원, 옥류관, 외금강호텔김정숙 여장군 휴양소를 수리함, 이산가족 면회소, 펜션 및 각종 식당들로 구성되어 있다. 광장 앞 오

금강산 문화회관(교외단 공연 및 행사장)

른쪽에는 김정일 국방위원장 국제관광특구지정 기념물이 있다.

온정각은 온정리 마을과 조화롭게 건설되었고, 금강산 산악미에 무리가 없는 건축물들로 구성되어 있다. 이 시설들은 세계의 여러 나라 관광지를 답사시킨 후 故 정주영 명예회장에 의해 건설되었다. 이 곳을 통해서 만물상, 구룡폭포, 신계사, 삼일포, 금강산호텔, 온천장, 해금강호텔, 비치호텔 등을 오가는 교통의 중심지이다.

온정각을 좀 더 상세히 설명하면, 금강산 도착 후 금강산관광을 시작하는 중심광장이고, 관광을 마치고 점심과 저녁을 먹는 곳이다. 그리고 북측이 자랑하는 교외단 공연을 관람하는 공연장임과 동시에 각종 기념행사나 공연을 하는 곳이기도 하다. 그리고 관광을 마치고 서울로 출발하는 곳이다.

온정각 식당과 쇼핑센터 현관정문에 나와 눈앞에 펼쳐진 금강산을 보노라면 감탄사가 절로 나오고, 오른쪽 2시 방향엔 외금강호텔이 눈에 들어온다. 그리고 3시 방향엔 옥류관이 신축되어 냉면 등을 즐길 수 있고, 금강원 식당은 북측에 의해 직접 운영되는 곳이다.

온정각 오른쪽 반듯한 도로를 따라가면, 숲 속 오른쪽에 온천장이 있고, 큰 도로를 약

금강산호텔 야경

300m 정도 직선으로 따라가면 왼쪽에 금강산호텔이 위치하고 있다. 온정각에서 산책을 하면 약 10여분 정도 걸리고, 쭉 뻗은 도로에 가로수가 터널을 이뤄 무척 낭만적이다. 봄철 벚꽃터널을 사랑하는 연인과 함께 거닌다면 이곳은 분명 천국이 될거라는 감상에 젖기에 충분하다고 할까?

온정각과 온천장은 처음 금강산관광이 시작될 당시 故 정주영 명예회장에 의해 건설되었다. 당시 금강산관광 인프라SOC를 조성하기 위해 관계자들이 세계 유명 관광지를 현지 답사케 해 건설되어서인지 산악미와 잘 조화되고 있고, 기능면에서도 퍽이나 효율적이고 안정감을 갖게 한다.금강산기행문 中, 리 훈, 2003

온정각과 온천장은 각각 7,800여 명을 수용해도 무리가 없고, 온정각 식당은 쇼핑센터와 연계되어 있고, 온천장은 1층 로비가 아늑하고, 2층은 북한 미술품과 상품들이 전시되어 한가로움을 더하고 있다. 온정각과 온천장은 그 규모도 적지 않고 실용적인 면에서도 손색이 없기에 금강산을 찾는 관광객에게 편안함을 더해 주기도 한다.

금강산호텔 벚꽃길

3) 온천장

온천장은 송림松林 속에 아담하고 높지 않게 건축되었고, 남녀탕·가족탕 등으로 되어 있으며 노천탕은 공간이 탁 트여 금강산 산악미가 한눈에 들어오는 곳에 위치해 운치를 배가시켰다. 겨울철 목화송이 같은 함박눈을 맞으며 즐기는 온천욕은 천하일품 일뿐 아니라, 금강산 신선神仙이 된 기분이다.

온천장 앞 공간은 셔틀버스 정류장이고, 주변은 송림이 우거져 상쾌함을 더하고, 앞 마당에 펜션이 설치되어 청소년과 일반단체 관광객을 수용하고, 펜션 건너에는 포장마차가 마련되어 오가는 관광객의 미각을 자극하기에 충분하다. 밤이면 동료들과 산책을 마치고 따끈한 라면에 소주 한 잔이면 족할 것 같다.

한 가지 주의할 점은 호텔이나 숙소, 온천장, 온정각 등에 설치된 그린색 펜스철망는 산책을 해도 좋지만, 녹슨 철책일반 철조망 주변은 산책 금지구역이다. 그리고 절대로 접근해서는 안 되는 곳이기도 하다. 특히 북北측 군인이나 주민들에게 손짓을 하거나 말을 해서도 안 되는 점에 유의하지 않으면 안 된다.

금강산 온천장

온천장 노천탕

4) 해금강호텔 주변

해금강호텔은 장전항 반대편 바다금강산 선착장 옆 위에 설치된 해상호텔바지선을 뜻하고, 이것 역시 처음 금강산 뱃길관광이 시작될 때부터 설치된 해상호텔이다. 당시 故 정주영 명예회장은 금강산 선착장을 만들고 유람선 광을 대비해 마련한 해상호텔이다.

처음 금강산관광을 할 때에는 해금강호텔 현관에서 바라다보면 왼쪽10시 방향 약 150m 정도 방향에 출입국관리소2번째 관리소가 위치해 있고, 오른쪽 2시 방향에는 펜션이 잘 정돈되어 있다. 큰 길을 따라 약 200m 바닷가 길을 따라가면 팔각정이 있고 그 앞에 횟집이 있다.횟집은 금강산 뱃길관광 때 출입국관리소로 처음 사용된 곳.

횟집 앞에는 여러 개의 컨테이너를 이용해 만든 현대 직원과 사업자 등의 숙소가 있고, 바다에서 횟집 주변 언덕 위를 보면 현대식 비치호텔이 잘 세워졌다. 비치호텔 뒷동산은 골프장이 잘 조성되어 관광지로서의 운치를 더하고 있고, 호텔 반대 바다 건너엔 해수욕장이 펼쳐져 여름관광객을 유혹하고 있다.

금강산관광 10주년2008에는 관광객 200만 명 가깝게 오갈 수 없는 북녘 땅을 관광하게 되었다는 사실은 참으로 경이롭다. 이제 금강산은 상당한 수준의 관광 인프라가 구축되어

해금강호텔 야경

외금강호텔

관광지로서도 어느 정도 면모를 갖추었고, 이러한 결과는 금강산을 아끼고 사랑하는 사람과 남북南北 관계자 여러분과 현대아산(주) 임직원의 노고의 결실이라 생각된다.

누가 뭐라해도 현대아산(주)은 금강산 관광사업을 위해 고군분투했고, 지난 10여 년 동안 정부, 그리고 故 정주영 명예회장과 故 정몽헌 회장의 노력과 업적은 남북 평화통일을 위한 순수한 애국심 그 자체였다. 그러나 故 정몽헌 회장의 갑작스러운 타계로 국민 모두는 참으로 애석한 마음을 금할 수 없었고, 아까운 젊은 천하의 일꾼을 잃었다는 생각을 떨칠 수가 없었다.

이제 해금강 호텔 주변은 골프장을 비롯해 보기드문 관광 인프라SOC가 구축되기도 해 남북南北 공히 노력한다면 남북 평화통일을 위한 화해와 협력의 광장이 되기에 부족함이 없다고 본다. "시련은 있어도 절망은 없다"는 故 정주영 명예회장의 생生의 좌우명을 확인하고 고양시키는 관광지가 되었으면 한다.금강산 육로관광특집 中, ASIA press, 리 훈, 2004

금강산 패밀리 비치호텔

5) 장전항長箭港

금강산관광은 동해안 뱃길이 열리면서 가능해졌고, 1998년 11월 18일 금강호가 882명을 승선시켜 속초 동해항을 출항함으로써 남북南北 교류의 역사적 계기를 마련했던 것이다. 여기에서 빼놓을 수 없은 사실은 현대그룹 故 정주영 명예회장의 헌신적인 노력이 있었기에 모든 것이 가능했을 뿐 아니라, 금강산金剛山 관광에 대한 국민적 기대도 증대되었던 것이다.

더욱 중요한 사실은 남南측의 이러한 의견을 전적으로 수용한 김정일 위원장의 용단도 매우 중대했다는 사실을 알아야 하고, 이것을 바탕으로 형성된 남북南北공동선언을 빼놓고서는 금강산관광과 남북교류를 논의論議할 수 없으리라 믿는다. 즉 故 김대중 대통령, 故 정주영 명예회장, 김정일 위원장의 협력이 주효했다는 것이다.

역지사지易地思之로 서로 입장을 바꾸어 생각해 보았으면 한다. 우리 대한민국이 50여 년 금강산관광 초기이 넘도록 민주정치를 지향하며 발전되어온 나라이다. 만약 우리가 경제적으

금강산 카라반(가족 친지 이동식 숙소)

로 어렵다고 북한에게 강원도 고성군 약 9,000만 평과 도라산역 주변 2,000만 평을 50년간 사용하라며 사용권을 줄 수 있을지에 대해 생각해 보자는 것이다. 현실적으로 거의 불가능했을 것이라는 전망을 해본다.

그 후 2000년 3월 9일 풍악호 101항차에 부산 다대포항을 출항하는 등 2개 복수운항체제로 운영되었고, 금강산관광 개시 10개월인 1999년 8월 첫 성과로 평가되는 관광객 10만 명을 돌파했다. 이 얼마나 중대한 결과인가? 그것은 완전한 평화平和 조약이 체결된 것도 아니고, 전쟁이 완전 종식된 상태도 아닌 상황에서 비롯된 결과가 아닌가?

장전항이 우리에게 알려진 것도 금강산관광 뱃길이 열렸기 때문이었고, 2년 후인 2000년 3월 21일 금강산 관광객 약 20만 명을 돌파했기 때문이다. 그리고 2000년 6월 14일에 약 25만여 명, 2000년 9월 14일 약 30만여 명에 이르렀다. 참으로 놀라운 사실이 아닐 수 없다. 북녘땅 몇 년 전만해도 전혀 오갈 수 없는 곳이였는데 상상만해도 가슴벅찬 순간이 아

수정봉에서 본 장전항(리정수 사진작품)

금강산 골프장

닌가?

그러나 2001년 이후 금강산관광 사업여건이 다소 나빠지면서 40~50여만 명에 달하기까지 무려 18개월이 소요되었고, 60만명 돌파는 무려 14개월이 더 소요되었다. 물론 이 숫자는 세계 여러 유명 관광지와는 비교할 수 없지만, 남북南北 대치상태에서 이루어낸 괄목할 만한 성과가 아닌가?

금강산관광 5주년은 2003년 11월 18일이었고, 그간의 관광객은 무려 약 57만 명에 이르렀다. 이것은 금강산관광 뱃길이 열리면서 관광객이 장전항을 직접 목격할 수 있었기 때문에 남南측에 장전항이 잘 알려지게 되었다. 남南측 관광객이 장전항과 북北측 군인들과 주민들을 먼발치에서나마 직접 볼 수 있는 점도 빼놓을 수 없다.

이렇게 해 남측 관광객에게 자연스럽게 알려지게 된 장전항은 옛부터 활처럼 생겼다고 해 장전항이라 불렀고, 특히 장전항은 군사적으로도 매우 중요한 항구이고, 이 항구는 금강산을 더욱 아름답게 하는 유일한 항구이다. 금강산과 조화되는 호수 같은 장전항은 금강

금강산 해수욕장

산을 더욱 빼어나게 하는 항구이다.

고성군 통일전망대에서 출입국 수속을 마치고 비무장지대를 통과하는데, 약 30여분이 소요되지만, 금강산 현지온정리에서 내리면 바로 보이는 항이 고성항장전항이고, 뱃길로 다닐 때는 선상에서 장전항을 접하면서 귀착지인 해금강 선착장에서 장전항을 등지고는 안타깝게 사진촬영을 할 수 없는 곳이기도 했다.

여기에 수록한 고성항장전항 사진은 북北측의 협조로 촬영한 사진이고금강산 사진작가 이정수 작품, 금강산 골프장에서 내려다보거나 금강산 여러 봉우리에서 보는 장전항과 주변경관은 참으로 아름다운 풍광風光이다. 결국 동해東海바다로의 관광은 2004년 12월 12일을 마지막으로 운항 3년 만에 대단원의 막을 내리고 말았다.

수정봉 정상 부근(리정수 사진작품)

6) 수정봉水晶峯

온정각 버스에서 내리면 금강산의 여러 봉우리가 병풍屛風을 쳐놓은 것처럼 펼쳐져 보는 이로 하여금 기대를 부풀게 하고, 장전항이 한 눈에 들어온다. 수정봉의 높이는 775m이고, 온천장·금강산호텔을 지나 반듯한 도로를 따라 가노라면 우뚝 솟아있어, 날씨가 좋은 날이면 산山 정상이 수정水晶처럼 보인다는 뜻에서 유래했다.

수정봉은 금강산 바위 중 질구성이 특이할 뿐 아니라 화강암과 함께 수정이 넓게 퍼져 있기 때문에 수정봉 전체가 수정처럼 빛이 난다고 해 붙여진 이름이다. 지금도 가끔 질 좋은 수정이 발견되기도 하고, 서울 백운대와 비슷한 느낌을 주는 그러한 산山이라 보면 큰 차이가 없다.금강산기행문 中, 리 훈, 2003

수정봉을 오르려면 온정리에서 한하계를 따라 더 올라가 수정골을 따라가면 계절폭포, 단계절폭포 등 아름답고 신비로운 폭포와 늪이 연이어 나오는데, 더 올라가면 사발을 엎어 놓은 것 같은 바리봉의 높이는 658m이며, 여기서 수정봉으로 가는 길로 나누어지고, 숲속을 걷노라면 모든 상념想念이 사라지는 곳이기도 하다.

수정봉길을 따라 올라가면 아치형의 돌문石門이 나오는데, 이 또한 금강산에서 가장 큰 자연석으로 된 돌문수정문을 통과해야 한다. 수정봉 일대는 거의가 단단한 바위로 되어 등산하기가 쉽지 않다. 사람들은 수정문을 보고 신기하다며 어찌하여 이럴 수가 있느냐고 감탄을 금치 못한다.

수정봉은 장독이나 그릇을 엎어 놓은 듯하고, 정상에 이르면 서쪽으로는 관음봉이 넓게 펴져 있고, 동쪽에는 동해바다가 보여 가슴이 확 뚫리는 기분에 휩싸이게 된다. 큰소리로 야호를 외치면 푸른 동해바다와 아름다운 장전항이 금세 온몸을 파고드는 착각에 빠지면서 나름의 멋에 매료되어 한동안 멍해지는 감정에 휩싸인다.

여기에 수록된 수정봉 그림 겨울 풍광風光은 중국 故 리 영李穎, 1934~2004 화백이 1998년 심혈을 기울여 황금채색으로 완성한 작품作品이다. 금강산 수정봉 겨울 산악미를 극적으로 표현한 빼어난 유작이다. 이 작품을 보고 너무 아름답게 형상화했다는 비판도 있지만, 리 화백의 경험과 열정이 농축된 걸작품이 아닐 수 없다.금강산기행문 中, 리 훈, 2003

금강산 벚꽃과 수정봉(리정수 사진작품)

7) 신계사神溪寺

금강산에서 신계사는 빼놓을 수 없는 사찰이며, 유점사·장안사·표훈사는 금강산 4대 사찰에 속한다. 그 가운데 유점사는 가장 오래된 사찰이었으나, 임진왜란 때 서산대사·사명대사께서 승병을 일으켜 나라를 구했고, 일제 때는 신계사는 많은 말사末寺를 거느리고 있어 외금강外金剛에서는 가장 큰 사찰에 해당된다.

신계사는 서기 519년에 보운普雲대사에 의해 창건되었고, 대사께서 신계사를 처음 세우실 때 신계사 앞 계곡에 연어떼가 올라와 놀고 있는 것을 보시고, "부처님의 도량은 가장 청정한 법계法戒인데, 어찌하여 물고기 떼가 모여 냄새가 진동하는가?"라면서 일종의 부적符籍을 써 연어떼를 바다로 내쳤다는 이야기가 지금까지 전해지고 있다.

그 후 바다까지 계곡물이 이르러도 연어떼는 신계사 계곡에 들어오지 못했다고 전해졌고, 이로 인해 사찰 이름을 새로운 계곡이라는 뜻에서 신계라 했으며, 한편으로 신명神明스러운 계곡이라는 뜻에서 신계로 부르기도 했다고 한다. 그러니까 신계사는 약 1,500년이 넘은 유서 깊은 사찰이기도 하다.

신계사와 관련한 역사적 인물들은 문무대왕과 김유신이고, 왕실의 기도를 올린 기념으로 대웅보전 등을 중건했으며, 서경천도론을 주장한 묘청대사도 신계사를 중창했다. 그리고 율곡, 정철, 정선, 김삿갓 先生 등과도 남다른 인연을 맺었다. 조선시대 고종 이후 왕실의 원당 역할을 해왔고, 효봉 큰스님 등의 수행처이기도 했다.

금강산은 웅장한 산세와 신비로운 아름다움으로 가득찬 민족의 영산이다. 우리 민족의 삶과 생활에 밀접히 연관되어 왔기에 1만2천봉 골짜기마다 대소 가람伽藍이 있어 민족의 수양 도량道場이 되었기에 금강산은 민족의 보리도량菩提道場이 아닐 수 없다. 이토록 아름답고 신비로운 산山이 한반도에 있어 큰 복福이다.

금강산과 사찰의 조화야말로 '민족전통문화와 역사의 당위'가 아니고 무엇이란 말인가? 깊은 산중에 약 스물한 동21에 이르는 신계사는 1951년 6·25전쟁의 참화로 폐허가 되고 말았으니, 그 참담함은 이루 말로 다 형용할 수가 없다. 지금은 금강산 3대 고탑古塔 중 하나인 부서진 3층 석탑만 쓸쓸히 보는 이를 반길 뿐이다.

필자가 2002년 금강산에 가 신계사의 황량한 빈터를 돌아보노라니 민족의 아픔과 시련을 느낄 수 있었고, 만세루 돌기둥과 망가진 3층 석탑만이 덩그러니 서 있어 찬란했던 신계

신계사 복원 남북공동 낙성식(2006.11)

사 전성시대는 그 어느 곳에서도 찾을 수 없었고, 뒷산의 주봉主峰과 옆에 우뚝 솟은 문필봉文筆峰만이 그 많은 인고忍苦의 세월을 말해주는 것 같았다.

금강산을 다닌 후부터 신계사 복원에 관심을 가졌고, 다행이 2004년 4년에 걸쳐 신계사를 복원하기로 남북南北이 합의를 할 거라는 소식이 있었고, 필자의 생각도 어쩐지 신계사 복원은 순조롭게 잘 진척되리라는 생각이 들었다. 금강산관광 사업을 필두로 남과 북이 민족 전통문화 복원을 해간다면, 민족 동질성 회복은 물론 금강산관광 인프라SOC도 그만큼 충실해질 것으로 믿었다.

그 과정은 금강산관광이 시작되면서 불교계에 화두로 등장했고 1998년 현대아산(주)과 조계종 고산 스님 및 사부대중이 참석해 신계사 빈터에서 대망의 복원 기원법회를 개최하기에 이르렀다. 이렇게 되기까지는 뜻깊은 불교인과 현대아산(주) 그리고 남북南北의 아낌없는 후원도 큰 힘이 되었고 시민단체NGO들도 힘을 합했던 것이다.

2001년 4월 부처님 오신 날을 계기로 제1회 금강산 연등행사가 있었고, 이 행사는 특별한 일이 없는 한 계속되어지리라 믿는다. 2001년 11월 신계사지 지표조사를 했고 2002년 4월 보고서를 발간했다. 그리고 2002년 12월 북경北京에서 조계종 총무원장정대스님과 북측 조선불교연맹 박태화 위원장과 신계사 복원협의서가 교환되었다.

2003년 12월 남북 공동발굴조사보고서를 발간했고, 2004년 4월 금강산 신계사 복원 착공식을 개최, 2004년 9월 대웅보전 복원 치목자재治木資材를 반입하여 건축이 시작되었으며, 2004년 11월 신계사 복원추진위에서 불사도감으로 제정스님을 임명해 착착 진행시켰다.금강산 육로관광특집 中, 리 훈, 2004

결국 2004년 11월 20일 조계종 총무원장 법장스님과 신계사 추진위원장 종상스님을 비롯 사부대중과 관계자들이 참석한 가운데필자도 참석 금강산 신계사 대웅보전 낙성식을 봉행했다. 신계사 복원 불사의 의미는 단순한 불교문화 복원이 아니라 남북 평화통일을 기원

신계사 복원 현판식

하는 뜻 깊은 일이기도 했다.

신계사 복원 불사에 대해 몇 가지 논의될 수 있으나 무엇보다도 종교를 초월한 민족 문화사업으로서 분단 50여 년당시이 넘도록 단절된 상황에서 민족동질성 회복과 망가지고 사라진 문화유산을 복원해 민족화해와 협력을 도모하는 거룩한 과업으로 발전하는 기틀을 만든 점을 빼놓을 수 없으리라 믿는다.

신계사 대웅보전 낙성식은 故 정주영 명예회장과 故 정몽헌 회장의 위패가 안치된 도선사 주지스님이 제작 기증한 풍경風磬이 대웅보전 처마 끝에 봉해졌고, 바람에 의해 울려퍼지는 풍경소리는 살아생전에 남북 화해와 협력에 헌신한 두 분의 영혼을 달래주는 뜻깊은 마음이 아닌가 한다.금강산기행문 中, 리 훈, 2004

신계사 주변 환경과 문화재는 많다. 허나 그 가운데 천혜의 문화재는 하下관음봉을 빼놓을 수가 없고, 이 봉우리는 관세음보살 봉峰 3개 중 하나이고 대웅보전 뒤편에 우뚝 솟은 봉우리를 말한다. 그 다음은 문필봉文筆峰인데, 붓끝처럼 생겼다해서 유래된 이름이다. 옛부터 선비들은 문필봉 정기精氣를 받으면 장원급제와 대 문장가가 된다고 전해지고 있다.

대웅보전 앞 멀리 펼쳐진 전경은 세존봉世尊峰과 채하봉彩霞峰 등인데, 박빈 거사는 어떤 불제자가 수행을 하는데 몸에서 영롱한 빛이 발했다는 뜻에서 붙여진 이름이라 한다. 나아가 집선연봉集仙蓮峰은 신선들이 모였다는 의미이고, 이러한 풍광風光은 금강산에서도 보기 드문 경치이다.

이 모습은 겸재 정선 先生의 산수화에서 자주 볼 수 있는 한 폭의 그림이다. 특히 집선봉에는 6월 10일 경까지도 얼음과 흰눈이 쌓여 있는 모습을 볼 수 있고, 주변의 푸른 소나무와 잘 어우러져 사람들에게 또 다른 산악미를 보여준다. 신계사 대웅보전에서 약 200m 앞 길 건너에 흐르는 계곡미도 빼놓을 수 없는 경관이다.

8) 옥류동玉流洞과 목란관

옥류동은 옥류계곡의 중심 위치를 총칭하는 곳이고 금강산에서 계곡미가 뛰어나다는 구룡폭포와 상팔담의 계곡물이 합수되어 풍요로운 광경을 자아내는 곳이다. 누구나 이곳에 들어서면 감탄사를 연발하게 된다. 그리고 굽이굽이 이어지는 계곡 웅덩이에 드러난 영롱한 비취색 물색에 매료되지 않을 수 없다.

옥류계곡 금화(中國 리 영 작품)

목란관(리정수 사진작품)

은정리에서 셔틀버스를 타고 약 10여분을 오르면 신계사이고 도로 왼쪽 신계천을 끼고 오르면 옥류동에 이른다. 신계사에서 조금만 올라오면 소나무향이 그윽한 미인송美人松·홍송紅松; red pine-tree 군락지를 접하게 되고 잘생긴 소나무들이 하늘을 찌를 듯 뻗어 있어 청색 솔잎 사이로 태양빛이 작렬함을 보노라면 모든 상념을 잊게 한다.

금강산의 역사에 비해 우람한 미인송은 그리 많지 않지만, 바람과 함께 소나무 가지 속으로 작렬한 빛을 보노라면 금강산 선녀仙女들이 금세라도 춤을 추는 것 같은 착각에 빠지곤 한다. 우람한 소나무가 적은 것은 일제의 남벌과 6·25전쟁으로 인하여 아주 오래된 소나무들이 소실되었기 때문이 아닌가 생각된다.

옥류동에 가려면 신계사를 지나야 하고 목란관을 거쳐야 한다. 옥류동은 옥류계곡을 한참 올라와 둥근 바위들이 널려 있는 넓은 개울에 연초록 빛이 감도는 넓은 물웅덩이소;沼가 있는데, 그 모습이 마치 배를 닮았다고 해 배소선담·船潭라 부르기도 한다. 넓고 크고 적

은 물웅덩이에 담겨진 비취색 물색의 영롱함에 취하지 않을 수 없다.

목란관 음식(냉면, 비빔밥, 만두 등)

오선암 앞 개울 건너에 목란관이 있는데, 이 목란관은 산세와 지형미를 잘 살려 건축된 휴게소이고 금강산관광 초기에는 비어 있었으나 몇 년 전에 수리되어 북측에서 운영하고 음식은 냉면, 감자전, 만두 등과 주류들이고, 북측 판매원들은 하나라도 더 팔기 위해 안간힘을 다하는 모습이다. 물론 이런 모습은 불과 4~5년 전에는 볼 수 없었다.

목란관 건너 길가에 작은 판매대가 있고, 매점 안에는 각종 토산품이 즐비하다. 그리고 거리에 원탁을 놓고 맥주와 막걸리, 오이, 더덕, 두부 등을 팔기도 하고, 나이든 남南측 관광객이 술 한 잔 따르기를 원하면 어렵게 한 잔을 권해주기도 한다. 남南과 북北 분단 약 50여 년금강산관광 초기 당시 넘게 대치상태였던 지난날들이 술 한 잔에 녹아나는 것 같은 착각에 빠지기에 충분하다.금강산기행문 中, 200만 명 관광기념을 마치고

9) 비봉폭포飛鳳瀑布

연주담을 뒤로 하고 한참 올라가면 기암괴석으로 얼룩진 약 150m 암벽 사이로 우유빛 같은 물줄기가 쏟아지는 모습은 마치 봉황鳳凰이 꼬리를 휘감고 비상하려는 모습으로 착각하기에 알맞다. 세월의 연륜과 함께 겹겹이 주름진 암벽에 태양빛과 물보라가 어우러짐은 신비 그 자체라 해도 과언이 아니라 본다.

높은 암벽에서 쏟아지는 물줄기는 각기 생김새가 천태만상인 시루떡판을 쌓아올린 탑들과 함께 물과 바람이 혼합되어 포말泡沫을 휘날리고 그 긴 물줄기에서 이어지는 물보라가 계곡 사이에 휘날리며 빛과 조화되어 영롱한 무지개를 떠올리니 이것은 금강산의 비봉폭

비봉폭포(리정수 사진작품)

포가 아니고서는 볼 수 없는 신비로운 광경이다.

정말이지 비봉폭포가 아니고서는 볼 수 없는 풍광風光이다. 조상들이 비봉폭포라 명명함은 높은 기암절벽에 흰 물줄기가 마치 봉황이 꼬리를 휘감고 비상하는 모습이라 해 지은 이름이라 한다. 작명가의 이론을 대두시킬 필요도 없이 민족의 정서와 지혜가 농축되어 형성된 이름이라 생각된다.

날씨가 화창한 날 관광객이 흔히 볼 수 있는 기암괴석奇巖怪石과 소나무의 푸르름 그리고 암벽에 스치는 바람에 희다못해 우윳빛 같은 물보라와 함께 부서지는 태양빛에 의해 형성된 찬란한 무지개가 창조해 낸 색채가 영롱해 환상적이다. 이 어찌 무아지경이라 하지 않을 수 있으리오.금강산기행문 특집 中, ASIA press, 2004

비봉폭포를 보노라면 아쉬운 점은 폭포 위쪽에 또 하나의 폭포가 있으나 쉽게 볼 수 없다는 점이다. 이름하여 무봉武鳳폭포라 하고, 이 폭포는 약 20m 정도의 물줄기가 힘차게 쏟아진다. 무봉폭포란 이름은 마치 봉황이 춤을 추는 것 같다해서 춤출 무를 써서 부른데서 유래되었고 폭포와 폭포가 조화된 극적인 아름다움이 아닌가 한다.

비봉폭포의 또 다른 특징은 폭포 주변에 무성한 소나무와 나무들 사이에 빛이 작렬하여 자아내는 청록색과 어우러진 각양각색의 기암괴석이 잘 조화된 산악미이고, 왼쪽 윗부분은 가지런한 봉우리들이 폭포소리를 감싸 주려는 듯이 잘 정돈되어 함께 하는 모습을 빼놓을 수 없다. 그리고 유심히 관찰해보면 폭포소리가 모아져서 생긴 봉우리 같다고나 할까?

폭포의 상하上下를 주시하면 위로 올라가면 세존봉 천화대가 아름답게 들어오는데, 이것은 폭포 아래에서 바라다보는 맛과 폭포를 끼고 좀더 올라와서 보는 산악미가 너무나 다르다는 사실을 깨닫게 된다. 금강산의 빼어난 아름다움은 서양의 큰 산과 달리 가는 곳마다 산악미가 금세 달라지는 모습에 감탄사가 절로난다.

비봉폭포 아래 계류에서 볼 때는 물줄기와 암벽의 산악미가 전부인 것 같지만 비봉폭포의 풍요로운 물줄기가 흐르는 여름철의 아름다움과 가을 옷으로 갈아입었을 때의 아름다운 풍악산 전경을 실감케 하고, 겨울철 암벽과 암벽 층에 쌓인 눈과 빙산은 또 다른 운치와 멋을 보여 계절과 조화하는 산악미의 상징적 풍광이 아닌가 한다.금강산기행문 中, 특집 ASIA press, 리 훈, 2004

10) 상팔담 구룡폭포와 구룡연九龍淵

구룡폭포와 상팔담은 지척이다. 구룡폭포 가기 전前 삼거리가 나오는데, 여기서 오른쪽 계곡을 건너 가파른 산山을 올라가면 상팔담이 한눈에 들어오는 계곡미상팔담 전망대에서 본 풍경이다. 상팔담 전망대에 오르려면 피곤할 정도로 많은 가파른 철계단을 올라가야 하기 때문에 힘이 많이 든다.

상팔담 정상은 가파른 철계단을 약 20~30분 정도 걸리는 코스다. 때문에 많은 사람들은 너무 쉽게 생각하지만 노약자나 심장질환자들은 올라가서는 안 되는 곳이기에 절대 금물이다. 몇 년 전 모 대학병원 의사가 동료들의 만류에도 불구하고 무리해 올랐다가 안타깝게 사망하는 사고가 있어 주변 사람들을 놀라게 한 불행한 일도 있었다.

어렵고 힘들지만 그 곳 전망대에 오르면 숨겨져 잘 보이지 않은 입체적인 상팔담의 또 다른 속살을 볼 수 있다. 그러니깐 무봉폭포를 뒤로 하고 올라서면 골짜기가 매우 좁아지고 경사가 심해 물살이 세차게 흘러 물 흐르는 소리가 점점 커지고 바위와 돌 사이를 격랑을 일으키며 흐르고 또 흐른다. 글자 그대로 아찔한 절벽 사이로 허공에 매달린 구룡교를 건널 때 물살을 보노라면 신비한 물구덩이를 볼 수 있다.

결국 상팔담을 거쳐 흘러 온 물이 구룡폭포를 만들고 구룡연을 이루는데 폭포의 물이 떨어진 웅덩이를 가리키는 말이다. 이어서 오른쪽으로 골짜기가 하나 있는데 이곳을 가리켜 옥류계곡이라 하고, 흐르는 물결이 은실과 같이 곱게 흐른다 하여 은실류라 부른다. 그 뒤로 깨끗하고 아름다운 옥려봉이 높이 솟아 있다.

옥류동의 시작과 구룡연이 시작되는 운금포, 주련포 등의 아담한 폭포를 지나면 계곡과 골짜기를 진동하는 물방아 찧는 소리가 들리니 이곳이 다름 아닌 구룡폭포이다. 구룡봉에서 내려온 구룡대의 절벽 벼랑 위에서 쏟아붓는 듯한 우윳빛깔의 폭포 이것이 구룡폭포이다.금강산 육로관광특집 中, 2003

구룡폭포의 높이는 약 72m이고 그 아래 절구통 같은 물웅덩이는 시퍼런 물이 요동을 쳐 금방이라도 용龍들이 순식간에 폭포 물줄기를 타고 승천하려는 것 같은 착각에 빠진다. 여기가 바로 아홉 마리 용이 승천昇天했다는 구룡연이다. 금강산 구룡폭포와 아홉 마리 용이 승천했다는 이야기는 지금까지도 구전을 통해 전해지고 있다.

관폭정觀瀑淨이란 구룡폭포와 구룡연을 감상하기 위해 설치된 전망대이다. 관광객은 이곳

상팔담 만추(리정수 사진작품)

에 모여 구룡폭포와 구룡연을 보고 사진촬영을 하는 곳이다. 필자가 처음 이곳을 방문했을 때 관폭정은 너무 오래되어 볼품 없었고 새롭게 단장되었으면 하는 아쉬운 마음 금할 길 없었다. 그뿐 아니라 주변도 깨끗이 단장을 했으면 좋겠다는 생각도 절감했다.

물론 관폭정 품격은 형편 없었고, 사진 촬영을 할 수 있는 곳도 철 파이프가 녹슬어 보기 민망했을 뿐 아니라 초라하기 그지없었다. 유명 관광지라면 화강암 등으로 운치 있게 꾸며 관광객에게 편안한 마음을 갖도록 해 이곳을 다시 찾도록 해야함에도 불구하고 방치된 느낌이 들었다.금강산기행문 中, 리훈 2004

필자가 그런 생각을 하는 것은 무리라는 생각과 함께 분단 50여 년당시에 이곳 금강산을 볼 수 있는 것만 해도 큰 기쁨인데 너무 욕심이 과하다는 생각도 함께 해보았다. 남측에서 하루 400~500여 명의 관광객이 온다는 사실을 감안해 볼 때 이런 정도는 북측과 의논해 시급히 해결해야 한다는 성급한 생각도 해보았고, 큰 돈 들지 않은 일인데 남북南北 공히 합리적 관리를 못하고 있다는 생각을 했다.

관폭정은 북측 안내원의 안내를 받을 수 있고, 신비한 전경이 한눈에 들어올 뿐 아니라 비가 내린 후에는 더욱 장엄하고 웅장해 그 기상은 마치 금세라도 용이 하늘로 승천하는 느낌을 갖지 않을 수 없다. 구룡폭포는 개성의 박연폭포, 설악산의 대승폭포와 함께 우리나라 3대 폭포 중 하나이다.

3대 폭포 중 호쾌한 멋과 맛을 내는 곳은 단연 구룡폭포이다. 또 다른 특징은 폭포 3분의 1지점 오른쪽에 평평하고 매끄러운 바위에 신라 최치원 先生 등이 쓴 싯귀가 남아 있고, 그 내용은 천하의 절경에 취해 남긴 글이다. 그 가운데 서예가 김규진 先生이 쓴 대형 미륵불彌勒佛이란 글이 대표적이다.

이 글의 높이는 19m이고 폭은 3.6m에 해당되어 우리나라 역사상 순수서예가 작품으로는 가장 큰 글씨가 아닌가 한다. 참으로 멋있는 글씨이고, 이 글을 써 조각하는데 노고가 많았을 것이라 추정해 보면서 그분들의 높은 기상에 놀랍고, 어찌하여 그 당시 그토록 완벽한 서체를 후대에 남기기 위해 그런 열정을 발휘할 수 있었을까에 대해 자연히 숙연해짐을 느낀다.

금강산 구룡폭포(리정수 사진작품)

내금강 부부나무(리정수 사진작품)

제3장

만물상萬物相·초草 일대

만물상 금화(中國 리 영 작품)

1. 만물상 명소名所

1) 만물상萬物相

금강산을 사랑하고, 금강산이 사랑받게 된 요인要因은 여러 가지가 있지만, 만물상萬物相을 꼽지 않을 수 없다. 만물상의 4계절의 변화와 시시각각 신비감을 더해주는 운해雲海에 의한 변화무쌍함은 말로 다 형용할 수가 없다. 그리고 화창한 날 만물상에 올라 산山 아래에 펼쳐지는 동해東海와 장전항 등과 조화된 절경과 풍광風光에 놀라지 않을 수 없다.

동해바다에서 본 금강산의 자태도 으뜸이지만, 확 트인 동해바다의 푸르름을 끌어안고, 태평양을 바라다보는 금강산 만물상의 위용威容은 위대한 자연의 섭리攝理가 아니고서는 빚어낼 수 없는 신비로움 그 자체라 하지 않을 수 없다. 필자가 보기엔 만물상에 잠재潛在된 기氣는 과히 세계적인 것이라 확신해 본다.금강산기행문 中, 리 훈, 2003

풍수지리설을 대두시키지 않더라도 금강산은 한반도에서 가장 뛰어난 명산名山일 뿐 아니라 세계적인 명산名山이고 명당明堂이다. 우리 조상들은 예부터약 1,400여 년 전 중국에서 발현된 풍수지리에 대해 영향을 받았고, 주로 조상을 섬기는 효孝의 정신과 조화시켜 좋은 묘자리와 집터를 찾기 위해 명당이론을 성립시켜 생활해 왔다.

조상을 위한 효심에서 선조들이 잠들 명당자리를 물색하기 위해 헌신해 온 민족은 그리 흔치 않다. 그리고 이는 자연을 숭상하는 민족정신과 일치되어 오래도록 전래되어 지속해 왔다. 때문에 묘자리를 찾기 위한 일은 개인과 조상을 위한 가치 있는 풍속이기에, 금강산은 민족을 번영케 하는 천하 명산이라 하지 않을 수 없다.

때문에 조국 한반도가 분단된 지 50여 년금강산관광 초기 만에 금강산에 의해 실질적인 남북南北교류가 시작되었고, 이제 개성·백두산·평양 등으로 그 역량이 확산될 상황이 아닌가? 그리고 앞서 말한 금강산의 상징적 존재는 만물상이라는 사실을 감안해 볼 때, 금강산

만물상 금화(中國 리 영 작품 1998)

만물상이 얼마나 많은 기氣와 신비함으로 가득한지에 대해 깊은 이해가 있었으면 한다.

금강산 한반도의 중심에 위치하며, 동해안을 품고 앉아 있는 그 자태를 유심히 보면 그 위상에 놀라지 않을 수 없다. 금강산 제일경 만물상을 보러가는 길은 버스가 다니는 도로가 있지만, 자동차 이동에만 의존한 관광으로는 너무나 아까운 곳이 많다. 만물상 입구 만상정까지는 도보로 쉽게 갈 수 있다.금강산기행문 中, ASIA press, 리 훈, 2004

2) 만상정萬相亭

온정리에서 만물상 가는 산길을 따라 차가 다니지 않을 때를 조용히 산속을 거닐어 보고 싶은 충동을 느끼게 하는 곳이 만상정이다. 온정리에서 북北으로 가면 넓고 환하게 트인 계곡을 따라 이쪽저쪽으로 건너뛰면서 가게 된다. 이 계곡이 한하계寒霞溪로서 금강산 산악미를 감상하는데 빼놓을 수 없는 곳이라 해도 조금도 지나침이 없을 뿐 아니라 산림욕에 최적이 아닌가 한다.

금강산관광 5주년 겨울눈이 1m 가까이 와 자동차가 갈 수 없어, 상당부분 도보로 만물

귀면암(리정수 사진작품)

상까지 등행을 했었는데, 지금도 동화 속 같았던 그 때를 잊을 수 없다. 온정리에서 서쪽을 바라보고 올라가면 하관음봉·중관음봉·상관음봉 등 연봉이 줄지어 있고, 산山을 사랑하는 사람은 그 산악미에 취하지 않을 수 없다.

동쪽으로는 수정봉·문수봉·세지봉·만물상이 차례로 보이고, 특히 관음연봉은 활엽수가 무성해 가을철엔 단풍이 아름답고, 겨울설경은 태고의 장엄함으로까지 연상된다. 여기서 빼어놓을 수 없는 것은 문주담에서 약 2.5km 지점에 있는 관음폭포의 아름다움을 떼어놓고 볼 수 없다는 사실도 상기해 주었으면 한다.

심산유곡에 위치한 관음폭포는 그 자태가 수줍음을 머금고 다소곳이 숨어 있어 쉽게 접근하기가 어렵다. 관음연봉은 산세가 늠름한 바위산으로 만물상처럼 기기묘묘한 바위가 많은데, 여섯 모가 난 눈꽃같다 하여 눈꽃바위, 일명 육화암六花岩을 비롯해 곰바위·개바위 등이 즐비해 또 다른 산악미를 음미할 수 있다.

만물상이란 이름도 만 가지 형상을 하고 있다는 의미에서 비롯되었고, 동물형상으로는 개구리바위·닭알바위·대포바위·거북바위 등이 있고, 갖가지 형상을 한 기암괴석이 보는 이의 눈을 즐겁게 해줄 뿐 아니라 탄성을 자아내게 하고, 거기엔 많은 이야기들이 함께하고 있다.금강산기행문 특집 中, ASIA press 中, 리 훈, 2004

그런가 하면 시선을 오른쪽으로 주시하면, 문주봉이라 해 길 옆에 큰 바위가 맞대어 있고, 그 굴속으로 들어가면 2층으로 트인 식당바위가 나오고, 문주봉 쪽으로 따라 올라가면 사시사철의 내음이 물씬 나고, 봄이면 목련향기가 그윽하고, 여름이면 짙은 풀내음, 가을엔 단풍내음, 겨울엔 무릎까지 빠지는 눈과 함께한다.

육회암에서 약 2km 정도 더 가면 드디어 만물상 입구 쉼터 만상정에 이른다. 여기에선 만물상은 우측으로 가야 하지만, 북으로 계속 가면 온정령영웅고개을 넘어 신풍리로 빠져나갈 수 있는 금강산을 관통하는 유일한 차도가 연결되어 있다. 만물상은 만상정에서 귀면암까지가 오른쪽으로 올라가면 된다.

금강산 육로관광 당시 미국 CNN방송 스태프들과 함께 만물상 등정을 했고, 이때 CNN방송과 북측 환경감시원과 인터뷰가 어려워 고심했었다. 이것은 부시대통령의 외교정책 때문이었다. 결국 필자가 북측 환경감시원 책임자를 설득, CNN방송과 인터뷰를 하도록 했고, 이것이 계기가 되어 아름다운 금강산이 약 4분간 전 세계에 TV로 방영되었다.금강산 육로관광 특집 中, 리 훈, 2003

금강산 방영을 마치고(美 CNN TV 스태프와 필자)

당시, 미국 부시대통령이 북北을 가리켜 「악의 축」이라 했기 때문에 북측 환경감시원에게 수차례 인터뷰를 요청했지만 거절되었고, 보다 못해 필자가 금강산에 대해서 이야기를 하고, 정치문제는 일체 이야기하지 말자는 필자 의견에 따라 극적으로 인터뷰가 성립되었던 것이다.

만물상 계곡을 숨이 찰 만큼 올라가면 약 30m 정도 높이의 바위가 7층으로 이루어진 7층암이 있으며, 그 건너편에는 나무꾼이 도끼로 찍었다는 절부암切斧岩이 있다. 이 바위는 그 생김새가 독특해 보는 이의 시선을 멈추게 할 뿐 아니라 만물상의 신비감을 더해 주는 바위 중 하나이다.

3) 천선대天仙坮

천선대를 오르는 길은 험해 여간 조심스럽지 않다. 이곳을 올라가는 사람들은 한결같이 다리가 후들거림을 느끼는 곳이다. 이것은 깎아지른 듯한 절벽과 눈 아래 펼쳐지는 까마득한 절벽 때문이다. 천선대 중간쯤 오르면 말안장처럼 생긴 약간 넓고 안전한 곳이 있는데 이곳이 다름 아닌 '안심대'이다.

안심대에서 전망을 조망해 보면 보이는 곳마다 아름다운 풍광이나 만물상 산악미를 두루 살필 수 있어 참으로 좋은 곳이다. 한마디로 금강산 일대 산악미를 제대로 조망하려면, 힘들지만 천선대에 올라가야 한다. 천선대에 올라가는 길은 참으로 험하기에 금강산에 왔다는 사실을 더욱 실감케 한다.

만물상 천선대를 밟기 위해서는 80~90° 경사를 따라 사다리에 매달리다시피 해 올라가다 보면 아찔아찔한 현기증이 절로 난다. 이러한 과정을 거쳐 한참 오르노라면, 천선대 관문인 하늘문이 있고, 일명 만물상이라는 자연 석문을 통과해야 천선대에 이른다.금강산 육로

천선대(리정수 사진작품)

관광 특집 中, 리 훈, 2003

신神의 조화인지, 아니면 자연의 신비함인지 알 길이 없으나, 이렇게 힘든 등산길을 오느라 수고가 많았다는 뜻에서 바위벽 틈에서 샘물이 나오는데, 이 물을 마시면 지팡이를 짚고 왔던 사람도 기운이 넘쳐 그만 지팡이를 잊어버리고 간다는 이야기에서 유래된 망장천忘杖泉이 기다리고 있다.

천선대는 한마디로 금강산 경치가 너무도 아름다워 선녀들이 내려와 놀았다는 곳인데, 이곳에 가려면 하늘문을 돌아 2개의 쇠사다리를 오르면, 4개의 바위기둥이 둘러친 약 936m인 천선대에 오르게 된다. 천선대야말로 만물상의 풍광風光을 제대로 볼 수 있는 명당이라 하지 않을 수 없다.

금강산의 이상야릇한 바위들이 입체적으로 펼쳐지는 곳이 천선대이고, 자연의 신비를 상징하는 만물상은 지구상 어느 곳에서도 볼 수 없는 비경秘境이다. 만물상 전체 산악미와 부분적인 아름다움과 신비함에 젖어 있노라면, 어떤 화가라 할지라도 저토록 신비한 아름다움을 창조할 수 없을 것이라 자문해 본다.

많은 풍류객과 시인묵객들의 금강산에 대한 견해를 이루 다 말로 표현할 수가 없고, 만약 표현한다 해도 그 누가 금강산의 아름다움과 신비함을 글로 다 표현할 수 있으리오? 오죽했으면 천하의 명사名士 김시습 先生마저도 "산山에 올라서 웃기만 하고, 물水을 보고는 울기만 하였네"라는 글을 남기지 않았던가?

김시습 先生의 간결하지만 금강산의 애절한 뜻을 담았다고 할 수 있다. 수많은 수식어보다 너무도 간결한 표현이어서 많은 것을 시사해 주고 있다. 다시 한 번 강조해보면 "금강산에 올라서 웃기만 하고, 계곡과 바위 틈에 흐르는 물을 보고 울기만 했다登山而笑 臨水而哭"는 것이다.

천선대에서 북쪽을 향해서 보면 무애·우의·천여·세지봉 등 만물상 연봉이 입체적으로 펼쳐지고, 뒤로는 약 1,261m에 해당하는 오봉산·석가봉·나한봉·천주봉 그리고 세지봉 끝에 동해바다를 조망할 수 있는 망양대1,025m가 기다리고, 이곳에 오르면 동해바다의 신비함을 품안에 두고 있는 산악미를 느낀다.

육당 최남선 先生은 「금강예찬」에서 "히히! 하는 소리가 먼저 나옵디다"라 했고, 이것이 만물상을 본 첫 일성이었다고 한다. 때문에 사방을 둘러보는 관광객 입에서 나오는 탄성은 감탄사의 연발이고, 어떤 분은 금강산 만물상을 보고 감정에 복받쳐 눈물을 흘리고 가슴에 복받쳐 오르는 기쁨을 금할 수 없었다고 한다.

결국 만물상의 진면목은 날씨와 관련해 파악되어야 하고, 계절의 신비한 변화와 구름이나 안개가 적당히 어우러질 때 가장 아름답다 하지 않을 수 없다. 안개와 구름 속에 숨어 있던 바위들이 군데군데 보이고, 발아래 깔려 있는 구름 사이사이에 드러나는 온갖 색상이 숲속에 파고드는 햇빛에 의해 투영될 때 비로소 선계仙界가 이곳임을 확인케 한다.

천선대에 오른 후 하산하기가 아쉬운 분들은 서북쪽 중턱 바위에 2개의 돌구덩이가 파인 곳에 물이 고여 선녀들이 화장을 하였다는 천녀화장호天女化粧壺를 보면 신기하기 그지없다. 그런가 하면 약 500m쯤 계단으로 된 협곡을 올라 망양대1,025m로 오르면 동해와 장전항이 한눈에 들어온다.금강산기행문 中, 리훈, 2004

가을 금강산을 풍악산楓嶽山이라 부르고, 가을 산악미를 실감케 한다. 만물상 입구에서 보는 순간부터 붉은 단풍색 터널을 지나 등산을 하다보면, 만물상에 대한 기대가 가슴에 차옴을 느끼지 않을 수 없다. 천선대나 망향대에 이르는 가을 단풍 터널과 만물상을 배경으로 하는 가을 단풍의 아름다움은 천하절경이 아닐 수 없다.

특히 금강산관광 6주년을 맞게 되는 10월 15일경을 전후해 만물상 단풍에 취해 10여 일 만에 두 번 만물상 단풍을 찾았던 점을 감안해보면 이해가 되리라 믿는다. 오죽했으면 한

금강산 망양대(리정수 사진작품)

절부암(리정수 사진작품)

번 다녀와 비가 오지 않았다는 사실을 확인하고, 다시 금강산 만물상에 올라 한참동안 멍해지다가 "와 이럴수가"를 연발했던 일이 지금도 생생하다.금강산 6주년 기념을 보고, 리 훈

4) 미인송림美人松林

안새미라 부르는 송림지역은 남강南江의 상류인 백천천의 상류로 오래전에 소실된 송림사 터를 지나 올라가면 폭포골이라 할 만큼 수많은 폭포를 만나게 된다. 이 지역은 온정리에서 차로 해금강海金剛 쪽으로 가다가 남강줄기를 따라 내려가 우회전하면 보현리를 지나 만나게 된다.

수많은 폭포 중 대표적인 것은 합류폭포·곧은폭포·이단폭포·만상폭포·석문폭포·고리폭포 등이나, 석문폭포에서 우측 채하능선 쪽으로 가면 좌우 봉우리가 무서우리만큼 치솟은 중 문득 채하봉 자락에서 한 줄로 층층이 떨어지는 폭포가 다름 아닌 12폭포이다. 금강산의 크고 적은 폭포는 바위와 숲과 조화된 최상의 폭포가 아닌가 한다.

12폭포는 외금강 최고의 비경에 속하고 열두 계단으로 이루어져 폭포 길이만 무려 약 390m이고, 수직높이 약 290m와 폭포의 폭은 약 4m이다. 많은 사람들은 이 폭포를 보기 위해 채하능선채하봉; 1,588m 맞은편 은선대에 올라가야 제대로 감상한다. 웅대한 12폭포를 은선대폭포라 하기도 한다.

은선대1,060m에 오르면 바로 옆에 있는 것이 칠보대인데 약 1,273m에 달하는 기기묘묘한 모습을 볼 수 있다. 이 지역은 송림지구는 아니고 선하지구에 속하지만, 채하능선에 올라 비스듬히 주름진 집선봉集仙峯은 약 1,351m의 칼날같은 연봉을 보지 않으면 안 된다. 금강산이 아니고서는 이토록 아름다운 연봉連峯 정상들을 보기 힘들다.금강산기행문 ASIA press 中, 리 훈, 2004

5) 효운동曉雲洞

백천교를 지나 송림사 터로 들어가지 않고, 차로 직진 개장령이란 고개를 넘어 유점사 터에 이르게 된다. 그런가 하면 송림사 터에서 도보로 박달고개를 넘어 유점사 터로 가는 지름길도 있는데, 도중에 학鶴이 살았다는 학소대가 있어 운치를 더해주고 있다.

유점사는 통일신라시대 때 세운 금강산 4대 사찰 중 하나이지만, 아깝게도 병화에 의해

소진되어 그 잔해만 쓸쓸하게 남아 역사의 현장을 지키고 있다. 유점사는 53불의 전설적인 불상을 모신 곳인데, 임진왜란 때 사명대사께서 승병을 일으킨 곳이기도 한 유서 깊은 사찰이다.

유점사 터를 지나 만경동으로 접어들면 넓은 너럭바위가 있고, 그 아래 맑고 푸른물이 휘감아 도는 곳이 구룡소이다. 이곳은 구룡연의 9마리 용이 53불과 싸울 때 잠시 머물던 곳이라 한다. 구룡소를 지나 더 올라가면 쌍학소가 있고 반석 위로 흐르는 바리폭포가 있다.김삿갓 先生과 인연이 깊은 곳임

유점사는 앞에서 언급한 임진왜란 당시 사명대사가 승병을 모아 훈련시켰던 곳으로도 유명하지만, 호국불교의 역사적 현장이기도 하다. 폭포를 떠나 우측 산으로 올라가면 은선대, 더 올라가면 칠보대까지 이르게 된다. 그래서 이 지역효운동을 그냥 지나칠 수 없는 곳이기도 하다.

세존봉 운해(리정수 사진작품)

2. 외금강外金剛 명소

한마디로 외금강 지역을 제대로 살펴보려면, 최소한 1주일은 걸린다는 것이 정설이다. 그리고 금강산 전체를 둘러보는 데는 약 보름15일이 소요된다고 한다. 금강산은 그만큼 넓을 뿐 아니라 산山과 계곡 등 볼 것이 많다는 것이다. 그러나 오늘날 교통이 발달해 산에 오르는 시간과 내려오는 시간을 계산할 필요가 있다.

때문에 외금강 지역만 해도 앞에 소개된 4개 코스 외에 천불동·선하·선계창·발연소·수정봉·동석동·만경동 등등 수많은 지역이 있을 뿐 아니라, 그 아름다움이나 신비감은 우열을 가리기 어렵고, 금강산을 찾은 사람들은 어디를 선택할지 혼란스러워 안내를 잘 받아야 하고, 산행을 하기 위해 사전준비가 요구된다.

1) 천불동千佛洞

천불산은 약 654m에 달하는 장전항 서편에 있는 암바위산이다. 이곳에서 동해를 보면 손에 잡힐 듯 보이고, 장전항을 가장 잘 볼 수 있는 위치이다. 천불산·천불천 계곡에는 셀 수 없는 폭포와 못, 그리고 기암괴석이 많아 주변에 있는 선창계곡과 금강못을 합해 별금강別金剛이라 한다.

천불동 계곡을 가기 위해서는 장전항에서 출발해 천불천 하류 주험농장마을을 지나면 북쪽 지리산 암벽미와 천불산의 울창한 삼림지대를 통과하게 된다. 계곡을 따라가다 왼쪽 계곡으로 꺾어들면 이단폭포·산주·연주·교향·비단폭포들이 이어져 있다.금강산기행문 ASIA press 中, 리 훈, 2003

계속해 이 길을 따라가면 연달아 펼쳐지는 8폭8담의 경승을 만나게 되고, 그 위로는 거대한 삼단폭포와 절벽 위에 흰 실을 늘어뜨린 것 같은 백사폭포가 있어 수려한 별금강의 진수를 보게 된다. 이곳까지 거리는 장전항에서 약 10km가 되고, 도보로 왕복 5시간 정도가 소요된다.연령과 개인능력별로 약 1시간 이상 차이가 날 수도 있음

2) 선창계

선창계는 만물상에서 북쪽에 있는 선창산1,226m을 말하고, 오봉산1,261m 사이의 계곡을

뜻한다. 동해까지 북쪽으로 난 길을 따라 차로 약 3km 정도 올라가면 선창계로 들어간다. 개울은 비교적 넓고, 물수량이 풍부한 편에 속하는데, 금강산 가운데서 넉넉함과 풍요로움을 느낄 수 있는 곳이다.

처음 시작은 쉽게 느껴져 시작되나 올라갈수록 깎아지른 듯한 절벽과 봉우리가 나타난다. 이 봉우리를 올라가 소나무 숲을 지나면 참으로 경탄할 만한 자연경관이 눈에 들어온다. 절벽이 성처럼 휘감고 있을 뿐 아니라, 마법이나 요술 세계에서나 봄직한 타원형의 맑은 못이 하나 있다.

사방은 절벽으로 막혀 있고, 사람들이 들어선 좁은 길만이 환하게 트여 있는데, 이렇게 높은 절벽 위에 약 600평방미터200여 평나 되는 못이 있다는 사실을 알고, 놀라지 않을 수 없다. 더욱이 못 한쪽에는 백사장까지 있고, 물속에는 도룡뇽이 살고 있어 운치를 더하고 이곳못을 천지天池라 한다.

여기서는 선창계의 선창폭포·금주폭포 등을 구경해도 좋고, 선창산에서 오봉산까지 이어지는 능선을 따라 오봉산·세지봉으로 가 만물상 뒤편을 볼 수 있다. 상당히 어려운 등

금강산 외금강 전도(임무성 작품)

행길이다. 그런가 하면, 반석동 계곡이나 원석동 계곡에도 경탄할 만한 경치가 기다리고 있다. 금강산기행문 中, 리 훈, 2004

3) 선하동仙霞洞

선하동은 온정리에서 남쪽 세존봉과 채하봉 아래 또한 집선봉의 남쪽 발연사 터 일대인 발연동을 포함한 지역을 말하는데, 수려한 계곡과 집선봉의 남성적인 산악미가 어디에 내놓아도 손색이 없다. 선하동을 가기 위해 온정리에서 신계사 터까지 가야만 한다. 신계사까지는 평지여서 도보로 가도 얼마 걸리지 않는다.

언제나 맑고 깨끗한 신계천을 건너면 천수백년 역사를 간직한 보운암 터가 있고, 다시

금강산 별곡(임무성 작품)

범기암 터에 다다르면 여기가 동석굴 입구이다. 여기를 지나 세존봉 끝자락의 절벽을 돌아 가면 뜻밖에도 이 첩첩산중에 넓은 장소가 나타나는데, 이곳이 금강산 스키장이다.

이 일대는 채하봉1,588m도 보기 좋지만 무엇보다도 칼날같은 집선봉1,351m의 7연봉이 장관을 이루고 있다. 또한 동석흔들바위이 있는 곳의 수백평이나 되는 너럭바위도 인상적이다. 특히 동석동은 조금만 높은 곳에 올라가도 바다가 보여 특별하다. 화창한 날 동석동에서 사방을 관람한다는 것은 하나의 축복이다.

동석동 이곳이 바다·산·계곡의 뛰어난 경관을 두루 볼 수 있는 곳이기에 사람들은 이곳 동석동에 들어서면 떠날 줄을 모른다. 금강산 가는 곳마다 무릉도원임과 동시에 「금강산은 천하명산이고, 한반도의 명당」이기에 아름다운 자연과 사람의 풍요로운 정서emotion가 얼마나 중요한가를 실감케 하는 곳이기도 하다.

4) 발연동鉢淵洞

발연동은 집선봉의 동쪽 아래에 있는 발연계곡과 연신계곡에 있는 명소를 말한다. 「발연」이라는 말은 「바리소」에서 유래된 말이다. 먼저 연신동으로 가기 위해서는 온정리에서 신계천 하류를 거쳐서 들어가고 입구부터 약 2km에 걸쳐 폭포와 소沼가 줄지어 있어 초입부터 보통이 아니라는 예감을 갖게 하는 곳이다.

이 계곡이야말로 생동감이 넘치는 계곡이다. 연신동 계곡 남쪽에 위치한 발연동 계곡 역시 집선봉 동남쪽에 자리잡아 독특한 경관을 자랑한다. 이 골짜기 안을 바리소골·발연동이라 부르는데, 입구는 약간 밋밋하지만 개울을 따라 갈수록 장관이다. 금강산은 시시각각 계절 따라 그 모습을 달리하고 있다.

양사언 先生은 금강산에 대한 일화와 작품들을 남겼으며, 아호도 금강산 이름 중 하나를 따 「봉래」라 지었다. 참으로 자연과 인간이 조화된 아름다운 모습에서만 볼 수 있는 일이다. 자연에 매료되어 시詩를 쓰고, 이야기를 남기고, 아호까지 「봉래」라 해 금강산에 마음껏 취했으니 부러울 뿐이다.금강산기행문 ASIA press 中, 리 훈, 2004

만폭동 금강대(리정수 사진작품)

제4장

내금강內金剛 일대

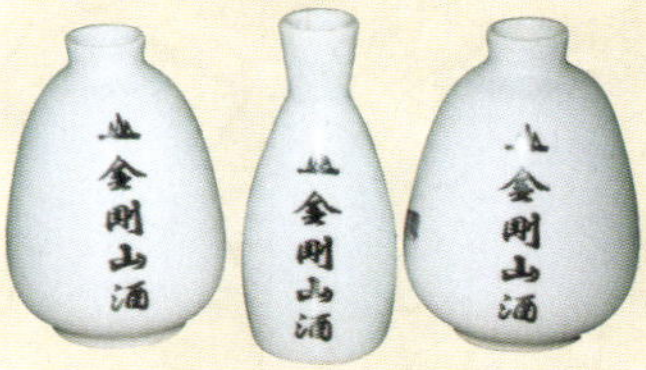

금강산을 사랑하는 마음의 술병

내금강은 1945년 8·15광복절 이전만 해도 번창한 곳이고, 해방 전 내금강 역사역도 엄청난 규모였다. 심지어 단발령에 정차 중인 금강선 전철도 무척 활발했을 정도였다고 전한다. 단발령에 오르면 금강산 여러 봉우리가 동편으로 펼쳐지고, 해방 전의 장안사의 규모 또한 대단했던 점을 감안해 보면 내금강의 전성기를 짐작케 할 만하다.

1. 만폭동滿瀑洞

1) 내강리內剛里

내금강內金剛은 아기자기할 뿐 아니라 소박한 여성미가 물씬 풍기는 산山이다. 때문에 외금강外金剛은 웅장함이 남성적인 산악미를 잘 갖춘 산山이라고 할 수 있다. 그런 면에서 보면 내금강은 예부터 금강산 탐방의 전초기지로 많은 풍류객들이 내강동에 들어와 아름다운 풍광風光과 함께했던 점을 짐작케 하는 곳이다.

금강산행 전철은 창도를 지나 금강산을 멀리 조망할 수 있는 단발령 고개를 넘어 발휘지 다리를 건너 드디어 내금강의 관문인 내강리 내금강역에 도착하게 하는 곳이다. 내강리에서 외금강의 온정리까지는 자동차길로 약 43km를 달려야 하고, 이곳을 잘 보려면 적어도

금강국수나무(리정수 사진작품)

2박 3일은 소요된다.

옛 사람들은 주로 이 길을 통해 금강산을 횡단했고, 이곳에 연결된 관광지를 관광하며 글과 그림 그리고 풍류객에 의한 시詩를 남겨 후학들에게 많은 것을 알 수 있도록 해주었다. 특히 정철 先生이나 화성이신 겸재 정선 先生은 이러한 방법으로 금강산과 조화하며, 열정을 다해 작품을 하며 공감했다.금강산기행문 中, 리 훈, 2003

2) 장안사長安寺

장안사는 금강산 4대 사찰의 하나이고, 무려 1,400여 년의 역사를 지닌 사찰이었지만 지금은 모두 소실되고 말았다. 내강리에서 장안사 가는 길은 만천교를 건너면서 약 2km 구간 개울과 전나무, 잣나무, 소나무숲 동굴을 지나야 하고 이곳 또한 운치가 있어 장안사 가는 길은 그 나름의 분위기와 운치가 있다.

앞서 말한 나무숲 터널을 지나노라면 산나물들의 상쾌한 맛과 그윽한 내음이 일품이다. 장안사가 중요한 위치를 차지함은 대웅전에 모시던 주존불인 비로자와불이 안치되어 있기 때문이다. 장안사 아래 마을에는 8·15해방 전까지 내금강 탐방의 근거지로 장안사 호텔을 비롯한 여관 등이 성시를 이루기도 했다.

금강산 최고봉을 비로봉이라 부르고, 동편 봉우리를 석가봉, 지장봉, 시왕봉이라 명명한 것을 보아도 짐작이 간다. 장안사가 한창 번창할 때 그 주변은 호텔과 여관 그리고 상가 등의 편의시설이 잘 갖추어져 있었으나, 시대의 흐름에 의해 정비되거나 사라져 그 흔적을 찾기가 힘들다.

그런가 하면 예전에는 장안사 주위에 옥천암, 보문암, 안양암 등의 암자가 있었으나 이 또한 소진되고, 그 터만 황량하게 남아 있을 뿐이다. 장안사 터에는 명경대를 거쳐 표훈동으로 가는 또 다른 코스가 있고, 북으로 난 큰길로 가면 내금강 최고의 경승지 표훈사를 거쳐 만폭동으로 들어서게 된다.

그리고 표훈동으로 올라가는 길 양 옆에는 전세계적으로 금강산에만 있는 1속1종의 금강족수 나무의 군락지가 있어 유명하다. 금강산 장안사 4대 사찰의 찬란함이 전화戰火로 인해 완전 소실되었다니, 이것은 불교 문화적인 입장뿐만 아니라 우리의 전통문화에도 엄청난 손실이 아닐 수 없다.

장안사 터(리정수 사진작품)

장안사 부도탑(리정수 사진작품)

3) 표훈사表訓寺와 정양사正陽寺

장안사 터를 지나 표훈동으로 올라가면 삼불암 전설에 얽힌 울소鳴淵: 명연의 푸른 물이 반겨준다. 좁아진 개울을 돌아가면 시야가 좁아지면서 삼불암 다리가 나오고, 여기서 더 오르면 우측으로 그 유명한 삼불암이 있다. 삼불암은 길가에 우뚝 솟은 넓적한 큰 바위에 미륵, 석가, 아미타불을 새긴 불상이다.

특히 이 불상은 고려시대의 뛰어난 조각 솜씨를 자랑하고 있고, 측면에는 보살상이 조각되어 있다. 그리고 후면에는 작은 좌불상이 60구나 조각되어 있는데 뇌옹조사께서 조각한 것이라 전해지고 있다. 삼불암을 지나면 우측 개울가에 고색 창연한 부도군浮屠群이 있고, 그 중에는 유명한 서산대사비도 있다.

부도군을 지나 개울을 따라가면 앞이 트이면서 금강산 4대 사찰 중 유일하게 남아 있는 표훈사가 보는 이를 반갑게 맞아준다. 그리고 함영교를 지나면, 능파루가 있는데 원래 20여 동의 건물이 있던 대사찰이었다. 현재 능파루, 반야보전, 명부전, 영산전과 석탑만이 남아 있다.

표훈사(리정수 사진작품)

표훈사는 울창한 숲으로 둘러있고 기암괴석의 청학대, 금강대, 범기둥 등이 사방을 둘러 싸고 있어 내금강 관광객의 유일한 휴식처가 되고 있다. 표훈사를 대표하는 그림으로는 최북 先生의 표훈사가 있고 수묵화로 그 짜임새가 잘 조화되어 표훈사 뒷산 봉우리가 일품이다.

정양사 가는 길은 표훈사 뒤를 돌아 약 1km의 비탈길을 오르면 방광대 중턱이다. 여기를 가려면 온갖 잡목들이 뒤엉킨 산길을 걸어야 한다. 이곳 정양사는 다행히 전쟁으로 인한 피해를 면해 표훈사와 함께 잔존하는 사찰인데, 내금강에서 가장 전망이 좋아 그림과 시詩에 많이 등장하는 곳이다.

특히 지금은 없어졌지만 전망대 헐성루歇惺樓가 있어 금강산 전망의 최고 명소로 알려져 있다. 앞서 말한 화가들의 작품이 대체적으로 이곳 대상으로 삼았고, 흥미로운 것은 지붕

표훈사 장수샘(리정수 사진작품)

표훈사 3층석탑(리정수 사진작품)

대地峯臺라는 42개의 원추형 산봉山峰의 모형 장치가 있어 운치를 더해주고 있다.

원추형 산봉의 모형 장치가 있어 앞의 줄을 당겨 모형 끝에 맞추면 그 봉우리가 있는 것과 일치되어 쉽게 알아보도록 한 기발한 장치가 있어 더욱 유명하다. 이것은 금강산의 산봉우리의 위치와 이름을 알 수 있게 한 지봉대이고, 후일 이곳을 대표하는 미술작품으로는 정충엽 先生의 헐성루 일만이천봉이다.

4) 만폭동萬瀑洞

청학봉 및 금강문에서 시작되는 만폭동 물줄기가 한데 모여 장관을 이룬다고 해 붙여진 이름이다. 그리고 1만 개의 폭포와 담이 형성되어 있고, 1만 개의 바위岩가 있어 만성萬聲이 조화를 이룬다는 곳이다. 때문에 구전으로 전해지고 있는 사연들을 모으려면 끝이 없다고 한다. 만폭동이라는 이름도 그래서 붙여진 것이라 한다.

내금강에서 가장 경치가 좋다는 만폭동은 정양사 아래 금강문을 지나 화룡담까지 약 1km 구간이다.금강산에는 금강문이 여러 곳임. 이곳은 금강의 옥류동 계곡과 쌍벽을 이룬다. 오죽이나 폭포가 많으면 만폭동이라 했겠는가. 참으로 만 가지 형상을 한 폭포에 취하지 않을 수 없다.

만폭동의 개울을 달려오다 폭포로 떨어지고 다시 모여 소沼를 이루다 바위와 바위 사이를 통해 구비구비 내려오기에 그 유명한 김삿갓 先生은 「나는 금강산이 좋아 찾아가는데, 푸른 물아 너는 어찌하여 내려오는가」라고 시를 썼고, 골을 따라 올라갈수록 물빛은 푸르고 밝아 차마 손을 씻기가 미안하다고 했다.

원화동 만덕교라는 다리 아래에는 무려 200여 미터 구간에 걸쳐 넓고 거대한 암반이 나오는데 거기에는 만폭동이란 세 글자와 봉래풍악원화동천蓬萊楓樂元化洞天이란 글귀가 있다. 이 글을 쓴 양사언 先生은 조선시대 명필로 안변군수를 지낼 때 금강산 경치에 매료되어 이 글을 썼다고 한다.

양사언 先生은 금강산에 대한 일화와 작품을 많이 남겼으며, 아호도 금강산 이름을 따 「봉래」라 지었다 한다. 참으로 자연과 인간이 잘 조화된 모습에서 볼 수 있는 일이 아닌가 싶다. 아름다운 자연에 매료되어 시를 쓰고 이야기를 남기고, 아호까지 「봉래」라 해 금강산에 흠뻑 취했다니 참으로 아름다운 조화에서 형성되는 신선神仙이 아닌가?

만폭동 가을(리정수 사진작품)

단발령만금강(비단담채, 국립중앙박물관 1711)

5) 법기봉法起峯과 보덕암普德菴

법기봉의 당찬 봉우리가 눈에 들어오는데 이것이 무엇이던가, "세상에 이럴수가"라 말하지 않을 수 없다. 암벽 벼랑에 높이 약 150m쯤 되는 절벽에 절집이 간채로 매달려 있지 않은가. 이 광경은 분설담의 시원하고 호쾌한 경관을 보고 땀을 식힌 후 오른쪽을 보노라면 눈에 들어오는 광경이다.

다시 한 번 놀라운 일은 보덕암에 가까이 가보면, 반쯤이 허공에 떠 있는데, 약 20m 가량 되는 구리 기둥이 절벽 모퉁이에 받치고 있는 것을 발견하게 된다. 건물 자체는 쇠사슬로 바위에 묶어 놓았는데 바람이 불면 흔들리고 삐걱거린다고 한다. 보덕암은 이렇게 수백 년동안 묵묵히 이곳을 지켜왔다.

보덕암(리정수 사진작품)

참으로 기발하고 신기한 발상이 아닐 수 없다. 금강산에 취해 금강산에서 살다보니 건축과 자연의 조화미를 저토록 절묘하게 이룰 수 있었을 것이라는 생각을 하기란 그리 어렵지가 않았다. 보덕암 수백년을 흔들거리며 저곳에 매달려왔을 것을 상상하면 금강산과 사람 그리고 사찰이 완전 하나가 된 느낌이 든다.

보덕암은 만폭동 등 천하의 비경을 혼자 느끼고 감상하면서 가장 이상적 위치에서 가장 절묘한 조화를 이루고 있다. 보덕암이라는 암자는 보덕이라는 처녀와 스님에 얽힌 사연이 전설이 되어 지금도 남아 있다. 두 분의 사랑과 우정, 아니 종교의 만남이 어느 것 하나 나무랄 수 없다. 아름다운 자연과 인간의 완전한 조화에서만 가능한 일이라 본다.금강산기행문 ASIA press 中, 리 훈, 2004

6) 원통골(태상동)

금강문에서 만폭동으로 오르지 말고 왼쪽에 위치한 적은 길을 따라가면 원통골과 수미골이 나온다. 이 길은 우측에 금강대, 좌측에 청학대를 끼고 좁은 골짜기로 형성되어 있는데, 계곡은 만폭동과는 달리 숲이 고요하며, 흙과 모래로 구성되어 제법 낭만적이라 해도 과언이 아니다.

그리고 계곡을 따라 올라갈수록 금강산에서 이런 곳이 있을까 하는 의문을 갖게 될 뿐 아니라 금강산 산악미와는 전혀 다른 부드러운 산세를 접하면서 느끼는 감정이랄까? 원통골에서 접할 수 있는 청호당, 용상담, 용추 등의 물과 바위도 좋지만 험한 극락재를 넘어야 한다.

결국 극락재를 넘어 수미암 터에 이르면 뜻밖에도 숲속에 기기묘묘한 돌탑들이 골안을 메우고 있다. 이 돌탑은 자연만이 가능한 창조물로 마치 떡반죽을 쌓아 올린 듯 한데 그 형상이 도저히 믿어지지 않는 기묘함을 지니고 있다. 자연의 신비함을 다시 한번 실감할 수 있다고나 할까?

바위 모양도 지금까지 보던 금강산의 날카로운 산악미와는 달리 부드러운 형상을 하고 있고, 어떻게 보면 곰이나 호랑이가 돌이 된 느낌을 갖게 한다. 참으로 백탑동의 자연 석탑과는 비교가 되는 풍경이다. 아, 어찌하여 금강산이 이토록 다양할 뿐 아니라 귀함 또한 만상이란 말인가?금강산기행문 中, 리 훈, 2005

만물상 금화(양태석 작품)

2. 백운대白雲臺

백운대969m는 비룡봉 서남, 만폭동 북쪽인데 비교적 높은 지대이고 옛날에는 만회암, 마하연, 불지암 등의 암자가 많았다. 특히 유명한 것은 마애불상 「보길상」이 있었던 곳이기에 금강산을 찾은 이들의 관심을 집중시켰던 곳이기도 하다.

1) 마하연摩河衍

만폭8담의 마지막 화룡담에서 바로 개울을 벗어나 산길로 오르면 절 집터가 보이는데 이곳이 마하연이 있던 곳이다. 마하연은 혈망봉, 만물상 같은 중향성, 법기봉, 관음봉 등이 잘 보이는 요지에 자리를 잡고 있는데, 최남선 先生은 「금강예찬」에서 "여기야말로 선경仙境이 아니면 불국佛國이다"라고 강조했다.

앞에서 언급했지만 최남선 先生이 "이곳이 선경과 불국이다"라는 말은 금강산이 얼마나

백천교도(국립중앙 박물관 1711)

아름답고 신비스러운 곳인가를 한마디로 압축했을 뿐만 아니라, 불교와 금강산의 관계를 너무나 극명하게 나타낸 말이 아닌가 싶다. 최남선 선생의 「금강예찬」은 지금도 시간과 공간을 초월해 우리들에게 많은 것을 시사해 주고 있다.

마하연을 지나 남순동 자라바위를 보고 나서 몇 구비를 지나노라면, 천길같은 절벽에 서게 되는데, 여기가 고대했던 백운대이다. 이곳에서 주변 경관을 조망해 보면 금강산 연봉들이 백운대로 빨려 들어오는 듯해 가슴이 시원함을 느낀다. 그런가하면 고개머리를 북으로 돌리면 그만 '와' 하는 비명과 함께 다시 한 번 놀라지 않을 수 없다.금강산 육로관광 특집 中, ASIA press, 리 훈, 2004

2) 중향성衆香城

중향성 그 높이는 1,520m이고, 그 분위기는 마치 옥玉기둥 수천 개를 꽂은 듯하고 나아가 옥향을 수천 개나 세워 그 주변 일대가 마치 병풍을 두른 듯한 신비감을 갖게 할 뿐 아니라, 이곳을 마주한 사람들은 "이럴 수가! 와" 하는 비명과 함께 다시 한 번 놀라지 않을 수 없다.

고생 끝에 낙이 있다고 백운대까지 고생해 올라온 보람을 한순간에 느낄 수 있고 그간 등산으로 피로해진 몸과 마음이 눈 녹듯이 사라질 뿐만 아니라 올라오기를 참으로 잘했다는 생각을 금새 갖게 한다. 금강산에 오르면 두드러진 공통점은 가는 곳마다 힘들지만 잘 올라왔다는 생각을 갖게 된다는 것이다.

그러니까 중향성은 내금강의 만물상에 해당되고 백운대에 올라서야 비로소 진면목을 볼 수 있다. 그래서 많은 분들은 이런 장관을 금강산까지 와서 게으름을 피우다 보지 못한다면 얼마나 아쉬워할까 생각하면서, 그래도 힘들지만 내금강의 만물상을 봐 기쁘다며 힘든 등행 길을 마다하지 않는다.금강산기행문 中, 리 훈, 2004

3) 묘길상

묘길상은 만폭동 계곡의 상류 쪽으로 올라가면 천길 절벽의 백운대가 보이고 이를 등지고 나가면 불지암 터를 만난다. 그래도 이곳은 제법 산새들이 우짖는 고요하고 수려한 장소이다. 산새들에 대해 한마디 하지 않을 수 없다. 자고로 아름다운 산이라면 거기에 동식물이 함께 하기 마련이다.

남북南北 안내원에게 금강산에는 왜 새가 안보이냐고 묻자, 한결같이 금강산에는 새들이 살지 않는다고 대답했다. 왜 새들이 살지 않느냐고 다시 묻자, 산이 너무 깨끗해서 먹이가 없기 때문이라고 했다. 하기야, 수없이 금강산에 왔으나 두 번 정도 한두 마리 옥류계곡에서 새 한 마리씩을 보았을 뿐이었다.

필자가 확인해 본 결과 참새 등이 보기 쉽지 않다는 것이지, 결코 새들이 살지 않는 것은 아님을 확인했다. 필자가 두 번 큰새를 보았다고 안내원들에게 말하자 행운이라 했다. 안내원들은 금강산에서 매일 근무하지만 새를 보기가 쉽지 않다고 했다.

금강산에도 산새들이 없는 것은 아니지만, 산이 워낙 깨끗해서 먹이벌레 등가 흔치 않아

묘길상(리정수 사진작품)

그 숫자가 적을 뿐이라는 것이다. 귀한 산악미를 뒤로 하고 동쪽으로 가면 개울가에 오선암이 있고, 그 옆에 소광암을 감도는 화개담이란 맑은 소沼가 있다. 이 소도 금강산의 다른 소와 마찬가지로 영롱한 초록빛 옥색玉色이 감돌아 분위기를 더해주고 있다.

여기서부터 화개동이라 부르고, 이곳에 들어서면 왼쪽에 낮은 언덕이 있고, 그 언덕 뒤에는 말끔한 바위벽에 높이 15m나 되는 큰 마애불상이 있다. 이것이 그리도 보고 싶었던 묘길상이다. 묘길상의 뜻은 문수보살의 별명으로 원래 아미타여래상인데, 18세기에 누군가에 의해 묘길상이라 써 유래되었다 한다.

묘길상의 미술작품으로는 엄치옥, 김유경국립중앙박물관 소장 先生 수묵화가 있고, 묘길상을 지나 금강산을 대표하는 꽃 금강초롱을 접하면 운치를 더한다. 금강초롱은 금강산을 대표하는 아름다운 꽃이다. 이 꽃을 상징화해 금강산 관광을 홍보하는 길은 없을까 하고 아

명경대 금화(中國 故 리 영 작품 1997)

쉬운 감을 느끼지 않을 수 없었다.

안목재를 넘어 금강산 주봉인 비로봉을 오르게 된다. 필자가 항상 느끼며 주장하는 것은, 금강산은 우리 민족의 영산靈山임과 동시에 불교문화의 상징이고, 풍류객들의 이상과 현실을 조화시킬 수 있는 천하 명산일 뿐 아니라 평화통일을 위한 성스러운 산山이라 단정함도 다 여기에 뜻을 두고 있다.금강산기행문 ASIA press 中, 리 훈, 2004

4) 명경대明鏡臺

(1) 백천동과 명경대

백천이란 이름은 외금강 송림계곡에도 같은 명칭이 있어 혼돈하기 쉽다. 이 골짜기는 마치 높은 건물들 사이로 걸어가듯 양쪽 층암 사이의 굽은 협곡을 지그재그식으로 가야 되기 때문에 앞을 봐도 뒤를 봐도 꽉 막힌 느낌을 갖게 되는데, 답답하지만 고생 끝에 낙이 있다고 조금만 인내하면 또 다른 맛을 느끼는 곳이다.

만폭동 입구에서 우측으로 백천동 계곡을 따라가면 영원동, 수렴동, 백탑동으로 이어지는 울창한 숲과 계곡이 일품이다. 이 코스로 가면 차일봉, 백마봉, 망군대에 오를 수 있다. 한참을 더 올라가면 높이 약 50~60m, 넓이 10여 미터 정도의 넓적한 돌기둥을 만난다.

이곳이 다름 아닌 그 유명한 명경대이고 그 아래는 황류담黃流湛이란 담수湛水가 있다. 명경대란 큰 거울을 세운 것 같다 하여 이름지어졌는데, 이 앞에 서면 '이승에서 진 죄 없어야 명경대에 비친다'는 전설이 있다. 우리 선조들의 생활의 지혜가 농축된 의미로도 해석될 수 있다.금강산기행문 中, 리 훈, 2003

특히, 명경대는 만산홍엽의 단풍으로 유명하며 주위에는 마의태자麻衣太子가 쌓았다는 수왕성터, 대궐터, 말을 매었다는 계마석 등의 전설이 남아 있다. 명경대는 비가 온 후 깨끗한 물이 흐르고 우뚝 솟은 돌이 태양빛에 환하게 빛날 때에는 선조들의 전설과 이야기가 더욱 새롭게 느껴지는 곳이기도 하다.

5) 영원零遠골과 수렴동水簾洞

명경대를 떠나서 돌무더기 조탑장을 지나 오른쪽으로는 영원골이고, 왼쪽으로는 수렴동, 백탑동으로 가는 길이 있다. 골안에 유서 깊은 영원암이 있던 영원동은 금강산에서 한적

내금강 구담(리정수 사진작품)

한 곳이라서 식물이 풍성하여 약초나 나물을 캐기 위해 인적이 제법 많은 곳이기도 하다.

영원암터에서 더욱 가파른 길을 올라가면 비로봉에서 뻗어 나온 약 1,510m에 해당하는 백마봉1,510m에 오를 수 있다. 백마봉은 우거진 수림과 봄에는 진달래와 철죽의 풍성한 꽃밭이 장관이다. 산山 소나무의 푸른 솔잎과 역사가 창조한 온갖 색깔의 바위, 그리고 진달래와 철쭉이 함께 어우러져 환상적이다.

조탑동에서 수렴동 계속으로 들어서면 바위 절벽과 연화담, 반야대 같은 명소가 사람들을 즐겁게 해준다. 그러나 수렴 등을 빛내는 것은 수십 미터의 널찍한 바위 위로 투명한 물이 넓은 바위를 감싸듯이 미끄러지는 멋인데, 마치 그 모습이 물보석 같다고 전해지고 있다.

그래서 이 폭포를 수렴폭포라 부른다. 즉 물과 바위가 마치 수만 개의 구슬을 꿰어 발을 달았다는 것 같다 하여 유래된 말이다. 수렴폭포를 지나 백탑동으로 들어가게 되는데 이곳은 수많은 자연석이 돌탑 모양을 이뤄 마치 불토佛土에 들어선 느낌이 자연스럽게 느껴지게 하는 그런 곳이 아닌가 싶다.

백탑동의 신비로운 모습을 간직한 채 뒤돌아서 송라동으로 들어가 약 1,331m에 이른 망군대에 오르면 내금강의 모든 산과 골이 한눈에 들어오는 또 다른 전망을 볼 수 있다. 이것을 한마디로 표현한다면 내금강의 속살을 보는 것과도 같아 마치 선녀가 춤을 추며 반겨주는 느낌을 주는 곳이다.금강산기행문 中 ASIA press, 리 훈, 2004

3. 비로봉毘盧峯

1) 은·금사다리

은사다리, 금사다리를 힘이 들게 올라가면 비로봉 마루턱에 서게 되는데, 사선교 갈림길에서 거리로는 약 3km에 해당된다. 마루턱에 서는 사거리가 나타나는데 북으로 직진을 하면 구성동, 왼쪽은 영랑봉, 오른쪽으로 가야만 금강산의 정상 비로봉에 오르게 된다.

금강산 12,000 봉우리를 거느린 비로봉은 그 높이가 약 1,639m이고, 백두대간 중 금강산이 정점이자 최고봉에 해당된다. 금강산에 온 사람들은 누구나 비로봉을 오르고자 하나, 어느 길을 택하든 당일로는 힘겨운 일정이다. 산山을 좋아하는 산山 사람들도 난색을 표하

비로봉(리정수 사진작품)

는 코스이다.

가장 빠른 비로봉 등정은 아름다운 만폭동을 따라 올라가면서 계곡미를 만끽하고 상류까지 올라가 묘길상을 지나 사선교를 못가 왼쪽 비로봉골로 들어서 은사다리, 금사다리의 험란한 코스를 통과해 비로봉 남쪽으로 올라가는 약 5km의 등산코스가 있어 운치를 더해주고 있다.

이밖에도 북北쪽 구성동에서, 외금강 구룡연에서 비사문과 용마석을 거쳐서 오는 길, 서쪽은 영랑봉을 거쳐서 오는 코스, 또한 안무재에서 장군봉을 거쳐 오르기도 하나, 가장 이상적인 코스는 은·금사다리 코스이다. 그 코스가 비로봉과 금강산 산악미를 제대로 볼 수 있기 때문이다.

비로봉 발밑에서 발 디딜 틈 없이 톱날같이 험악한 바위줄기가 줄비하게 서 있고 경사도가 약 80도 이상이나 되어 보인다. 더욱이 아침이면 톱날같은 바위가 은빛을 내고 저녁이면 황금빛을 띠어 은·금사다리라 불렀는데, 그 신비하고 압도적인 풍광風光에 감동을 받지 않는다면 정서와 감정이 말라붙었기 때문이라 생각된다.

비로봉은 금강산의 주봉이다. 그렇다고 단순하게 뾰쪽한 봉우리로 생각했다가 올라가면 뜻밖의 풍광에 놀라지 않을 수 없다. 정상 부근엔 목장과 같이 평탄하고 넓으며 그 둘레가 무려 약 4km나 된다. 때문에 이곳을 비로고태毘盧高台라 부른다. 그리고 이곳에는 여러 종류의 수목이 강풍에 시달려 한결같이 굽고, 기고, 엎드리는 형상을 취하고 있어 산악미의 극치를 이루고 있다.

수목의 높이는 평균 약 2m를 넘지 못하고 마루 터에서 정상까지 약 1km이고 도중에 비로봉 산장이 있어 하루 숙박하며 일출과 일몰을 볼 수 있어 금상첨화이다. 비로봉은 동해東海까지 한눈에 조망할 수 있기에 기막힌 전망임과 동시에 남쪽 통일전망대까지도 관람할 수 있어 호연지기를 만끽할 수 있을 것 같다.

비로봉 사계절의 변화, 안개와 운해雲海 그리고 바람과 습기가 조화된 풍광風光, 나아가 찬란한 햇살이 함께할 경우 아름다움이 극에 달해 목이 메이는 장엄함으로 엄습된다. 정말이지 감동 그 자체일 뿐 아니라 그 자리에서 바위가 되고 산이 되고 싶은 충동을 느끼지 않을 수 없다.금강산기행문 中, 리 훈, 2003

2) 구성동九成洞

이곳은 비로봉까지 올라가는 10km 정도 구간의 계곡에 무려 20여 개의 큰 폭포와 수십 개의 작은 폭포 그리고 셀 수 없는 소沼가 있으며 물이 풍부해 일명 폭포의 계곡이라 한다. 구성동은 금강천의 상류인 신풍리 쑥밭에서 남쪽으로 계속 이어지는 계곡을 말한다.

김부골, 등룡계 개울을 따라 비로봉까지 올라가는 일대를 말한다. 구성동을 가기 위해서는 내강리에서 쑥밭까지 약 29km이고 온정리에서 영웅고개를 넘어 약 16km쯤 차로 가면 도로가 연결되어 있다. 이곳은 비로봉까지 올라가는 약 10km가 계곡으로 이어지는 신비스러운 곳이기도 하다.

3) 하구성동下九成洞

구성동에 들어서면서 장대한 폭포를 연달아 보게 되는데 그 가운데 옥영폭포까지의 6km 구간을 하구성동이라 한다. 이곳은 「쾌 폭포골」이란 별명이 붙을 만큼 폭포가 많기로 유명하다. 출발하면서부터 개울가에는 반질거리는 바위벽 층층이 떡판처럼 포개져 있고, 고색창연한 물때와 이끼가 일품이다.

이러한 암벽에서 쏟아내는 물줄기는 마치 옥구슬이 뿌리듯 흘러내리고 그 빛깔은 마치 백옥 같다. 그렇게 흘러내린 물줄기는 희다 못해 우유빛깔 같은 폭포수가 언제 그랬냐는 듯 금새 비취색으로 보이니 참으로 신기하다 하지 않을 수 없다. 하늘 아래 어디에서 이토록 신비스런 풍광을 볼 수 있단 말인가?

대표적인 소는 푸르다 못해 검기까지 한 가막소검정소가 있는데, 거기에 담긴 물은 어찌하여 검은 비취색이 되어 반기는지, 아름다운 계곡은 계속 이어지고, 하늘 아래 가장 맑고 깨끗한 물이라 하여 「천유계」라 부른다. 금새라도 뛰어 내려가 계속 바닥에 엎드려 흐르는 물을 꿀꺽꿀꺽 마시고 싶은 충동을 느낀다.

그런가 하면 누운폭포, 연주폭포 등의 절경을 지나면 은실폭포가 약 50m 높이에서 은사를 토해내듯 그 자태를 뽐내고 있고, 뒤이어 약 15m 정도의 구기폭포와 구기연九岐淵이 서로의 아름다움을 뽐내듯 보는 이를 유혹하며 어서와 마음껏 놀다가자며 춤을 추는 것 같은 착각에 빠지게 한다.금강산기행문 中, 리 훈, 2003

관음폭포(리정수 사진작품)

4) 옥영폭포(조양폭포)

구기연을 지나면 양쪽 벼랑이 더욱 깎아지른 듯 위협적인 협곡이 계속된다. 그곳을 향해 가다보면 바위산이 가로막고 있는데 중간에 겨우 한 사람이 빠져나갈 수 있는 좁은 공간이 있다. 급경사 바위틈은 무려 약 50m나 이어진다. 이곳을 지나는 심정은 새로운 광명세계光明世界를 보기 위한 기대감에 휩싸이는 곳이다.

기묘한 바위틈을 사자목이라 부르는데 이곳을 빠져나오면 또 다른 별 세계가 펼쳐진다. 그리고 이름 없는 폭포와 소를 몇 개 더 지나고 나면 이 골 안에서 대표적 폭포인 금강산 4대 폭포구룡, 비룡, 12 중 하나인 옥영폭포를 접하게 되고 이것을 보기 위해 바위틈을 통과했구나 하는 안도감을 갖는다.

그 높이는 약 50m이고, 너비는 약 3m에 달하는 폭포인데 2단으로 쏟아져 내리고, 아래의 넓고 검푸른 소는 떨어지는 물을 한없이 삼키고 있다. 나아가 주위의 울창한 숲과 유난히 희고 깨끗한 바위, 힘차게 쏟아지는 물줄기의 장쾌한 맛은 가슴이 시원해짐을 느낀다.

옥영폭포를 보고 고개를 왼쪽으로 돌리노라면 거기에도 7단으로 된 낙상폭포 일명 석조폭포가 콸콸 물소리를 내며 쏟아져 내린다. 이 폭포는 옥영폭포와는 달리 석양에만 빛이 들기 때문에 석조폭포라 부르기도 한다. 가을 석양빛에 물들면 황홀한 색채의 향연이 펼쳐지는데 이루 말로 다 형용할 수가 없다.

수십 차례 금강산을 갔지만 먼발치에서나마 금강산을 보는 것만으로도 기쁨이요 축복이 아닐 수 없다. 하물며 자연의 신비함을 계곡마다 정상마다에서 접할 수 있는 것은 생生에 있어 대단한 기쁨이고, 영광이 아닐 수 없다. 때문에, 한곳에서 걸출한 폭포를 두 개씩이나 볼 수 있다는 사실은 대단한 행운이고 축복이다.금강산기행문 ASIA press 中, 리 훈, 2004

5) 상구성동上九城洞

옥영폭포에서 개울을 따라 올라가면 등룡계와 영동계가 이어지는데, 골짜기가 구불구불 돌아가기에 용이 하늘로 올라가는 것 같다고 하여 등룡계라 전한다. 계속 올라가는 길에도 폭포와 소沼가 연결되어 실타래폭포, 당음폭포, 구천폭포, 능인폭포비로폭포 등으로 이어져 금강산의 아름다움을 더해주고 있다.

그런가 하면 이름 모를 폭포가 계속 바뀌어 혼돈을 주는 수많은 폭포 등이 연이어 등장한다. 비로봉을 약 2km쯤 앞두고, 우리는 금강산에서 망국의 한을 품은 채 쓸쓸히 돌아가신 마의태자의 묘를 접하게 된다. 비석에 '신라마의태자능新羅麻衣太子陵'이라 쓴 글을 보노라면 정치政治의 무상함을 느낀다.

이 비석 앞에는 마의태자 애마가 바위로 변한 용마석이 지키고 서 있다. 특히, 저녁에 이곳을 지나는 객은 이 깊은 심산유곡에 잠들어 계신 마의태자 묘를 접하는 순간 통한의 눈물을 흘리지 않을 수 없다고 전해 내려오고 있다. 이 얼마나 비참한 우리 역사의 한 단면인가?

역사의 뒤안길에 이토록 슬픈 사연을 간직한 태자능이 또 어디 있단 말인가? 그당시 얼마나 처참한 죽임을 당했기에 이토록 깊은 산중에 홀로 긴 역사를 보내고 있을까? 마의태자 묘를 지나면 옛날 비로산장 터가 있고, 비로봉 정상이 저 앞에서 마의태자의 슬픔을 주시하는 것 같은 느낌을 받는다.금강산기행문 中, 리 훈, 2003

구룡폭포 전경(리정수 사진작품)

비봉폭포 금화(中國 리 영 작품)

제5장

해금강海金剛 총석정叢石亭 주변

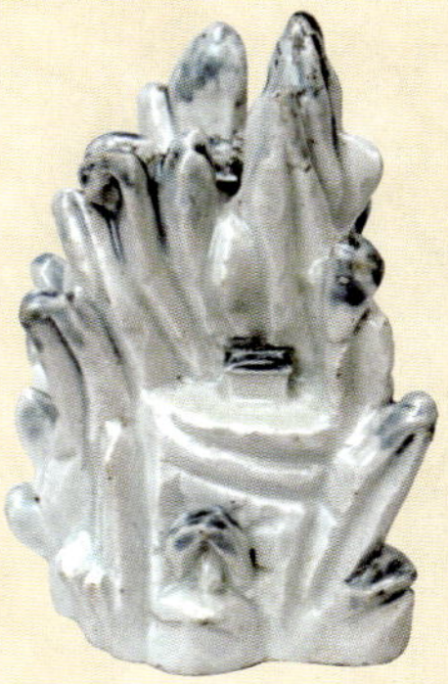

금강산 연적(고려대학교 박물관)

1. 해금강海金剛

해금강은 이름 그대로 바다와 산 그리고 강까지 너무도 절묘하게 조화된 해안 절경 풍광風光을 말한다. 해금강은 금강산 줄기와 연결되어 바다 속에 잠시 숨었다가 만나면서 다시 용솟음쳐 금강산을 꾸미던 그 솜씨 그대로 해안에 한바탕 그 찬란한 모습을 뽐내는 형국이라고나 할까? 참으로 신비롭고 감탄스럽다.

금강산은 지구촌 어느 곳에서도 볼 수 없는 명승지일 뿐 아니라 산과 계곡, 호수와 바다가 최상의 조화를 이루었고, 뚜렷한 사계절이 함께 잘 어우러진 아름답고 신비한 산山이다. 한반도 금수강산도 놀라운데 금강산 하나만 가지고도 사람을 놀라게 하기에 충분하다. 자연은 어찌하여 한반도 금수강산에 이토록 신묘神妙; being misterious and marvelous한 명산名山을 창조하였는지 알 수가 없다.

특히, 해금강은 해안의 바다 만물상을 비롯한 해금강 일대와 삼일포 지역 그리고 위로 먼 곳에 위치한 통천의 총석정 등 세 곳을 말한다. 참으로 신비스럽기 그지없는 곳이다. 금강산만 봐도 걸쭉한 관광인데 삼일포와 해금강 그리고 동해바다와 총석정을 본다는 것은 최대의 축복이 아닐 수 없다.금강산기행문 특집 中 ASIA press, 리 훈, 2004

해금강 일출(리정수 사진작품)

1) 삼일포三日浦

온정리에서 온정천을 따라 남동으로 내려오면 양진리, 양송리를 지나면서 꽤 넓은 들판을 보게 된다. 약 12km 지점에서 개울이 갈라지고 왼편에는 나지막한 등성이가 있어 올라가면 놀라움을 금치 못해 감탄사를 연발할 수밖에 없다. 온정리는 글자 그대로 온화할 뿐 아니라 천연 온천수가 있는 마을을 뜻한다.

그리고 큰 바위에 오르면 불현듯 발아래 수정같은 넓은 호수가 펼쳐지고 있으니 이것이 다름 아닌 관동 8경으로 유명한 삼일포이다. 호수 둘레는 약 4.5km이고 수심은 9~13m인데 바닥은 모래가 깔려 물속이 훤히 들여다보인다. 처음엔 바다였는데 지금은 호수가 되었다 한다. 금강산 관광코스의 명물이 되고 있다.

삼일포 입구에서 올라선 바위를 봉재대라고 하고 삼일포 전경을 조망할 수 있는 전망대가 약 56m의 줄다리 건너편에 있는데 이를 장군대라 칭한다. 그리고 장군대에는 충성각이란 정자가 있어 삼일포의 전경을 더해주고 있고, 이제 충성각은 삼일포의 명물이 되고 있

삼일포 출렁다리(리정수 사진작품)

고, 흔들다리도 빼놓을 수 없는 관광코스이다.

봉재대의 전망도 좋지만 아래에 있는 보트장을 돌아가면 왼편에 우뚝 솟은 연화대라는 바위에서 바라보는 전망은 각별하다. 서쪽으로는 금강산의 웅장한 준봉峻峰들이 즐비하고 동東으로는 호수 건너 해금강의 여러 섬들이 새파란 동해東海 바다 위에 작은 바위섬들이 햇빛에 의해 반짝이고 있어 운치를 더해 주고 있다.

삼일포는 신라 때 영랑, 술랑, 남석, 인상이라는 네 화랑 또는 신선神仙이 하루만 보고자 왔다가 그만 아름다움에 취해 3일이나 묵게 되었다 해서 삼일포라 했다 한다. 그래서 이들의 전설이 담긴 호수 안의 작은섬 단서암, 부선대가 있고, 이곳을 관광하노라면 마음이 차분해져 모든 시름을 다 잊게 된다고 한다.

그 중에서 가장 큰 섬인 왕우도예전에는 송도라 불렀음는 송림松林이 우거지고 물가에는 바위가 있어 보기에도 좋을 뿐 아니라 섬 위에서는 동해바다가 보인다. 날씨가 좋으면 삼일포에서 뱃노래를 하기도 하고 겨울이면 스케이트를 즐긴다. 그러나 남南측에 개방한 뒤 그것도 보기 쉽지는 않다고 한다.

삼일포 호숫가에는 단풍丹楓관이라는 휴게소가 현대식으로 세워져 호수에 그림자를 드리우고 있고, 석양이면 호수에 드러나 있는 바위가 황금색으로 채색되어 그 운치가 한층 더해진다. 그리고 호수를 둘러싼 자연스러운 산세도 호수와 잘 어우러져 정적미靜的美를 더해 보는 이의 마음을 평화롭게 해 주기에 충분하다.

2) 영랑호永郎湖와 현종암

신라 때 영랑이라는 신선神仙이 이곳 경치에 반해 자주 왕래했다 해서 영랑호라 했는데, 삼일포의 전설에도 영랑이라는 이름이 나오는 것을 보면 아마 신라시대 화랑들이 국토순례를 하지 않았나 싶다. 특히 영랑이라는 어휘는 순례지가 아니었나 하는 추측을 자아내

삼일포 단풍관(리정수 사진작품)

기에 충분하다.

삼일포에서 남강적벽강을 건너 남쪽으로 약 5km 내려오면 나지막한 야산에 둘러싸인 아담한 호수가 있는데, 송림과 백사장 그리고 호수와 너무나 잘 조화되는 곳이기도 하다. 영랑호에서 바닷가로 약 300m쯤 가면 작은 언덕 앞에 높이 6m쯤 되는 바위가 있는데 이곳을 현종암이라 한다.

현종암은 바가지처럼 속이 비어 있다 해서 부르는 이름이다. 바위에 나무아미타불南無阿彌陀佛이라 새겨져 있다. 현종암은 앞서 구룡연에서 설명한 유점사 53불 전설에 등장했던 종鐘을 걸어 두었던 곳이라 전하고 있어 금강산이 불교박물관이 아닌가 하는 마음도 갖게 하는 곳이다.

또한 전설에 나왔던 선공바위, 배바위 등이 근처에 있는 것을 보면 비슷한 일들이 실존實存했기에 세월이 지나면서 구전으로 전해지고 있다고 생각된다. 이곳에서 남南으로 가면 휴전선 앞 양사언 先生이 집을 짓고 살았다는 감호鑑湖라는 작은 호수가 반겨준다.

그리고 감호 옆에는 구봉방약 187m이란 희귀한 바위산들이 함께하고 있다. 남쪽 통일동산에서 출입국 사무를 마치고 금강산에서 온 버스를 타고 비무장지대를 가노라면 남쪽 군사분계선과 공사 중인 철길과 도로를 만나고 얼마 지나지 않아 북측 군사분계선을 지나치게 된다.

3) 적벽강赤壁江과 해산정海山亭 터

적벽강은 강기슭에 솟은 적벽산 약 116m의 절벽을 감돌면서 금강산의 물을 바다로 보내는데, 경치가 수려할 뿐만 아니라 일승장터와 해안장터가 있어 옛날에는 정자가 있었음을 알 수 있다. 삼일포에서 동쪽으로 약 2km 정도에 옛날 고성읍이 있던 구읍리에 닿으면 앞에 남강적벽강이 막고 있다.

해산장터는 김응환 先生의 작품으로 미루어 보아 구읍리 근교 용산 남쪽에 있었음을 알 수 있다. 이곳에서 금강산의 여러 산봉우리와 남쪽의 삼일포 그리고 동東으로는 해금강까지 전망하며, 발 아래에 흐르는 적벽강을 감상할 수 있는 빼놓을 수 없는 곳이고 풍광風光이 느껴지는 곳이다.

해산정은 이름 그대로 바다와 산 그리고 강까지 볼 수 있는 최고의 전망대이다. 낭만적

해금강(리정수 사진작품)

인 적벽강의 저녁노을 그리고 노송老松 아래 열심히 풀을 뜯고 있는 황소와 어린 송아지를 보노라면, 자연의 일부분인 인간의 삶에 대해 많은 것을 생각하게 하고 북녘 동포들에게 또 다른 연민을 느끼게 한다.금강산기행문 中, 리 훈, 2003

2. 총석정 주변

1) 입석리立石理

구읍리에서 뒷내를 따라 바닷가에 가면 작은 어촌이 있는데 크고 작은 돌들이 여기저기 서 있어 입석리라 부른다. 입석은 모양도 좋지만 군데군데 바위틈에서 자라난 소나무가 더욱 운치 있는 바다 풍광을 만들고 바위틈에 뿌리를 박은 소나무의 강인한 생명력을 느끼게 한다.

입석을 지나면 큰 바위로 된 솔섬이 있는데, 어느 바위틈에서 무엇을 먹고 자랐는지 전체가 소나무로 덮여 있어 마치 물에 떠 있는 분재盆栽 숲 같은 느낌을 갖게 해준다. 입석리의 아침 일출日出이 바위 사이를 헤치며 찬란한 황금빛으로 발산되어 파고들 때가 입석대 풍광風光은 극치에 이르고 만다.금강산기행문 中, 리 훈, 2005

2) 바다만물상海萬物相

바다만물상을 제대로 보려면 배를 타고 바위와 바위 사이를 이동하며 구경하는 것이 훨씬 실감나고 좋을 것 같다. 예전에는 입석지에서 유람선이 관광객을 태우고 바다만물상 일대를 보기 위해 떠다녔다 한다. 지금은 주로 남쪽을 배경으로 사진 촬영을 할 수 있고 북측 환경감시원의 많은 제약이 뒤따른다.

금강산의 기기묘묘한 산봉우리와 바위들을 만물상이라 불렀듯이 바다에서 벌어진 기암괴석의 무리들을 바다만물상이라 부른다. 바다만물상은 수원단 남쪽에서부터 펼쳐지는데, 바위의 모양도 그렇지만 푸른바다, 푸른솔, 흰모래 그리고 부서지는 파도가 만들어낸 풍광風光을 말한다.

바다만물상의 바위들은 볼수록 신기하고 경이롭다. 53불 전설의 선공바위, 북두칠성 같다 해서 붙여진 칠성바위 그리고 잉어바위, 개바위, 부부바위, 얼굴바위 등등이 있다. 그런가 하면 바위가 문처럼 벌어져 있고 위에는 소나무들이 자라고 있는데 이것이 금강문金剛門이다.

금강문 일대의 풍광은 바다 속까지 연장된다. 물색은 남빛, 옥빛, 에메랄드빛으로 다양하고 투명하며, 물고기들이 노는 것이 다 보여 낚시꾼은 내려다보며 낚시에 걸린 미끼를 물고기 입에 이동시켜 주기도 한다. 금강문을 지나면 쥐바위, 고양이바위 등이 반겨주고, 마음 또한 여유로워진다.

그런가 하면 서적바위, 동자바위 등의 경치는 점입가경漸入佳境이 아닐 수 없다. 사람들은 해가 질수록 떠나려는 생각을 잊고 이곳을 떠나지 못한다. 해금강을 한 번 본 사람은 넋을 이곳에 둔 채 몸만 떠나간다는 전설이 전해져 오고 있다. 어쩌면 해금강 하나만 봐도 만족스러운 경치가 아닌가?금강산기행문 中, 리 훈, 2003

3) 총석정叢石亭

총석정은 현무암玄武巖 바위기둥이 오랜 세월에 표면에만 균열이 생겨 다각형 기둥으로 변해 동해의 검푸른 파도에 씻기면서 만들어진 신비로운 경관이다. 예부터 수많은 문인과 화가들은 천하에 둘도 없는 경관을 묘사描寫하기에 바빴고 풍류객들은 글과 시詩로써 대신

해금강 향로봉(리정수 사진작품)

하고자 했다.

세상에 이런 경관이 또 어디에 있단 말인가. 바위기둥이 4각, 5각, 6각 또는 8각을 이루어 다발로 벽을 이루어 바닷가에 서 있는 모습을 보라, 그런가 하면 기둥은 수직으로 서 있기도 하고입총, 비스듬히 눕기도 하고와총, 때로는 앉아 있는 모습좌총을 하고 있지 않은가.

총석정이 있는 통천의 고저庫底를 가려면 장전항에서 북北으로 향한 해안도로를 따라 약 36km 가량 달려가야 한다. 그리고 고저 동東쪽 바다로 가면 가늘게 뻗어나간 반도가 있고 그 끝 언덕 밑 절벽이 약 1km 가량 병풍을 치듯 들어 있다. 원래 보물은 이렇게 깊숙이 숨어 있는 것인지 모른다.

이곳이 바로 절묘한 돌기둥이 서 있는 총석정이다. 원래 총석정은 반도 끝마루에 서 있던 정자의 이름인데, 조선시대 그림과 일제시대 사진에서도 엿볼 수 있지만 현재는 볼 수 없다. 총석정은 수백, 수천의 돌기둥이 서로 붙어 있기도 하고, 몇 다발식 떨어져 있기도 하다.

총석정은 자연의 힘으로는 도저히 저절로 만들어질 수 없을 것이라는 생각을 갖게 하기에 정철 先生은 「관동별곡」에서……

“금란굴 돌아 총석정 올라가니
백옥루 남은 기둥 넷만 서 있구나
공수의 솜씨인가 귀신도끼로 다듬었는가
구태여 육면六面은 무엇을 상떳든고?”

총석정은 육지에서 보아도 신기하지만, 바다에서 배를 타고 일주하면서 관람하는 것이 더욱 실감나고 그 희한한 기경奇經에 입을 다물 수밖에 없다. 참으로 자연의 조화는 신비롭고 신神인들 예측했으리오. 총석정 금강산의 비경을 마무리한 극적인 자연의 아름다움이 아닌가?금강산기행문 中, 리 훈, 2006

4) 국도國島

국도는 40~50m의 절벽으로 섬 전체가 둘러 있는데 다각형의 돌기둥이 마치 부채를 접은 것 같이 섬 전체를 장식하고 있다. 국도는 바다 위에서 괴기하고 기절할 것 같은 모습을 지닌 채 보초병처럼 오늘도 홀로 그 곳에 버티고 서 있는 모습에서 금강산과 총석정 등을 지키겠다는 굳은 의지가 엿보인다.

통천에서 원산으로 올라가면 자산리가 있고 그 앞바다에 둘레 약 1.3km가 되는 작은 섬이 있다. 총석정에서 제법 멀리 있지만 그 구조와 형태를 금란굴과 총석정, 국도가 서로 같다고 할 수 있다. 금강산의 가장 신비스러운 면이 있다면 그것은 다름 아닌 금수강산錦繡江山을 상징하는 유일한 산山이기 때문이다.금강산기행문 中, 리 훈, 2004

금강산도(겸재 정선 17세기 고려대학교 박물관)

제6장

금강산金剛山 유래由來

귀면암 금화(양태석 작품)

1. 금강산 유래

1) 금강산 명칭

문헌에 따라 서로 다른 견해가 있지만, 화엄경에 금강산 이름이 등장됨을 보면 약 2000년 이전에 인도에서 이 산山에 대해 알고 있다고 전해지고 있다. 그러나 「대방광불화엄경」의 진본에 5세기 말에 나온 것을 보면 논리적으로 신빙성이 없으나, 여러 징후들을 볼 때 불교적인 문화를 배경으로 명명名名된 것이라고 하지 않을 수 없다.

물론 불교에서 금강金剛이란 말이 수없이 대두되고 있다. 그것은 금강신, 금강경, 금강륜, 금강권, 금강원 등 금강金剛이라 쓰고 있는 용어들은 수없이 많다. 때문에 불교에서 말하는 금강은 범어梵語; sanskrit로 벌기라발일라伐折羅跋日羅 등으로 음역되고, 금강金剛으로 번역해 무적의 무기, 금강저를 상징하는데 많이 쓰이고 있다.

아마 그런 연유에서 불교에서도 금강산이라 명시하고, 이것은 금강위산金剛圍山, 금강륜산金剛輪山이라고도 했다고 전해지고 있다. 그 뜻은 세계를 둘러싼 철위산, 제석천이 수미산 또는 법기보살이 있는 바다 가운데 산으로 정의되고 있기 때문에 우리의 금강산은 불교에서 유래된 상징적 의미가 강하다고 하지 않을 수 없다.

그러나 불경에서 말한 금강산과 같은 의미만은 아니라 믿는다. 금강산이란 명칭이 언제부터 쓰여져 왔느냐에 대한 의문은 많다. 물론, 금강산에 대한 명칭은 불교를 상징하는 의미로 볼 것이냐 하는 점은 또 다른 연구과제이다. 아무튼 금강산은 불교적 의미가 농축된 산山임에는 틀림이 없는 명산名山이라 하지 않을 수 없다.

문헌상으로 본다면 소동파小東波의 일견금강산一見金剛山이란 시구절을 실증적인 사실로 받아들인다면, 그 분이 서기 1101년에 사망했으므로 그 이전에 이미 금강산이라는 명칭이 있었다고 믿지 않을 수 없다. 그러나 역사적으로 최초로 금강산이 등장하는 것은 「삼국유사」에서 그 실증을 확인할 수 있다.

소동파의 일견금강산이 거론되고 있지만, 1145년 간행된 「삼국사기」나 1280년에 지은

해금강파도(김 정 北 작가)

「삼국유사」에 금강산이란 용어가 없었음을 보면, 14세기나 15세기 초경에서야 금강산이란 명칭이 등장하지 않았나 생각된다. 그리고 8세기 「삼국유사」에 진표율사에서 발연사와 관련 금강산을 풍악風岳이라 했다고 한다.

「삼국사기」 권 12에는 마의태자가 입산한 금강산을 개골皆骨이라 칭하고 있다. 그래서 금강산의 명칭은 풍악風樂, 개골皆骨로 시작되어 상악霜岳, 금강金剛, 열반涅槃, 중향衆香 그리고 나중에 봉래蓬萊 등이라는 명칭으로 쓰여졌다고 전해지게 되었고, 각기 이름이 다른 것은 아름다움이 그만큼 다양하고 뛰어나다는 뜻도 된다.

금강산이란 명칭은 삼국시대에는 풍악, 개골, 상악이란 명칭으로 써 왔고 조선시대16세기 후반에는 봉래라 쓰여졌고, 이때부터 봉래산이라 널리 부르게 되었던 것이다. 참고로 금강

열반 등은 불교에서 나온 명칭이 아닌가 한다. 그렇다면 봉래산이란 이름은 어떻게 생겼을까?

그것은 1530년에 편찬된 「신증동국여지승람」에서도 봉래산이란 명칭은 없었고 확실하지는 않지만 최초로 기록된 곳은 조선시대 시인이자 서예가인 양사언1517~1584 先生에 의해서이고, 그 분은 금강산을 지극히 사랑했으며, 호가 봉래라는 점을 유의하지 않을 수 없다. 금강산기행문 中, 리 훈, 2003

양사언 先生은 후에 금강산 구역인 회양군수, 안변군수로 재임중 금강산에 자주 와 만폭동 바위에 그 유명한 봉래풍악원화동천蓬萊楓嶽元化洞天이란 글을 남겼으며, 1564년경 벼슬에서 물러나 감호비무장지대 오른쪽 호수에 봉래정을 짓고 노후를 보냈다고 한다.

해금강 가을(철민 北 작가)

삼일포 전망대인 봉래대에는 지금도 先生의 글씨가 남아 있고, 양사언 先生의 발자취는 금강산 전역에 퍼져 있다. 그래서 금강산을 지극히 사랑한 先生은 호를 봉래산에서 따 봉래라 하지 않았나 싶다. 그러나 이러한 논리를 다른 측면에서 해석하는 경우도 있다.

봉래산이 중국사기史記에 이미 등장하고 있는데, 그 곳에는 불사의 영약이 있고 신선神仙이 사는 곳이라 해 널리 추앙받는 산山이기에 봉래산이란 명칭이 중국문물이 도래되면서 자연스럽게 유입되었는지는 알 수가 없다. 그리고 이러한 문화 현상을 신선사상神仙思想의 일부로 볼 수도 있기 때문이다.

따라서 조선시대에 봉래산이란 명칭이 부각되었고 양사언 先生도 호를 「봉래」라 한 것이 아닌가 추정해 본다. 특히, 금강산을 사계절로 대별해 봄산을 금강, 여름산을 기달, 가을산을 풍악, 겨울산을 개골이라 한 것은 철종 때 윤정리 先生이 지은 「동환록」이 입증해 주고 있다.

그런가 하면, 19세기 말경부터 여름산 금강산의 명칭이 기달에서 봉래로 바뀌어졌고 오늘날처럼 사계절 춘하추동에 맞추어 금강, 봉래, 풍악, 개골이라 부르게 되면서 자연스럽게 용어가 통일되었던 것이 아닌가 한다. 때문에 아무리 아름다운 자연이라 할지라도 인간의 삶과 역사가 함께 조화될 때 더욱 빛나지 않을까 한다.금강산기행문 中, 리 훈, 2003

2) 금강산의 특색

민족생존과 더불어 한반도를 금수강산錦繡江山이라 하고 심지어 풍수지리사들도 한반도가 천하의 명산名山지대라 주장한다. 故이승만 초대 대통령도 한반도를 천하제일강산天下第一江山이란 붓글씨를 써 문중 후손들에게 남겨 작품이 보관되고 있기에 필자도 사본이나마 보관하고 있으면서 삼천리 금수강산에 대해 또 다른 관심을 갖게 되었다.

한반도는 참으로 신기한 땅이다. 분명한 사계절 때문에 계절에 따라 그 아름다움이 선명할 뿐 아니라 다양한 변화를 초래하기에 보는 이로 하여금 감탄을 자아내게 하고, 한편으로 복받은 땅이라는 생각을 하기도 한다. 때문에 금강산은 지구촌에서 가장 선택받은 곳이고, 가장 뛰어난 비단옷을 입은 명산名山이 아닌가?

한반도에서 생산되는 모든 농수산물을 보면 쉽게 이해가 되리라 믿는다. 신토불이身土不二 토종이니 하는 말이 괜한 말이 아니라는 사실을 알게 된다. 외국산에 비해 크기는 적을지라도 감칠맛이 나고 야무지고 특색이 있다는 사실 하나만 보더라도 쉽게 이해가 되리라 믿는다. 자연사랑이 진정한 나라사랑이 아닌가 한다.

사과, 배, 김치, 고사리, 송이, 생선, 오징어, 전복, 쌀, 보리 등은 어떤가? 지금 시대가 변해 외국이나 중국中國에서 각종 농수산물이 물밀 듯이 한반도에 반입되고 있으나, 토종의 중요성은 그렇게 가볍게 처리될 문제는 아니라고 본다. 한반도에서 생산되는 모든 것에는 그 나름의 기氣와 디엔에이DNA가 있기 때문이다.

한반도 동해東海를 껴안고 있는 금수강산은 천하 제일강산이 아닐 수 없고, 그 가운데 금강산은 가장 아름답고 신비할 뿐만 아니라 신묘한 기氣가 농축된 산山을 상징하는 기암괴석, 무릉도원인 산과 골짜기, 해안과 섬들 그리고 만물의 형상을 담은 바위와 산봉우리들

금강산 삼선암(리정수 사진작품)

과 사계절의 기후를 보면 이해가 되리라 믿는다.

앞에서 언급했지만, 삼천리금수강산을 상징하는 산이 있다면 그것은 단연 금강산金剛山이고, 21세기를 맞이해 태평양시대를 열어가고 있다는 사실을 감안해 보면 역시 금강산이 아닌가? 그리고 온갖 농수산물 등을 보면 쉽게 이해가 될 뿐 아니라, 우리 한반도에 얼마나 많은 기氣가 농축되어 있기에 「기氣의 땅地 기氣의 산山 기氣의 민족民族」이라 믿어 의심치 않는다.금강산기행문 中, 리 훈, 2003

3) 금강산과 지형地形

금강산은 태백산맥 북쪽에 위치하고 행정구역상으로는 금강군회양군, 고성군, 그리고 통천군의 일부에 걸쳐 있다. 그리고 동서東西 약 40km이고, 남북 60km에 해당되고, 그 면적은 46km²~530km² 나 되는 광활한 지역에 분포되어 있고 우리나라 전체 면적에 비교해 결코 좁은 지역이 아니다.

금강산 최고봉인 비로봉은 약 1,639m고 옥녀봉, 상응봉, 월출봉, 백마봉, 집선봉, 세존봉 등 1,000m 이상 되는 봉우리가 약 100여 개에 가깝다. 그리고 천선대, 구룡대, 망군대 1,331m 같은 20여 개의 전망대가 있고 구룡폭포, 12폭포, 옥영폭포 등이 있어 산과 숲 그리고 기암괴석과 조화를 이룬 산악미의 극치라고나 할까?

그리고 폭포와 담소 등 명승지도 수백 곳이나 되고, 이것은 세계 어느 곳에서도 볼 수 없는 빼어난 경관과 풍광風光을 지닌 곳이기도 하다. 우리가 금강산에서 이토록 아름답고 신비로운 절경을 한반도 중심에서 볼 수 있고, 서해와 동해에서 쉽게 접근할 수 있어 세계적인 명승관광지가 될 수 있다는 사실을 알았으면 한다.

지형적인 특색도 특색이지만, 금강산의 지질은 주로 중생대에 형성된 흑운모 화강암과 시생대의 편마암과 혼성암류로 이루어졌다. 이러한 암석들은 오랜 세월 동안 풍화작용과 융기작용에 의해 땅속의 단단한 화강암은 치솟고 주변의 덜 단단한 암석은 침식된 데서 비롯되어 형성된 자연의 극치가 아닌가 한다.

다시 말해 금강석처럼 단단한 부분은 남고 단단치 못한 암석은 지속적으로 침식되고 삭박削剝되면서 세립細粒화강암으로 된 윗부분은 종횡으로 많은 틈새가 생기면서 기암괴석의 경관을 형성해 오늘날의 금강산이 형성되었고, 거기에다 태양, 안개구름, 비, 바람, 달, 밤과

만물상 귀면암(리정수 사진작품)

낮의 기온차 등의 자연환경에 의해 창조된 위대한 민족의 명산名山이 아닌가?

금강산의 이와 같은 지질구조는 결과적으로 경탄할 만한 경관을 창조해냈고, 이것은 분명 하늘이 우리 민족에게 내려 주신 축복이기에 사계절과 호수, 동해바다, 빼어난 산수, 온천, 나아가 수질 등이 완벽히 조화된 곳이기에 금강산은 분단 60여 년을 극복하는 기氣의 산, 평화平和의 산山으로 상징되어 빛나고 있지 않은가?금강산기행문 中, 리 훈, 2004

4) 금강산 동식물動植物

금강산은 비교적 기후가 온화하여 수목이 울창한 산악지대이기에 여러 동식물이 자랄 수 있는 환경을 잘 갖추고 있다. 식물 또한 사람의 무단 접근이 어려워 잘 보호되어 많은 식물의 보고寶庫가 되었다. 특히 북北측의 추운 겨울 심각한 연료난에도 오늘날과 같은 모습으로 숲이 보존되었으니 참으로 경이롭고 놀랍다.

초식동물인 산짐승들로는 산양, 사슴, 사향노루, 토끼, 다람쥐 등이 있고 수달, 오소리, 여우, 족제비, 곰 등의 육식동물이 생존하는데 적합하다. 그 밖에도 두더지, 청솔모, 고슴도치, 박쥐 등이 있으며 그 수도 다른 산山에 비해 월등히 많다. 특히 금강미인송金剛美人松 군락지는 유명하고 금강초롱꽃도 빼놓을 수 없다.

참새, 딱따구리, 오디새, 부엉이, 두견새, 도요새, 두루미, 매, 물총새, 종달새, 알락할미새, 찌르레기. 꾀꼬리, 뻐꾸기 등 우리나라에서 볼 수 있는 새는 거의 다 있다고 봐도 틀림이 없다. 그러나 금강산이 너무 깨끗해 참새 등이 살기가 어려워 새가 없다고 하는 이야기도 전해지고 있다.

금강산은 하천이 잘 발달하고 수량물이 풍부해 어류도 많다. 내금강쪽은 잉어, 붕어, 뱀장어, 메기, 열목어 등이 있고, 외금강에는 송어, 연어, 은어, 황어 등이 있고, 특산물인 쉬리, 어름치 등이 서식하고 있다.

금강산 만물상 하늘문 가을(리정수 사진작품)

삼선암 월색(임무성 작품)

송어와 연어는 온청천과 남강을 따라 알을 낳기 위해 상류로 올라오기도 한다.

나아가 어류 중에서 열목어와 금강모치 같은 희귀종도 있는데 둘 다 상류의 맑고 차가운 물에서 살고 있다. 때문에 금강산은 동식물의 보고이고 아름다운 산과 신비로운 자연과 잘 조화되고 있기에 눈에 보이는 산악미도 중요하지만 더 깊은 자연미를 만끽할 수 있는 유일한 곳이기도 하다.금강산기행문 中, 리 훈, 2003

금강산의 식물 중 특별한 것은 해방 전에는 없던 참대나무들이 무성한 점인데, 이것은 북한 정부가 정책적으로 조림, 그 면적은 300여 정보가 된다고 한다. 이것은 김일성 주석이 중국 정부에서 가져와 온정리 일대서 심었기 때문이다. 북北쪽에서는 대나무가 자라지 못한다는 통설을 극복하는 유일한 계기가 되었다.

금강산은 옛부터 약초의 보고였으며 산삼, 만삼, 오미자, 삼지, 구엽초, 당귀, 오갈피나무,

만병초 등의 약용식물 등 100여 종에 가깝게 서식하고 있다. 또한 산나물로는 더덕, 고사리, 돌나물, 원추리, 두릅, 참나물, 곰취 등과 송이버섯, 느타리버섯, 석이, 참나무버섯 등이 풍부하고 금강초롱꽃으로 유명하다.

이렇게 다양하고 특이한 식물이 자랄 수 있는 것은 부식층이 많은 토양과 기후 등 천혜의 자연조건이 갖추어져 있기 때문이다. 금강산의 풀 한포기, 돌맹이 하나, 낙엽 한송이를 보물처럼 여겨야 함에도 간혹 남측 관광객들 가운데, 소유욕을 발휘해 뭔가 하나라도 가지고 나오려다 적발되어 벌금을 물기도 한다.

금강산은 우리 민족에게 자연이 준 유일한 선물임을 깨달아야 하고 어떻게 해야 오래도록 보존할 수 있으며, 오염되지 않도록 할 수 있을까에 대해 국민적 관심이 집중되었으면 하는 마음 간절하다. 우리뿐만 아니라 우리 후손들이 이토록 아름다운 조국 강산에 영원히 함께할 수 있기를 바라는 마음 간절하다.금강산기행문 中, 리 훈, 2004

외금강 만물상(임무성 작품)

망양대에서 본 동해바다(리정수 사진작품)

금강산도(허필 1709–1768 고려대학교 박물관)

화성겸재 정선先生의 生家, 독서여가를 즐기는 모습(경복고등학교 교정 생가 기념식)

제7장

금강산 시대별 의미와 예술문학

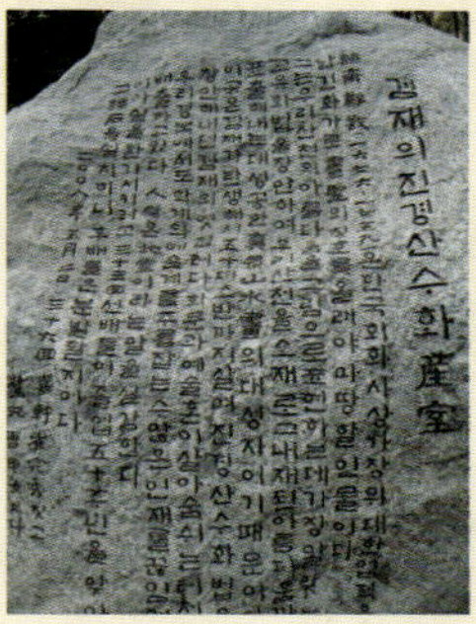

겸재 정선 先生 진경산수화 산실
(경복고등학교 교정 생가)

1. 금강산 시대별 의미

1) 금강산과 고대古代

우리 민족이 한반도에 정착한 가장 큰 요인要因이 있다면 그것은 다름 아닌 자연적, 지리적 즉 지정학적 조건을 빼놓을 수 없다. 금수강산 한반도 동해안 일대에 신석기 유적이 발견되기 시작한 것은 주로 해방 이후이다. 그 위치는 함경북도 군포리의 중기구석기 유적이 동해안에서는 비교적 빠른 시기에 발견되고 있다.

그 시기는 10만년에서 13만년 전인데, 금강산 일대에서는 신석기 시대의 유물들이 발견되어 일찍 우리 조상이 생존해 왔음을 확인할 수가 있다. 그 중요한 유적으로는 삼일포와 남강 하류에 돌도끼, 갈돌, 그물추 등이 많이 발견되었고, 금강산 순갑리에서는 고인돌이 몇 개 있어 청동기 시대의 유물도 확인되고 있다.

그런가 하면 역사시대에 와 금강산 일대는 동예東濊라는 부족국가의 영역에 들어가는데, 영흥, 덕원, 안면 등지를 포함한 2만호 정도의 집단이 살았던 것으로 볼 수도 있다. 동예는 왕은 없었고 부족장이 통치하다가 광개토대왕 때 고구려에 편입되었다고 한다. 그리고 그 당시 경제생활은 비교적 풍족했다고 전한다.

총석정도(견본담채 겸재 정선, 고려대학교박물관 1676-1759)

특산물로는 단중壇: 활, 반어되바다표범 가죽, 과하다조랑말 등이었고, 산에서 나는 산누에로 명주를 짜고 삼베도 짜는 방직기술이 발달하였다. 551년경 신라가 한때 이 지역을 점령한 일도 있었지만 삼국시대를 통해 금강산은 고구려의 영토가 되기도 했다.

삼국시대부터 고려시대까지 이 지역에는 10여 개의 고을이 있었고 「신증동국여지승람」에는 금강산 일대에 16개의 성곽과 10여 개의 봉화터가 있었다 한다. 그리고 통천군 송전리에서 화진포에 이르는 동해안 도로에 9개의 역참들이 20~30리 간격으로 있었다고 전한다.

금강산기행문 中, 리 훈, 2003

2) 금강산과 고려시대

고려사 권32 충렬왕 30년 7월에 1304년 '금강산도'라는 그림을 이웃 나라에 선물하였다는 기록과 왕실에서 금강산 내의 사찰을 파격적으로 비호한 것을 보면 이미 금강산의 명성은 널리 알려졌다고 하지 않을 수 없다. 왕실에서 지대한 관심을 갖고 이웃 나라에 금강산 그림을 그려 선물했다고 전해지고 있다.

금강산 탐방은 삼국시대까지는 승려들이나 화랑들에 의해 부분적으로 행하여졌다고 전해지고 있고, 신라 최치원 先生이 구룡폭포에 글을 남긴 것을 보면 이때에도 시인 묵객이나 풍류객들에게 금강산이 선망의 대상이었고, 금강산 답사를 위해 많은 관심과 노력이 함께 했음을 알 수 있다.

그러한 연유에서 고려시대에는 금강산이 보기 드문 명산名山으로 주변국에 널리 알려지기 시작했던 것이다. 특히, 이 일대에서 징수한 조세租稅를 금강산 사찰에 직접 보냈는데, 아무리 흉년이 들어도 이러한 제도만은 면제되지 않았다 한다. 그러니 금강산 사찰이 얼마나 번창했는지 짐작이 가고 남는다.

또한 큰 불사佛事나 의식儀式 때면 수백의 관리들이 몰려들어 주민들에게 노역勞役과 비용을 부담시켜 금강산 주변 사람들은 "하필이면 금강산이 여기에 있어 이 고장 사람들을 고생시키는가"라며 걱정과 탄식을 많이 했었다고 전하고 있다. 그것은 행사를 위해 많은 사람들의 노역이 고통이 되었다는 증거이다.

금강산이 일반인들에게도 경치가 뛰어나다는 사실이 널리 알려졌을 뿐 아니라 영험한 산山으로 인식되었기에 태조 이성계는 즉위하기 직전인 1391년 부인 강씨를 중심으로 승려

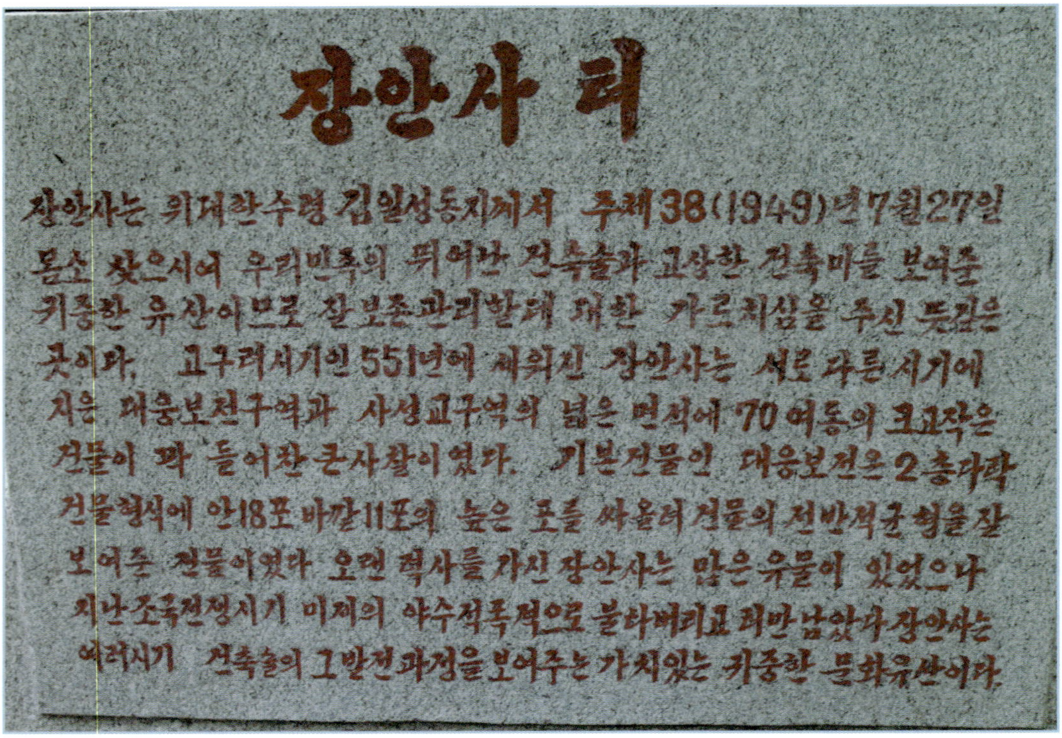

와 민간인 1만여 명의 이름과 발원을 담은 사리기 일체를 금강산 비로봉에 묻었다 한다. 이것은 필경 고려의 왕조를 뒤엎고 조선을 세우겠다는 야망과 소원을 비는 마음이었고, 더구나 금강산 윗편 석왕사 또한 이성계가 왕이 될 꿈을 풀어 유명한 절이 되기도 했다. 현재 국립중앙박물관에 소장한 이 사리기는 1032년 6월 월출봉 석함에서 발견되었다고 전해지고 있다.금강산기행문 中, 리 훈, 2003

백자대발에는 홍무 24년 금강산 비로봉에 안치하다라는 글이 적혀 있다. 한 가지 의문은 왜 발굴지가 비로봉에서 남으로 10리나 떨어진 월출봉에서 발견되었는지 궁금할 뿐이다. 이 사리기는 미술사적 가치도 크지만 금강산 유물이 남한에 있다는 사실이 정확히 밝혀지지 않고 있어 많은 것을 생각하게 한다.

더욱 관심을 갖는 것은 이성계의 발원기와 내용 등이 자뭇 흥미롭다. 고려시대 금강산 일대는 평온하지 못했을 뿐 아니라 개국 이래 북쪽의 동여진족들이 때때로 강원도 해안을 약탈하는 일이 많았고 고려 정부는 진명현재 원산과 고성 등 포구에 수군해군을 주군시켰던 사실들이 밝혀지고 있다.

북쪽 동여진족의 약탈 때문에 성을 쌓고, 봉화대를 배치해 설치했으며 1009년에는 전선 75척을 건조해 원산과 금강산 해안에 건조해 침략과 약탈을 막았고 1041년 환가혈성고성군 성북리을 쌓아 해안 방어를 구축하여 철저한 대비를 했었다. 이것은 금강산이 해안과 연계되어 적들의 침략과 약탈이 쉬지 않았기 때문이다.

1048~1050년 사이에 동여진의 해적들이 파천현통천군에서 열산련화진포 사이를 집중적으로 침입해 약탈을 일삼았으며 이에 고려의 수군과 육군은 격전 끝에 이들 전선 11척을 격침시키고 많은 적병을 사살했다고 한다. 그당시 이 지역에 해군수군과 보병육군을 배치했을 뿐만 아니라 배를 건조해 대비했다.

이후 몽고의 침입시 1259년 지금의 휴전선까지 여진족의 일족인 동진군대들이 침략해왔고 14세기에는 왜구의 침입도 많았다 전해지고 있다. 특히 1382~1383년에는 왜구들이 금강산 일대를 침입해 구축된 성이 망군성이라 전하고 있다. 얼마나 많은 침략과 약탈이 있었으면 성을 구축해 대비했겠는가?

1425년 36본산에 도저히 들 수 없는 장안사와 정양사를 태인의 흥룡사, 창평의 서봉사 대신 집어넣고 장안사에 300결 정양사에 150결의 수조지를 내리는 특혜를 주기도 했다.세종실록 권24 6년 4월 경술 심지어 1469년 반역죄로 죽은 남이, 강순 토지 100결도 유점사에 주었다.

예종실록 권4 원년 3월 무술에 기록하길 남이, 강순 등의 토지 100결과 염전 4개소, 노비 30명, 사방 40리의 임야를 유점사에 주었다. 조선왕조 태조 이성계와 고종까지 일일이 열거할 수 없을 정도로 숭유배불의 유교국에서 금강산 사찰은 특별대우를 받았다고 전해지고 있으며 심지어 스님과 불교숭상에 유학자들의 비판이 심했다.

3) 금강산과 근대

일제시대에 접어들면서 원산항이 개항되고 일본인 거주자가 늘면서 금강산도 자연히 일본인의 관심이 집중되었다. 1907년 10월 고성군 일대에서 활약한 의병 700여 명이 유점사를 중심으로 활동하자 일제는 1908년부터 1915년까지 이 절에 일본군 헌병대를 주둔시키기도 했다.

유점사에 상주한 일본 헌병들은 의병을 해산시키고 유점사의 보물인 청동향로, 종, 진주 방석, 앵무란 등을 약탈해 갔다.유림사 본말사지, 유점사 간행 참조 그러나 일제는 이후 금강산 사찰에 대해서는 더 이상 박해를 하지 않았다고 한다. 아마 이것은 종교는 다르지만 같은 불교국이었기 때문이 아니었을까?

이것은 일본이 불교를 숭상했던 것도 이유가 되지만, 금강산의 아름다움과 신비감에 도취되어 그 관심이 지대했기 때문이 아니었나 싶다. 그래서 사찰의 재산권을 인정해 주었고 유점사, 장안사 등은 주요 도시에 포교당을 설치하게 하고 유치원 등을 개설하게 했다.

그래서 유점사는 평양에 명성학교, 고성에 금강유치원, 장안사는 개성의 정화여학교, 신계사는 창신학원 등을 설치 운영, 교육활동을 펴기도 했다. 그러나 한편으로 일제 초기에는 금강산에서 각종 광석을 채취하고 산림을 남벌하는 만행을 저지르기도 했었다는 보고가 있다.

1919년 3·1운동을 기점으로 일제는 금강산을 본격적인 관광지로 개발하기 시작했고 철

삼불암(리정수 사진작품)

원에서 내금강까지 전기철도를 가설해 금강산 탐방을 위한 수학여행단 유치와 일반인 관광을 본격적으로 실시해 그 인기 또한 대단했다고 한다. 그래서 지금도 일본인 기성세대들은 금강산에 대한 관심은 대단해 놀랍다.

온정리와 냉강리에는 금강산 탐방의 거점으로 등장, 여관, 호텔, 음식점, 편이점 등이 들어서는 등 한반도 최고의 관광지가 되었다. 해방 후 전쟁으로 금강산의 모든 문화유산은 완전히 파손되어 그 회복이 불가능하게 되었고, 특히 6·25 전화戰火로 그 많은 사찰이 완전 소실되었던 것이다.

금강산은 위치적으로는 북한에 있다. 하지만 다행히 자연생태계와 경관은 잘 보존되어 있으며, 이것은 북한의 통치력에 의한 고위층의 특별 휴양지로 이용되었기 때문이 아닌가 생각한다. 그러나 앞으로 남북南北이 힘을 합쳐 금강산을 잘 가꾸고 개발해 세계 최고의 명승지로서 손색이 없게 하는데 모든 노력을 다해야 할 것이다.금강산기행문 中, 리 훈, 2003

4) 금강산과 예술

금강산은 우리 민족의 정서와 삶 그 자체를 떠나서는 생각할 수 없다. 때문에 우리민족의 문화예술과 결코 무관할 수가 없다. 그것은 민족의 명산으로 마음 깊이 자리해 민족의 애환이나 문화 예술 등으로 오랜 세월에 걸쳐 오늘에 이르렀기에 더더욱 그렇다. 이 점은 세계 모든 산山과도 비교해도 손색이 없으리라 믿는다.

금강산은 시조, 시, 미술, 문학, 음악, 사진, 민속, 탁본바위글쓰기, 이야기, 설화 등 여러 장르가 소재로 등장되었고, 세계의 많은 산들도 이토록 광범위하게 문화 예술로 승화된 일은 결코 없었다고 믿는다. 예를 들면 세계인이 동경하는 알프스산과 비교해 봐도 조금도 손색이 없다는 사실을 이해했으면 한다.

물론, 미술작품과 사진 등이 있지만 금강산처럼 다양하지도 않고 기껏해야 「알프스 소녀」에서 하이디를 알거나 세칸티니의 그림 정도이다. 그러나 금강산은 동요로부터 시작해 동화, 전설, 기행문, 그림, 노래, 시, 시조 등과 각종 동식물과 자연에 얽힌 이야기가 조화를 이뤄 풍요로운 산악미와 온갖 설화가 함께하고 있다.

특히 이렇게 탄생된 작품들은 당대 최고의 학자와 예술인들의 열정에 의해 만들어진 작품이다. 그러나 아직 공개되지 않은 돌에 새긴 당대 최고 학자들의 글씨가 수천년 동안 보

묘길상(리정수 사진작품)

존되어 금강산 전역에 분포된 글씨들을 탁본해 박물관에 전시를 한다면 놀라운 노천기록 박물관이 될 것이란 전망을 해 본다.

5) 금강산과 문학

금강산 시가시와 노래와 기행문 등 문학작품에 등장하는 것은 이미 삼국시대부터이고, 이때 「향가나 해성가」에서는 6세기 말 7세기 초 화랑들이 금강산행에 대한 길흉을 묻는 노래로 혜성이 출현한 밤의 풍경과 동해의 경관을 결부시켜 생동감있게 묘사되어 표현되고 있다.

고려 때에도 안축1287~1348 先生이 지은 「관동별곡」은 경기체가景畿體歌로 강릉 도존무사로 재임하면서 관동지역의 경관을 읊은 것인데, 8개 장 중에서 3, 4, 5장에서 주로 해금강의 자연의 아름다움을 잘 묘사하는 내용이고, 이 내용은 지금까지 전래되어 전해지고 있다.

국문시가國文詩歌는 16세기 걸출한 문호 정철 先生이 지은 가사문학인 「관동별곡」을 들 수 있다. 이것은 교과서에까지 수록되어 우리에게 매우 친숙한 편에 속한다. 그리고 금강산을 시詩로 묘사한 최치원 先生을 효시로 이제현, 전천유, 안축 先生 등이 있다.

조선시대에는 김시습, 양사언, 이율곡, 박제가, 박지원, 김삿갓 先生 등 이루 말할 수 없는 문인들 뿐 아니라 그 많은 풍류객들의 금강산 절경에 대한 일화는 이루 말로 다 형용할 수가 없다. 때문에 금강산에 대한 사료적인 가치가 큰 것은 오히려 기행문이라 해도 과언이 아니다.금강산기행문 中, 리 훈, 2003

금강산 탐승기는 고려시대 이곡1298~1351 先生이 「동유기」를 쓴 이래, 유홍준 先生이 쓴 「북한문화유산답사기」에 이르기까지 수많은 작품이 있다. 그 가운데 대표적인 것을 열거하면 1349년 이곡 선생의 「동유기」이고, 그 내용은 13일간 금강산 탐방기8. 22~9. 4라 하지 않을 수 없다.

특히 1485년 한은은 先生의 「금강산기」는 금강산 유람과 유적 및 전설을 소개한 것인데 4월에 1주일간에 쓴 것이다. 그 다음은 15세기 말 「동행기」이고, 이것은 주로 일기식으로 묘사된 것이 특징이다. 1711년 법종께서 쓴 「유금강록」 내용은 금강산 전 지역을 탐사해 불교 유적을 상술했다는 점이 특징이다.

장안사 초석(리정수 사진작품)

최초의 한글판 기행문은 19세기 말 조병균 先生께서 쓴 「금강록」이고, 1928년 최남선 先生이 쓴 「금강예찬」은 현대적 금강산기행문이라고 해도 과언이 아니다. 그리고 1924년 이광수 先生이 쓴 「금강산유기」가 있다. 그리고 여러 가지 금강산기행문 등 확인된 것만 해도 수백 종에 이른다.

6) 금강산과 미술

서예와 미술은 금강산과는 찰떡궁합이라 해도 조금도 손색이 없다. 명승지와 계곡 그리고 뾰족하고 단단하며 편편한 기암괴석마다 신라 때부터 오늘날까지 명필들의 경연장이 되었기에 금강산은 노천박물관으로 손색이 없다. 그 내용은 이루 다 헤아릴 수 없는 각자刻字들이 있는데 그 의미 또한 심오하고 다양하다.

내용인즉 간단한 성명이름부터 동구나 문, 명소의 이름 그리고 의미와 뜻을 담은 시詩까지 다양하다. 앞에서도 언급했지만 양사언 先生의 뛰어난 서체를 금강산 몇 곳에서 발견할 수 있어 감회가 새롭다. 한 가지 안타까운 일은 옥류계곡을 오르기 위해 계곡 옆 길 암벽에 설치되어 등산길에 묻힌 글씨들이다.

그런가 하면 한국 회화사에 있어서 금강산의 위치는 각별하다. 최소한 고려시대부터 현대까지 수많은 작품이 남아 있는데 현존하는 것 중 1308년 노영 先生이 그린 불화 「지장보살예배상」은 감지금니화인데 일품이 아닐 수 없다. 사진이 없는 시대, 그림은 역사의 실체이고 고증일 수밖에 없다.

이 작품의 내용과 의미는 「탐무갈보살」인 듯한 보살상 우편측에 산수山水가 금강산을 묘사한 것이 틀림이 없다고 추정하지 않을 수 없다. 고려 때도 금강산의 뛰어난 모습을 그림으로 그려 이웃나라에 선물했다는 기록이 있다. 충렬왕 30년 7월, 1304년 고려사 권32에 밝혀지고 있다.금강산기행문 中, 리 훈, 2006

충렬왕 때 이영 先生이 「예성강도」 등의 실경 산수를 그렸다는 점을 감안하면 고려시대

표훈사(리정수 사진작품)

부터 금강산도가 그려졌다는 사실을 확인할 수 있다. 본격적인 금강산 그림은 조선시대에 들어와 활발해졌고 겸재 정선 先生 같은 분들의 걸출한 작품이 이때 완성되었다 해도 지나친 말이 아니다.

세종실록이나 근역서화정에서 15세기 화가 배련 先生은 금강산에서 「금강산도」를 그렸고, 16세기 이경연도 「금강산도」를 그렸으며 이정 先生은 장안사 벽에 산수화를 비롯한 금강산 풍경을 그렸다고 한다. 금강산 그림은 단연코 정선1676~1759년 先生의 작품을 빼놓을 수 없다.

정선 先生은 일생동안 6~7회 금강산을 여행하면서 한국의 자연을 관념산수에서 실경산수로 묘사한 산수화 기법을 새롭게 창안한 화가이다. 주된 작품은 만폭동, 혈망봉, 구룡폭포, 해금강, 금강전도를 그렸으며, 이것은 한국 산수화에 새로운 이정표를 형성하는 계기가 되기도 했다.금강산기행문 中, 리 훈, 2003

특히 고려대학교 박물관에 소장품인 「금강전도」의 뾰족뾰족한 산봉우리가 있는 금강산 전경을 압축해 그린 작품은 금강산 그림에 있어 하나의 정형을 이루어 김응환, 정충엽 先生의 작품을 비롯해 광범위하게 응용되었고, 심지어 민화계까지 큰 영향을 끼쳤다.금강산기행문 中, 리 훈, 2004

호암미술관 소장품도 이와 동일한 맥락에서 볼 수 있고, 그 후 심사정, 최북, 김홍도, 정수영, 이재관, 김윤겸 등에 의해 그려졌다. 특히 김홍도는 정조대왕의 명을 받들어 김응환과 같이 금강산을 그렸는데, 정선 先生과는 활동을 달리해 사실적 묘사에 충실했다.

그 분의 그림에서 비봉폭포나 구룡폭포를 그린 기법에 비해 총석정이나 삼일포를 그린 것은 보다 조방하고 간략해 힘이 넘친다. 아마 바다에 나가 더욱 호연지기가 성숙되지 않았나 싶다. 금강산 그림의 전통은 조선 말기에서 근대까지 이어지고 있다. 이것은 근대 한국화의 한 분수령이 되고 있다.

조석진 先生의 「구룡연」, 안중식 先生의 「명경대」, 이도영 先生의 「외선담」 등이 그 전통을 이어받았으며, 해방 전에는 동양화의 거장 소정 변관식 先生과 서양화의 김원 화백이 금강산을 많이 그렸고, 의제 허백련 화백도 금강산 유람을 하며 그림을 그렸고, 700여 년 가까이 이어온 금강산 그림의 맥을 형성했을 뿐 아니라 이 분야에 큰 업적을 남겼다.

특히 애석한 것은 의제 허백련 先生께서 일제 말 이당 先生과 함께 금강산을 유람하며 어렵게 그린 작품 수십여 점과 화첩이 6·25동란으로 소실되어 볼 수 없게 된 점은 한국 화단에 크나큰 손실이 아닐 수 없다. 이 사실은 필자와의 인터뷰1973. 12. 광주 무등산 춘설헌에서 밝혀졌고, 이때 인터뷰 내용은 고려대학교 설립자 「인촌 김성수 先生과 의제 허백련 先生의 우정友情」에 대해 쓴 고려대학교 교우회보 특집기사였다.

현재 북한 작가들뿐만 아니라 한국, 중국, 일본, 미국 화가들과 사진작가들이 금강산을 그리고 찍기 위해 경쟁을 하고 있고, 필자의 후원으로 1989년 중국 만리장성 작가 리 영李穎 화백에 의해 최초로 금강산 황금화를 제작했을 뿐 아니라 서울에서 6회, 북한에서 1회 금강산 황금화 전시회를 개최해 또 다른 경지를 이루기도 했다.

이 작업은 필자가 중국 리 영李穎 화백을 1989년부터 후원해 이루어진 일이고, 리 영李穎 화백은 2004년 중국中國에서 과로로 갑자기 작고해 애석함을 금할 길이 없다. 리 영 화백 작품은 세필과 대범함을 겸비했으며, 이 화백은 순금을 사용하여 대작을 통해 금강산의 아름다움과 신비감을 표현한 유일한 작품이다.금강산기행문 中, 리 훈, 2003년

백화암 부도터(리정수 사진작품)

보덕암(리정수 사진작품)

제8장

금강산金剛山 문화유적文化遺跡

1. 금강산과 문화유적

1) 역사유적

금강산 일대는 신석기 이전부터 우리 조상이 거주해왔기 때문에 유물도 많이 발굴된 지역이다. 그 유물은 금강산 산악지대보다는 생활이 용이했던 고성군 해안과 삼일포 호수 부근에서 많이 발견되었다. 현재 원산 역사박물관에 소장되어 있는 석기류는 도끼, 반달칼, 자귀, 활촉, 갈돌 등이다.

여기서 발견된 유적은 우리나라의 전형적인 신석기 유물에 해당된다. 고분에 있어서는 청동기 시대의 고인돌이 금강군에 16기 이상 발견된 점에 주목해야 하고, 삼일포 일대에는 신라시대 석관 토종이 고분군을 이루고 있는데 금 귀걸이가 출토되기도 해 또 다른 관심을 갖게 한다.

이는 6세기 중엽 신라가 한때나마 이 지역을 지배할 때 축조된 성城으로 추정되고 있다. 금강산 지역에서 다른 지역에 비해 월등히 많은 것이 산성山城인데, 이는 동해안 지역과 바다를 통해 외적의 침입이 그만큼 빈번했던 것으로 추정되고, 그만큼 생존을 위해 투쟁했다는 사실을 증명하고 있다.

보덕굴(리정수 사진작품)

산성의 형태는 자연석을 이용해 쌓기도 하고 장방형으로 다듬어 쌓기도 했는데, 비교적 소규모 도루, 장대 같은 성벽 시설이 없는 것으로 보아 단기간에 소병력을 동원해 작은 전투에 이용되었던 것으로 추정된다. 대표적 산성은 고구려 때 조성된 온정리 고성과 만군성이다.

2) 불교유적

금강산은 한마디로 불교의 성지聖地라 할 수 있다. 「금강산」이란 이름부터가 그렇고 금강산 최고봉인 비로봉을 비롯해 문수봉, 천불봉, 시왕봉, 세지봉, 관음봉, 수미봉, 연화대, 법기봉, 중향성, 미륵봉, 백탑동 등 모든 산 정상과 골자기가 대부분 불교와 연관되어 유래된 이름들이다.

고구려 소수림왕 2년372 불교가 들어 온 이래 100년도 안되어 이미 금강산에 사찰을 짓기 시작하여 1912년 조사에는 유점사는 장안사, 신계사, 표훈사가 금강산 4대 사찰을 비롯해

60여 개, 그리고 건봉사는 27개의 말사를 거느리고 있기에 제법 큰 절로 전해지고 있다.

얼마나 많은 사찰과 암자가 이 금강산에 있었는지 과히 짐작이 간다. 이것이 바로 불국정토를 금강산에서 원했던 것이 아닌가 한다. 기록에는 금강산에 최고 108개의 암자가 있었다는 것이 「신증동국여지승람」에 있고, 성해용 先生이 쓴 「기관동산수」라는 글에도 증거가 엿보이고 있다.

금강산에서 가장 오래된 사찰의 기록은 고구려 장수왕 때 462년에 세워진 상운암과 477년에 세워진 보운암이다. 그리고 정확하지는 않지만 519년 신계사, 552년 건봉사, 551년 장안사, 600년 정양사, 627년 보덕암, 670년 표훈사 등의 순서로 사찰이 세워졌다고 전해지고 있다.

불교가 금강산에서 고구려 때 성행했지만 통일신라시대에 이르러 선정과 교종이 서로 결합하면서 더욱 많은 사찰과 암자가 세워지고, 더 나아가 왕실의 보호를 받았던 것으로 알려지고 있다. 경순왕이 고려에 투항했을 때 이를 반대한 마의태자가 금강산에 들어간 것도

삼불암(리정수 사진작품)

왕실과 밀접한 관계 때문일 것이라고 본다.

금강산 고려왕실과 조선왕실의 특혜와 비호 속에 날로 사세가 커져 조선 중기에 극에 달했던 것으로 보인다. 그러나 그 찬란함도 일제 말 1942년까지 무려 42개의 사찰과 암자가 있었으나, 해방 후 6·25전쟁을 거치면서 거의 대부분의 사찰과 암자가 소실되거나 사라지고 말았다.금강산기행문 中, 리 훈, 2003

(1) 표훈사俵訓寺

표훈사는 7~8세기 초 표훈대사의 이름을 딴 절로 초창初創은 670년으로 보고 있다. 표훈사는 내금강 최고의 경승지 만폭동 입구에 있는데 해방전까지는 극락전, 영빈관은 함영교, 청적재, 설선당, 창지재, 청왕문 같은 여러 건물이 있었으나, 지금은 보전인 반야보존 등에 불과하다고 전해지고 있다 .

본전반야본전과 능마루, 명부전, 칠성각, 판도방이 있을 뿐이고, 그나마 표훈사는 금강산에서 전쟁의 피해를 가장 적게 받아 보전상태가 좋은 편이다. 결과적으로 표훈사는 수많은 재건과 중수를 거쳐 현재 건물은 1778년 세워진 것으로 18세기 건축미를 잘 반영하고 있다는 것이 서로 경로에서 확인되고 있다.

반야보전은 본전으로서 앞면 3칸, 측면 3칸의 겹처마 합각식 건축인데, 1m 정도의 기단위에 세워서 높게 보인다. 반야보전은 화려한 조각장식이 유명한데, 연꽃과 꽃봉오리를 교대로 짜 올린 제공의 조각도 뛰어나지만 각두공 위에 봉황조각, 기둥 위의 용마리조각 등은 뛰어난 작품일뿐 아니라 당시를 잘 설명해 주고 있다.

능마루 건물은 앞면, 측면 3칸의 합각식 건물인데 2층에 다락이 있어 휴식과 전망대의 역할을 하기도 한다. 두공은 외도리 2익공이며 겹처로 모두 단청과도 잘 어울린다. 그리고 어실각은 왕실의 안녕을 빌기 위한 곳으로 쓰여졌다. 때문에 금강산은 나날이 번창할 수밖에 없었던 것이다.

어실각과 왕실에 대해 살펴보면 앞면 3칸, 측면 2칸의 뱃집형식인데, 가운데 천장과 양쪽 두공포가 합해져 하나의 천장을 이룬 독특한 형식을 취했고, 이 밖에도 명부전과 영산정은 3칸, 2칸의 1작은 뱃집형태로 명부전에는 모두 단청, 영산전에는 금단청을 했었다.

(2) 정양사正陽寺

정양사는 600년에 세워졌다고 전해지고 있다. 그러나 여러 차례 중·개축이 되었고, 현재 건물은 조선 말기에 고쳐 지은 것이다. 정양사는 표훈사에서 조금 올라가 방광대 중턱에 있는데, 내금강에서 전망이 좋기로 소문난 곳이다. 현재는 반야전, 약사전과 석탑 등이 있다.

그러나 원래는 이곳에 헐성루, 영산전, 나한전 등의 건물이 더 있었고, 본전인 반야전은 앞면 3칸, 측면 3칸의 겹처가 합각지붕에 기둥은 약간 가는 배흘림기둥이었고 건물 전면에 은은한 금단청 장식을 해 그 나름의 멋을 지니고 있을 뿐 아니라 그 나름의 건축미를 지니고 있다.

정양사의 중심부에 있는 약사전은 6각형에 지붕도 6모 지붕을 얹은 특이한 구조로 돌보를 쓰지 않고 기둥 위 안팎으로 포식 주공만을 여러 겹 짜올려 천장을 대신하고 있다. 특히 약사전에서 먼저 눈에 띄는 것은 삿갓처럼 생긴 지붕을 올리고 그 꼭대기에 연꽃 모양을 튼 화강석을 올렸다고 전하고 있다.

상세함은 6각의 한 변 길이는 3m이고, 각면에는 바깥 7포, 안 13호로 된 두공을 짜올렸다. 모서리의 두공에는 용조각을 올렸고, 각 두공 사이에는 연꽃장식을 붙였는데 모두 32개나 된다. 헐성루에서 옛날부터 금강산을 바라보고 시를 짓고 그림을 그렸다고 전하고 있다.

(3) 보덕암普德巖

금강산의 그 수많은 암자 중에서 오늘날까지 암자다운 암자로 온전하게 남아 있는 암자는 보덕암으로 만폭 8담 중 분설담 위 법기봉 중턱에 있다. 보덕암은 고구려 때627년에 세워졌으며, 1675년에 중건하였는데, 무엇보다도 보덕암을 특별나게 함은 절벽 조형미에 알맞게 건축했다는 것을 들 수 있다.

정확할지는 모르나 보덕암을 받치고 있는 구리 기둥과 쇠줄은 1511년에 설치되었다고 전해지고 있다. 그 구조적 특징은 아래쪽에는 겹쳐 마랍각 지붕을, 그 위에 박공만을 달아 뱃집지붕을 씌워 2층 지붕을 하고, 다시 사각지붕을 올려놓아 단층이지만, 서로 다른 지붕을 가진 3층집으로 보이게 설계되었다.

보덕암 내부 구조는 바위벽에 깊이 5.3m의 굴이 있는데, 이곳이 보덕굴로 유명한 보덕각시여인의 전설이 깃든 곳이기도 하다. 그리고 현재는 돌계단을 마련하여 출입을 쉽게 하고 있다. 어떤 의미에서 보덕암은 우리 선조들의 풍류와 자연관을 엿볼 수 있는 유일한 건축

서산대사비(리정수 사진작품)

물이기도 하다.

보덕암을 바라다 본 많은 사람들은 눈을 의심하며 신기하다는 생각을 갖게 되는데, 그것은 다름 아닌 한 개의 구리기둥에 의지하며 수백년 간을 버텨 온 건축기술은 기이하기까지 하다. 지금도 바람이 심하게 불거나 서너 명이 마룻바닥을 걷노라면 집이 흔들리나 안전에는 이상이 없다고 한다.

(4) 장안사長安寺

장안사는 내금강 입구에 있던 사찰로 전쟁 전까지 대웅보전, 사성전, 명부전, 비로전 등 6전 7각 2루 2문과 10여 동의 건물이 처마를 맞대고 있는 웅장한 사찰이었다. 장안사 창건은 6세기였고 지속적으로 개·증축을 거쳐 18세기 전반에 다시 지었다고 전해지고 있다.

그러나 6·25전쟁으로 모두 소진되어 옛 모습은 찾을 수 없고, 공터에 앙상한 주춧돌만 남아 찾은 사람을 반겨주고 있다. 장안사 전성기 때는 아니지만 해방 전 장안서 흑백사진을 살펴보면 짐작이 가고, 대웅보전의 위상도 커 그당시 불교가 얼마나 융성했는지 짐작이 되고 남는다.

(5) 신계사神溪寺

신계사는 앞에서도 언급했지만 외금강에서 신계천을 따라 창터솔밭을 지나면 빈 터만 있는데, 원래 이 절은 519년에 세워졌다고 전해지고 있다. 그리고 대부분 건물은 1597년에 중건되었다가 6·25전쟁으로 모두 소실되었다. 허니, 참으로 참담한 일이 아닐 수 없다.

해방 전까지 신계사는 대웅전, 만세루, 칠성각, 극락전, 나한전, 어실각, 축성전, 산신각 등 여러 동의 건물이 있었으며, 대웅전은 16세기 조선 초기 건축의 뛰어난 기술을 과시한 사찰이다. 해방전 신계사 모습을 보노라면 그토록 깊은 산중에 이렇게 큰 절이 있었다니 참으로 놀라운 일이 아닐 수 없다.금강산기행문 中, 리 훈, 2004

(6) 유점사楡岾寺

해금강에는 유점사에 얽힌 이야기를 뒷받침하는 상징적 이야기가 많고, 그것은 시공바위, 배바위가 있고 영랑호 바닷가에 현종암, 괘종암이란 바위가 있음을 볼 때 유점사에 얽힌 이야기를 잘 대변해주고 있다. 옛날 천축국의 53불이 금강산이 천하의 명산이란 소문을 들은 데서부터 시작된다.

결국 그들은 아름다운 금강산을 빼앗아 자신들의 거처로 삼고자 조선으로 잠입했으나, 이 계책과 전략은 이것을 눈치챈 한 사공에 의해 해금강 앞바다에 도착하자 그들이 탄 배가 침몰 53불이 바다에 빠지고 말았다. 이 사실은 적이 아무리 많아도 한 사람만 정신을 차린다면 국운도 살릴 수 있다는 교훈을 주기도 한다.

바다에 빠진 53불은 가지고 온 종을 타고 간신히 해안에 상륙하게 되었고, 버려진 종은 해안에 두었다 한다. 이로 인해 앞에서 말한 바닷말이름들이 그 뜻을 전하고 있다. 그리고 해안에 도착한 53불은 개잔령을 넘어 지금의 유점사 자리 느릅나무가 서 있는 늪에 도착했었다고 전한다.

이때 구룡연에 살면서 금강산을 지키던 아홉 마리의 용이 신성한 땅을 뺏으러 온 53불을 쫓아내기 위해 극렬하게 싸웠는데, 그 싸움 때문에 산山이 흔들릴 정도였고, 이것은 온갖 도술을 부리는 싸움이었기에 금강산과 천지天地가 놀랐을 뿐 아니라 용들의 조화가 하늘을 찔렀다는 이야기로 전해지고 있다.

결국 53불은 용들에게 졌기 때문에 느릅나무 위로 도망해, 구룡에게 금강산이 너무나 아름다워 왔으니 부디 쫓아내지 말고 한쪽 귀퉁이에서라도 살게 해 달라고 간청했다 한다. 이 말을 들은 구룡은 용서해주면서 다른 곳에 침범하지 말고 법도를 지키면서 살 것을 허락하였다 한다.

유점사의 유래는 후에 절을 지으면서 느릅나무 유楡자를 따 유점사라 불렀고, 53불은 금부처로 만든 다음 느릅나무 덩굴을 조각한 받침대 위에 안치했다 한다. 유점사에 따른 이야기는 독특한 조형으로 제작된 초록보적 53불은 후일 신라시대부터 금강산의 보물로 간

금강산 신계사 복원(리정수 사진작품)

주되어 왔다고 전해지고 있다.

아마 지금까지 이런 보물들이 유점사에 전해져 왔다면 금강산의 위상은 또 다른 위치에 서 있을 것인데 참으로 통탄할 일이 되고 말았다. 이것은 일제시대에 몇 구가 없어졌고 6·25전쟁으로 유점사가 소실될 때 함께 소진되었으니 이 어찌 안타깝다 하지 않을 수 있을지…….

유점사 이야기에서 상팔담에 대해 언급하기가 어색하지만, 유점사와 구룡연과 폭포의 깊은 연관을 갖기 때문이다. 그 후 아홉 마리 용들 가운데 한 마리는 구룡연을 지키고 여덟 마리는 구룡연 위에 있는 상팔담8개의 소沼에 나누어 살았다는 이야기가 오늘날까지 전해지고 있다.

금강산의 많은 사찰 중에서 가장 큰 규모에 수십 개의 말사를 거느린 절이고, 9세기경 세워졌으며, 15세기 초에는 무려 3,000칸이나 되는 대사찰로 명실공히 금강산의 대표적인 사찰이다. 유점사는 유점사 사보寺寶, 유점사 53불 등 많은 불교 문화재가 유명하다.

원래 유점사에는 주전인 능인전을 비롯해 모두 6전, 7각, 2문, 3루와 기타 20여 동의 부속 건물이 있었고, 유명한 53불이 안치되었던 곳이다. 특히 주전각인 능인전은 바깥 9포, 안 15포로 짜여진 한국에서 가장 높고 화려한 것이 유점사이기에 유점사의 전성기를 짐작할 수가 있다.

한 가지 중요한 것은 우리나라에서는 15포 이상으로 짜여진 사찰은 없으며 유점사는 외금강 백천고리 용천가에 있었고 사세를 크게 떨친 곳이기도 하다. 특히 효운동같은 절경을 끼고 있어 많은 사람들이 찾았기 때문에 탑승객들을 위한 누정건물도 많았다고 전하고 있다.

(7) 석조물石造物

금강산에서 석조물은 중요한 역사적 자료라 할 수 있다. 왜냐하면 금강산이 불교를 상징하는 산山일뿐 아니라 사찰이 많기로 유명하기에 탑과 석조물은 대부분 불교미술의 상징물이었다. 석탑의 종류는 유점사 13층탑, 9층탑, 표훈사 15층탑, 장안사 5층탑, 정양사 11층탑 등이다.

암자탑으로는 신림암 9층탑, 보덕암 등을 비롯한 많은 석탑들이 있었으나, 지금은 파손되고 없다. 현재 남은 것은 정양사 3층석탑, 금정아 사자탑, 장안사 3층석탑, 표훈사 9층석탑, 신계사터 3층석탑이 있는데, 이 모두가 그 나름의 조형미를 갖춘 소중한 보물에 해당된다.금강산기행문 中, 리 훈, 2003

특히 금장암 사자탑은 반신사자 탑이나 구례 화엄사의 사자탑과 비교할 수 있는 독특한 조형미로 조성되어 대조적이다. 이 탑들은 신라시대부터 고려시대 사리 작품으로서 여러 면에서 연구할 만한 가치를 지니고 있다고 하겠다. 사자탑이 흔하지 않기 때문에 비교가 쉽지 않으나, 그 분야에 관심을 갖는다면 어렵지가 않다.

석등石燈으로는 정양사석탑 앞의 석등과 묘길상 앞의 석등이 볼 만한데, 그 특징은 아름다운 조형미와 균형 잡힌 조화적 구성이 매우 간결한 점이고, 이것은 고려시대의 작품으로 추측해 본다. 석탑과 석등은 그토록 심각한 전화에서도 그 모습을 볼 수 있음은 이것이 돌

묘길상 석등(리정수 사진작품)

묘길상 마하연 중창비(리정수 사진작품)

문화의 유산이기 때문이다.

그리고 금강산의 수많은 부도浮圖와 비석碑石 중에는 백화암터 부도군이 단연 뛰어난데 여기서는 서산대사비를 비롯하여 풍담담비, 성봉담비, 제월담비 등이 있고, 유점사 터에는 풍악당비, 유점사기적비, 기암당비 등이 있다. 역시 이들 비석 중에는 가장 뛰어난 것은 서산대사비이다.

서산대사비 바로 앞에는 비석 4개와 부도 5개가 있어 규모가 적지 않으나, 서산대사비는 1632년 임진왜란 때 왜적을 무찌른 공적을 기념해 세워졌고 그 글의 내용은 2천자로 구성되었고, 글은 당대 시인인 정구 先生이 쓰신 것으로서 중요한 역사적 가치가 있다 하지 않을 수 없다.

(8) 불상佛像과 불화佛畵

금강산에는 유독 많은 사찰이 있었기 때문에 상대적으로 수많은 불상과 불화가 있었다. 그러나 전화戰火로 인해 오늘날까지 남아있는 것은 별로 없다. 「세종실록」 권21, 18년 12월

정미조에 보면 사자암에 묻어 두었던 보물들을 확인했으나 허사였다고 밝히고 있다.

보물 내용은 사자암에 묻어둔 금불상 18구 등이 바로 그것이다. 이런 사실과 함께 살펴볼 때 당시 금강산 사찰들은 경제적으로 매우 풍족했다는 점을 쉽게 이해할 수 있다. 특히 조선시대에는 대체적으로 불교를 탄압, 산으로 피해들어 탑을 세웠으나 전화로 절은 모두 소실되고 탑만 남고 말았다.

현재 남아 있는 금강산 불상들은 중앙역사박물관의 금불상내강리과 금동3불상134년 내강리과 통일신라시대의 금동불상 그리고 정양사 약사전 내의 석조야가여래상, 은석대구역 삼거리에 있는 석불 등이 유명하다 할 수 있다. 대체적으로 석불은 시대마다 사찰마다 조금씩 달라지는 특징을 지닌다.

그러나 무엇보다도 통일신라시대의 유점사 53불은 그 전설과 뛰어난 표현기법으로 유명하다. 그러나 6·25전쟁에 의해 소진되고 없어져 아쉬움이 크다. 그래도 위안이 된다면 내금강의 묘길상과 삼불암이 남아 있어 다행이다. 향후 남아 있는 불상들의 보존에 우리의 지혜가 요구되고 있다.금강산기행문 中, 리 훈, 2003

신계사 복원 모습(리정수 사진작품)

금강산의 가을

금강산 가을 몽유도(北 신재현 작가 작품)

만물상 절부암 가을(리정수 사진작품)

제9장

금강산 남북 평화포럼 平和 forum

삼선암 금화(양태석 작품)

1. 금강산 평화방문

필자가 금강산관광을 '평화방문'이어야 한다고 주장함은 정치적 이념에 의해 6·25전쟁의 처참함으로 오늘날까지 무려 60여 년이 넘도록 지구촌에 마지막 분단국에 처해 있는 상황 때문이다. 우리 민족은 한반도 금수강산에서 유구한 역사와 전통을 바탕으로 살아왔으며, 유독 평화를 사랑하는 민족으로써 공동운명체적인 삶을 영위해 왔었다.

처참함을 넘어서는 분단 60여 년을 남북南北으로 갈라져 대립되어 오가지 못했으나, 다행히 분단 50여 년금강산관광 초기 만에 금강산 뱃길관광이 열리게 되었고, 이것은 故 정주영 명예회장과 故 김대중 전대통령, 그리고 김정일 위원장의 협력과 용단에 의해 가능했다. 그런가 하면 새천년2000이 열리는 상황에서 볼 때 이것은 한반도에 크나큰 축복이 아닐 수 없다.

이런 의미에서 보면, 금강산관광사업은 단순한 관광사업이 아니라 민족의 화해와 협력을 여는 민족평화 통일사업이라 해도 조금도 지나침이 없다. 때문에 향후 시행될 학생 수학여행 그리고 각종 단체나 직장단위의 워크숍, 세미나 등은 '한반도 평화르네상스운동'이라는 입장에서 모색되고 추진되어 금강산에서 지속되었으면 한다.

금강산관광객 한 사람 한 사람은 개개인에 지나지 않지만, 개인이 모여 우리의 소원인 남북 평화통일을 실현하는 단계로 뻗어갈 수 있기 때문이다. 그래야만 민족의 염원인 평화통일을 이룰 수 있고, 나아가 민족의 꿈과 희망을 반드시 실현시킬 수 있을 뿐 아니라 인류평화에 기여할 수 있기 때문이다.

필자가 금강산사랑운동본부 공동대표로서 시종일관 이 점을 강조했던 것도 그런 맥락이었다. 그리고 그러한 뜻에서 초기에 금강산 평화방문단으로 금강산 방문을 실시해 실현시켰고, 2004년 6~10월까지 일본 평화방문단 약 380여 명을 초청, 금강산 평화방문을 추진해 실현시켰던 것이다.

여기엔 조총련과 일본인도 포함되었고, 이때 함께한 도쿄 TV와 일본 TV, 아사히 TV도 참여해 3~40여 분씩 전 일본에 방영해 좋은 반응을 얻기도 했다. 특히 이들 일본인은 금강

금강산 평화방문단 환영모습(在日本동포, 日本人 등 1차방문, 인천공항)

산관광에 깊은 관심과 애정을 가졌고, 또한 반응이 매우 좋아 필자도 이점에 관해 또 다른 의문을 갖지 않을 수 없었다.금강산기행문 中, 리 훈, 2005

일본인 평화방문단 가운데 일제 때 한양서울에서 여학교를 다닌 소녀가 이제 할머니가 되어 죽기 전에 남편과 아들이 금강산관광을 꼭 한 번 보고 싶었는데, 60년 만에 금강산 평화방문단이 기회를 줘 소원을 이루게 되었다고 무척 반가워했다. 이에 현대아산(주)은 그 가족을 위해 꽃다발로 환영해주었다.

물론, 금강산 평화방문단 행사 중 좋은 점만 있었던 것은 아니다. 준비도 부족했고, 금강산에 대해 관광객들에 보다 많은 정보를 주지 못해 해외 '평화방문단'에게 금강산에 대해 상세한 정보를 알려주지 못한 점은 매우 아쉬웠다. 그리고 60여년 만에 금강산에 온 외국인에게 실질적인 봉사奉仕가 필요하다는 것도 절감했다.

제1차 재일동포 금강산 평화방문단(금강산 온정각)

특히 잘 만들어진 외국어日·美·英 홍보책자가 없어 난감했고, 안내판 등도 상세히 제시될 필요를 느꼈다. 특히 발렌타인데이, 해외골프여행, 해외신혼여행 등 싹쓸이 단체 해외관광으로 떠들썩한 우리의 실상을 보노라면 어떤 의미에서는 한심스럽기 그지없다는 생각도 하며, 관광선진국에 목마름을 느껴야만 했다.

필자가 어려운 가운데 동경東京과 나고야, 오사카, 고베 등을 오가며, 일본日本 동포와 조총련 그리고 일본인들을 만나 금강산에 대해 수없이 말하고, 나아가 우에노공원 시민홀에서 재일상공인 친목회 약 300여 명을 대상으로 금강산 평화방문 의의와 남북 평화통일에 대해 강연을 한 결과 불과 3~4개월만에 380여 명이 금강산 평화방문단으로 결성되어 금강산을 다녀갔다.

금강산 평화방문단 기념식수(금강산 온정각 앞 광장)

과연 이 나라가 어디로 가고 있는지 의문을 갖지 않을 수 없으며, '금강산 평화방문단' 활성화는 관광입국 실현에 필수적이고, 민족의 소원인 남북 평화통일을 앞당기는 평화통일 과업의 근간이 아닌가? 참으로 부끄러운 것은 자기를 모르고 조국을 망각하며 물 쓰듯 초호화 쇼핑으로 외화를 낭비하는 해외관광이 아닌가 한다.

정말이지 이러한 상황이 우리의 밝은 미래를 잘 선택해 줄 수 있을지, 아니 정말로 우리는 자주적 역량을 가지고 미래를 선택할 수 있을지에 대해 의문을 갖었다. 그나마 우리 선배들이 쌓아올린 공든탑이 있다면, 우리가 어떻게 해야 그분들의 업적 유지를 더욱 발전시킬 수 있을지 걱정이 앞선 것이 사실이다.금강산기행문 中, 리 훈, 2003

과연 우린 미래로 나아가기 위해 무엇을 어떻게 해야 하는가? 6·25전쟁에 대한 책임론이나 정치이념에 노예가 되어 말다툼이나 하고 있어야 하는가? 우리 모두 「금강산 평화방문단」 일원으로 나서 우리의 역사를 새롭게 창조할 수는 없을까? 글로벌 경쟁시대에 낡아빠진 정치이념의 노예가 되어 자기주장에 도취된 것은 아닌지…….

이것은 오직 우리의 선택에 달려 있다. 비록 한 사람의 관광객일지라도 마음속에 이러한 역사의식과 교훈을 갖고 있다면, 금강산 관광길은 남북 평화통일을 여는 가장 확실한 지름길이며, 약 7조에 달하는 관광적자를 극복할 수 있을 것이고, 나아가 한반도 평화통일을 앞당길 수 있지 않을까?금강산기행문 中, 리 훈, 2003

2. 금강산과 교예단 공연

故 정주영 명예회장과 故 김대중 전 대통령, 그리고 김정일 위원장의 협력과 용단에 의해 열린 금강산이 이제 그 기쁨과 환희는 점차 사라졌을 뿐 아니라, 금강산에 이산가족과 교예단 공연에 의한 서글픈 눈물과 탄식만 가득하는지에 대해 필자는 늘 자문하며, 한반도의 평화平和로운 민족으로 살 수는 없을까에 의문했다.

그리고 이러한 상황이 언제까지 지속될지에 대해서도 나름대로 실망감을 느껴야 했다. 일차적으로 북한 동포들을 보고 느끼는 감정이 그렇고, 두 번째로 교예단의 공연을 보며 느끼는 감동의 눈물도 그렇고, 이산가족 만남의 장의 눈물과 탄식도 그러했다. 우리 민족이 이토록 독하고 무자비하단 말인가에 자문했다.금강산기행문 中, 리 훈, 2003

상팔담쌍학도 민화 금화(박수학 작품)

교외단 기예를 보면 얼마나 노력했으면 저토록 비범하고 훌륭할까? 새처럼 날렵하고, 맹수처럼 포효하며 허공에서 음률을 타며 온갖 묘기를 다하는 그들을 보노라면 참으로 대견스러웠다. 인간人間의 한계는 과연 어디까지일까? 교예단의 무궁한 발전을 빌면서 인간의 무한한 능력과 한없는 기량에 놀라움을 금치 못했다.

금강산관광길이 열린지 10년이 넘어, 200만여 명의 관광객이 금강산관광을 하고, 금강산관광은 궁극적으로 「평화방문단」이라는 사실을 인식하길 지극히 원하는 것은 필자만의 심경이 아니라고 확신해 본다. 그리고 최소한 이곳에 온 100만여 명 가까이 교예단 관람을 했을 것으로 추정해본다.

교예단 관람자 모두는 관람시 최소한 3~4번 정도는 북받쳐오르는 감정을 억제할 수 없어 눈물을 머금을 수밖에 없지 않았던가? 이러한 생각이 필자만의 생각인가를 확인해 본 결과 절대 다수가 같은 심정이었다고 말하고 있다. 참으로 통탄스러운 일이 아닌가? 우린 언제까지 치유불가능한 상흔과 시련 속에서 살아야만 할까?

결과적으로 금강산의 정적情的 미와 교예단의 동적動的 미美가 놀랍게 조화되었다고나 할까? 셰익스피어의 인간의 찬미를 살피지 않아도 자연과 인간, 그리고 정치적 이데올로기에 의해 분단된 조국이 그나마 약 50여 년당시만에 금강산에 의해 열려 무려 200만 명이 다녀오지 않았던가? 이 점에 대해 남북 모두 감사하며 경건한 마음을 갖자는 것이다.

그리고 신神과 같은 율동과 동작 어쩌면 인간이 표현할 수 있는 마지막 율동을 보고 있는 것 같은 착각에 빠지곤 하는 교예단원들의 놀라운 기예技藝였다고나 할까? 신神이 아니고서야 어찌 저토록 신기한 동작과 율동을 펼칠 수 있을까를 대뇌이며, 밤잠을 이루지 못한 때가 한두 번이 아니었다.금강산기행문 특집 中 ASIA Press, 리 훈, 2004

저들 교예단원들이 비록 공연자이지만 저토록 훌륭한 공연을 할 수 있다면, 저들은 분명 민족의 장래에 엄청난 기여를 할 것이며, 그러한 저력은 남南측 동포들도 기꺼히 함께 공감하리라 믿는다. 남북南北 분단, 기필코 하루 속히 극복되어야 할 민족의 최대 과업임과 동시에 민족의 최대 과업이 아닌가?

구룡폭포신선도 민화 금화(박수학 작품)

신神 이시여!

비록 지금은 조국이 분단되어 처참한 상황에서 금강산에 이산가족 상봉시 비통한 눈물이 바다를 이루지만,

분단된 한반도 금강산에서

민족이 무엇인지,

자유가 무엇인지,

평화가 무엇인지,

그리고 인간과 인류가 무엇인지를 간절이 느끼게 하고 있습니다.

그리고 그것이 다름 아닌 금강산의 신묘한 아름다움과 조화된 완벽한 교예단의 공연이 더욱 그러했습니다.

신神 이시여!

저 젊은 교예단원들에게 축복을 내리소서!!

그리고 항상 건강하고 열정이 넘치는 삶 속에서 금강산金剛山과 하나 되게 하소서.

저들은 평화의 사도요,

정의의 사도요,

자유의 사도입니다.

나아가 인간으로서 가장 아름다운 자태를 지닌 신적神的 존재입니다.

부디 저들의 능력이 오래오래 지속되어 민족에 크게 기여토록 축복을 주소서.

우리 가운데 많은 사람들이 인간의 능력이 저토록 이름답고 초월적임을 모르고,

돈과 명예와 사치,

그리고 온갖 거짓과 부조리와 부패로 점철된 생활 속에서 살아가고 있습니다.

참으로 아름답고 찬란한 교예단 공연을 보고, 저들의 율동과 순수한 영혼에 머리 숙여 참회합니다.

신神이시여!

우리들의 나태하고 무력한 영혼과 자태를 저 젊은 교예단의 순수한 영혼과 자태로 인도해 주소서.

비록 나라가 분단되어 저들을 자주 볼 수는 없지만,

저들의 순수한 영혼에 의해 참으로 소중한 평화·자유·정의·사랑이 샘솟은 민족의 정서

emotion에 금강석과도 같은 축복이 함께할 수 있게 하시어,

번영하는 민족, 그리고 인류평화에 기여하는 민족이 되게 하소서!

신神이시여!

민족분단에 대한 통한,

이산가족의 처절한 슬픔,

전쟁으로 구천을 떠도는 처참한 영령들의 영혼을 구원해 주소서.

그리고 하루속히 분단된 조국이 하나 되게 하소서….

만물상선녀도 민화 금화(박수학 작품)

나무관세음 보살
나무관세음 보살
나무관세음 보살.

2004년 11월
금강산관광 6주년 기념 교예단 공연을 보고, 리 훈

3. 금강산 일본日本 평화방문단

해외동포 1세들이 조국을 떠날 때는 우리 민족이 일본에 의해 나라를 빼앗겨 지배를 받던 시기였고, 어떤 의미에서 민족사에 가장 비참한 상황이었다. 특히 일본의 침략 36년간은 생명의 존엄성은 물론 자유마저 짓밟아 모든 면에서 생존을 위협했을 뿐 아니라 유린했다. 고로 민족은 처참한 상황이었다.

민족의 고귀한 생명은 대리전쟁의 희생물로 간주되어 철저히 이용되어, 대한의 청년들은 전쟁터로 강제로 끌려가 무참히 죽어갔던 비극의 시기였다. 상대적으로 일본日本은 승산도 없는 전쟁을 이기기 위해 광적으로 발악을 했기에, 그 피해는 고스란히 우리 민족이 겪어야만 했기에 인간으로써 모든 희망과 꿈이 초토화되었던 것이다.

이에 일본日本은 우리 국민 모두가 먹고 살아야 할 쌀과 식량 일체와 모든 쇠붙이鐵 등의 자원을 수탈해 전쟁터와 일본으로 공출해갔고, 이에 우리 민족은 초근목피로 연명해야만 했다. 그뿐 아니라 많은 소녀대한의 딸들은 위안부로 강제로 끌려가 인간으로서 차마 할 수 없는 잔인한 전쟁고문을 당하며, 죽어갔던 것이다.

그렇게 해서 시작된 해외 이주가 60여 년이 되었고, 때문에 초기 이주자들의 고생은 이루다 말로 형용할 수가 없었다. 이제 이분들은 거의 80~90세가 되었고, 이미 상당수가 작고한 상황이다. 즉 일본日本 민단 1세 가운데 생존자가 약 6%에 불과하다고 한다. 참으로 안타깝기 그지없다. 이 분들이 이룬 재원은 무려 약 100조 원이 넘는다고 한다.

필자는 평소 민족교육에 대해 관심이 많았기에 해외에 나가면 이 문제에 대한 현장 확인을 했고, 그런 과정에서 교민 1세들과 3~4대 간에 민족교육에 대해 현저한 차이가 있다는 사실을 알게 되었다. 물론 뜻있는 교포들은 이 점에 관심을 갖고 고국에 유학을 시키기도 하지만 대부분 해외동포들은 어찌할 수 없는 일로 간주하고 체념해 포기할 수밖에 없었다.

일본에 거주하는 제일동포의 경우를 보면 자녀들의 이런 문제 해결을 위해 고국에 유학시키며 특별한 관심을 갖고 대처하기도 하나, 대다수 동포들은 그렇게 하지 못한 실정이다. 이러한 현상은 일본뿐만 아니라 해외동포들도 거의 같은 처지이고, 가장 심각한 곳은 만주와 시베리아지역 동포들이다. 이런 점을 고려해 총체적 민족교육과 복지가 조속히 추진되었으면 한다.

금강송 쌍봉황도 민화 금화(박수학 작품)

이들은 강추위와 굶주림을 극복하기 위해 안간힘을 다하는 처참한 생활을 해야만 했고, 빼앗긴 나라를 찾기 위해 고군분투하며 척박한 삶을 살아야만 했다. 민족교육이란 관점에서 볼 때 한마디로 원시적 입장이라 하지 않을 수 없다. 중국 하얼빈과 시베리아 동포들은 대체적으로 영하 20~30도를 오르내리는 강추위와 싸우며 살아야만 하지 않았던가?

그래서 「금강산 평화방문단」을 활성화 하자는 것이다. 민족교육이라는 측면에서도 그렇고 평생교육의 일환으로 고국 및 「금강산 평화방문」을 제도화 하자는 것이다. 지구촌 마지막 분단국에서 소외된 해외동포들의 꿈과 희망을 고무하는 민족교육 아니 생애교육 차원에서 금강산관광을 활성화해 민족 자주평화통일의 길로 힘차게 전진하자는 것이다.

그 기초적 덕목은 언어와 역사 그리고 조국의 발전된 위상을 체험하는 차원에서 모색되

만물상 쌍봉황도 민화 금화(박수학 작품)

어야 하고, 나아가 분단현실의 실질적인 체험을 통해 남북 평화통일을 과감히 추진해 갈 수 있는 그러한 교육이 되어야 한다는 것이다. 가능하다면 우리 민족의 건국이념인 「평화정신」인 홍익인간弘益人間 이념理念에 더욱 힘써 민족역사교육을 했으면 한다.

우리 민족은 유독 평화平和를 사랑하는 평화민족平和民族이다. 이것은 단군할아버님의 건국이념인 홍익인간 정신을 체계적으로 이해해 민족의 정체성正體性 확립에 최선을 다하자는 것이다. 필자의 이런 주장에 대해 비약이라 생각할지 모르나, 남북 평화통일은 우리민족의 총체적 당위이기 때문에 이 길을 적극 모색해 추진하자는 것이다.

현대산업사회의 구조적 특징 등으로 인한 생활패턴의 급격한 변화를 감안해 볼 때 평생민족교육과 연계시킨 「금강산 평화관광사업」을 촉진하자는 것이다. 그래서 「금강산 평화방문단 시스템」을 구축해 활발하게 추진할 경우 금강산관광이 단순한 관광사업 차원을 넘어 남북 평화통일에도 크게 기여하리라 믿는다.

다시 말해, 금강산관광을 「평화방문단」이라는 합목적合目的 차원에서 검토하고 모색해 가자는 것이다. 그러기 위해 가까운 일본 민단과 해외동포들을 중심으로 남북 평화통일을 위한 「금강산 평화방문단」을 조성해 범정부적인 차원에서 추진해 분단을 극복해 글로벌시대에 알맞은 민족교육을 창출해 가자는 것이다.

필자가 이런 생각을 갖게 된 것은 오래전부터이고, 이 일의 추진을 위해 수없이 미국美國, 일본日本, 중국中國 등을 오가면서 개인과 단체들을 만나 많은 대화를 했다. 그 결과 대다수 사람들은 좋은 반응을 보였지만, 일부는 아직 실현불가능하다고 했고, 시간이 걸릴 것이라는 조언을 했다. 그러나 소신을 갖고 추진한 결과 잠재된 민족의 저력을 확인할 수 있었다. 금강산 육로관광 특집 中, ASIA Press, 리 훈, 2004

재일在日동포들은 대체적으로 그러한 일이 뜻있는 사람에 의해 실현된다고 해도 1회에 불과 5~6명 정도면 몰라도 40~50명은 불가능하다며 난색을 표했다. 그러나 무려 5년에 걸쳐 일본을 수없이 오가며 꾸준히 설득하자, 불과 3~4개월만에 380여 명이 금강산 평화방문단을 실현했던 것이다.

결과적으로 민족교육과 남북 평화통일과 관련해 정부에서 조금만 협조를 해준다면 상당한 시너지효과가 기대되고 한반도가 하나 되는데 크게 기여할 것이라는 기대를 해 본다. 많은 사람들이 금강산 평화방문이 불가능 하다고 했으나, 지속적인 노력에 의해 2004년 6월 1차 일본日本 금강산 평화방문단조총련 10여 명 포함 48명이 서울을 거쳐 금강산에 도착해 기념식수를 했었다.

2~3차 평화방문단도 사비를 들여 도쿄·오사카·나고야·고베·요코하마 등을 순회하며 금강산평화방문단의 필요성에 대해 말하고, 도쿄에서는 민단단장 등을 만나 협조를 구하기도 하고, 우에노 시민홀에서 재일본상공인친목회 300여 명 회원에게 금강산평화방문단 의의와 목적에 대해 강연을 하기도 해 얻은 결과였다.

2004년 6월
재일본 금강산평화방문단 기념식수를 마치고

구룡폭포(필자 촬영 2003)

4. 금강산관광 버스Bus 평화포럼

제1차 재일본 금강산 평화방문단 일행이 4박 5일 일정으로 오후 1시경 인천공항에 도착되어 환영인사를 했고, 이들 모두는 일본 각지에서 오전 11시경에 출발 입국장을 통과하자 2시경이 되었다. 일행들이 같은 비행기에 타지 않았기에 어수선했다. 그리고 호텔에 도착 체크인을 마치고 식사 후 끼리끼리 모여 첫날을 즐기기 때문에 집행부는 분주했다.

인천공항에서 서울까지는 상호인사와 금강산 평화방문단 관광일정 등에 대해 설명을 하고 금강산관광에 대한 여러 가지 정보와 관광에 따른 서비스 동향에 대해 특별한 지역이기에 여기에 따른 주의사항에 대해 충분히 설명을 하고, 관광 중 직면할 여러 사항에 대해 알기 쉽게 안내를 해주었다.

금강월색 | (임무성 작품)

그리고 금강산 코스에 따라 현대아산 안내원들의 안내를 받으며 산행을 마치고, 하산下山, 점심을 먹고, 오후 일정에 따라 움직이고, 첫날 저녁엔 로비 등에서 음악과 음료를 즐기는 일정과 개인적인 시간과 교외단 공연 그리고 온천 코스로 이어진다는 세부일정에 대해서도 상세히 설명을 했다.

2일째는 아침 6시 30분에 기상해 7시 30분까지 식사를 마치고 8시에 각 코스별로 버스에 타 산행이나 삼일포 관광길에 오른다. 다음날 12시 30분쯤 온정각식당 및 쇼핑센터에 도착해 약 10불1만 원 정도의 점심을 먹고, 다시 버스에 올라 산행과 온천욕을 즐기기 위해 분주한 일정을 소화해야 한다.

3일째 역시 아침 7시 30분경에 조식을 마치고, 금강산을 떠날 채비를 하고, 마지막 관광을 즐긴다. 이때 코스는 거의 해금강과 삼일포 코스이고, 첫날 관광지와 바뀌어 실시된다.

금강월색 II (임무성 작품)

온정각을 떠나 약 30분이면 북측 마을을 통과해 해금강 바다에 펼쳐진 전망을 보게 되고, 외금강 품에 들어 금강산관광을 실감케 된다.

금강산 평화방문단 '버스Bus 평화포럼'이란 금강산관광에 소요되는 왕복교통시간 약 10시간을 활용해 함께 버스에 탄 분들께 남북南北 분단상황 그리고 금강산관광의 의미, 비무장지대 등등에 대한 상황설명과 우리민족의 평화 사랑하는 마음과 민족 평화통일의 책무에 대한 내용으로 금강산 평화방문단 의의를 설명하는 과정을 말한 것이다.

'버스Bus 평화포럼'은 우리 민족과 평화정신에 대한 원론적인 주재와 금강산여행의 중요성에 대해 소상히 설명해주는 것이고, 돌아올 때는 30~40분 정도 남북평화통일의 당위성에 대한 설명을 한 후 관광객 각자 약 5분 정도로 금강산 평화방문에 대한 소감을 토로하는 시간을 갖는 것으로 꾸며 진행하는 과정을 말한다.

그 결과 금강산 '평화방문단' 활동을 주관하는 입장에서 생각지 못한 신선함이 드러났고, 이러한 분위기는 방문단에게 소중한 경험으로 인식된다는 사실도 발견하게 되었다. 발언은 자발적인 참여가 되도록 유도했고, 그 결과 여성들의 참여가 능동적이었고, 논리 또한 정연해 소중한 체험담 등을 털어놓기도 했다.

일반적으로 관광버스에서 음악을 듣거나, TV를 보거나, 잠을 자거나, 춤을 추거나, 노래자랑을 하기도 하나, 필자는 어떻게 하면 '버스Bus 평화포럼'을 발전적으로 이끌 수 있을까 하고 고심했었다. 두드러진 특징은 남자보다도 여성들이 관찰이 뛰어나고 논리도 정연했을 뿐 아니라 창조적 성향을 지녔음을 알게 되어 '버스Bus 평화포럼'에 보람을 느꼈다.

2004 8월
제1차 재일본 평화방문단 버스Bus 평화포럼을 마치고

5. 금강산과 일본日本 관광객

금강산 사랑운동을 해오면서 1,000여 명의 일본인과 해외동포들을 만나게 되었고 금강산 평화방문 인원도 380여 명에 이른다. 한마디로 그분들의 관심은 호의적이었다. 물론 젊은이들과 기성세대 간 견해차이가 많았으나, 대체적으로 젊은 사람들은 긴 설명이 필요했

고, 기성세대는 거의 무조건적이었다.

특히 젊은층은 한국에 그토록 아름다운 산山이 있느냐는 질문을 많이 해왔고, 북北에 가면 돌아오지 못하지 않느냐는 우려를 표명했다. 기성세대는 일제日帝 36년을 거치는 과정에서 한번 꼭 보고 싶었다는 의욕을 보이는 분도 있었고, 좀 나이든 분老人들은 금강산에 대한 애착은 거의가 무조건적이었다.

금강산관광 중 「버스Bus 평화포럼」에서 대다수 일본인들은 금강산관광을 할 수 있게 해준 「금강산 평화방문단」에 감사를 표해왔고, 돌아가 일본인들이 더 많이 금강산관광을 할

금강별곡 I (임무성 작품)

수 있도록 최대한 노력하겠다는 말을 해주었다. 그뿐 아니라 가족과 함께 오겠다는 경우도 상당수였다.

또한 도쿄 TV, 아사히 TV, 요미우리 TV 등의 기자들도 한결같은 마음으로 뜻깊은 금강산관광을 하게 되어 기쁘다며, 평화가 인류에게 얼마나 소중한가를 실감케 하는 유일한 관광이었다는 견해를 피력하기도 했다. 특히 일본에서 만난 지역방송 TV 여기자들도 꼭 한 번 가보고 싶다는 의견을 나누며 상기되기도 했다.

필자는 금강산에 대한 일본인들의 특별한 관심에 많은 것을 느꼈고, 그 가운데 한 가지는 오늘날 일본日本이 관광입국으로서 확실한 위치를 차지하게 된 것도 일본인들의 마음의

외금강만물상 Ⅱ (임무성 작품)

여유 덕분이 아닌가 싶었다. 그것은 우리와 가장 가까운 나라이고, 동해로 바로 연결된 점을 최대한 살려야 한다는 것이었다.문화일보 인터뷰 中, 2005. 3. 14

예절문제만 해도 동방예의지국이 무색한 상황이고 보면, 일본인들은 우리보다 친절하고 개방적이고 협력적인 자세로 무장된 느낌을 갖지 않을 수 없다. 그런가 하면, 우리는 겉으로 보기엔 매우 개방적으로 보이나, 실질적인 협력단계에 들어가면 그와는 판이하게 달라지는 경향이 적지 않다는 사실도 알았으면 한다.

그런가 하면 일본 TV기자들의 직업정신인데, 그것은 한마디로 겸손하고 친절함이 조화된 입장을 고수하며, 이미 일본日本에 2~3개 TV 방송에서 금강산 특집을 방영했음에도 아랑곳하지 않고 촬영에 적극적이었고, 그들은 한결같이 의문점에 대해서도 집요했다. 그런 점이 뛰어난 기자는 2003년 7월 고이즈미 수상과 평양에 함께 간 기자가 매우 인상적이었다.

우리나라 TV 방송사 기자들은 다른 방송에서 특집 방영이 있었다면 촬영도 하지 않을 뿐 아니라, 취재 자체를 거부하는 상황인데, 그들은 이와는 정반대였다. 이점에 관해 일본 TV 방송기자들에게 지면으로나마 감사를 드리지 않을 수 없다. 무엇보다도 그들 기자들의 연구자세에 더욱 놀라웠고, 나아가 집요함도 잊을 수 없다.

일본, 미국과 유럽 등의 국가들이 관광의 대국임을 감안해 볼 때, 우리도 금강산에 대한 새로운 관광마케팅 전략을 짜야 한다. 그러기 위해 하루 속히 뱃길을 열어 유람선 관광에 카지노 등 위락시설을 확충해 금강산이 국제관광특구로 손색이 없도록 관광인프라SOC 구축을 서둘러야 하지 않을까.문화일보 인터뷰 中, 2005년 3월 14일

잘은 모르나 북측 지도부에서도 능동적인 태도를 가지고, 금강산을 국제관광특구로 지정한 이상 남南과 북北은 허심탄회한 대화와 협력이 모색되어야 한다. 이제 금강산관광 6주년당시을 맞고 있지 않는가? 물론 남북 간에는 핵문제와 관련되어 있지만 금강산관광 등은 다른 측면에서 모색되고 추진되었으면 한다.

2004. 11.
금강산관광 6주년 기념을 마치고

삼선암(양태석 작품)

6. 금강산 신계사 복원

대한불교 조계종에 의해 유서 깊은 금강산 신계사가 복원된다고 하니, 참으로 반가운 소식임과 동시에 다행스러운 일이 아닐 수 없다. 이것은 종교를 떠나 금강산을 세계적인 관광지로 만드는데 없어서는 안 되는 유일한 관광인프라SOC이다. 그리고 불교는 우리 역사에서 이미 전통문화가 된지 오래이다.

문화적 유산도 불교문화가 주종을 이루고 있다. 세계적인 관광지는 자연적 조건만으로는 불가능하다. 즉 세계적 관광지는 유서 깊은 역사, 종교, 문화예술품 등이 망라되어야 한다. 금강산엔 신계사와 같은 사찰이 많아 웅장하였다 하니 놀랍고, 향후 잘 복원되어 관광자원화 되었으면 한다.

필자가 불교에 관심을 가졌던 것은 산에 오르면 산사山寺에 들려 자연스럽게 예불을 드렸기 때문이었다. 마치 어릴 때 어머님과 함께 산사에 가는 그런 온화함을 느끼게 하는 자연발생적 행위에서였다. 그래서 산에 오르고, 산사에 들리고, 반대로 산사를 찾기 위해 산에 올랐던 것이다.

금강산이 열린 후 처음 신계사 앞을 지나치며, 안내원의 안내에 의해 신계사에 대해 간단한 소개가 있었다. 그 후 몇 번인가 지나치다 관계자에게 신계사를 볼 수 있도록 해달라는 부탁을 해 아산(주)의 친절한 협력에 의해 텅빈 신계사 현장을 목격할 수 있었다.

훼손된 탑 그리고 여기저기 땅속에 박힌 주춧돌만이 황량했다. 풍수지리는 잘 모르나 텅 빈 신계사 넓은 땅약 5,000여 평 앞에 흐르는 계곡, 그 계곡 너머 활짝 열린 공간 뒤편에 큰 형님처럼 우뚝 솟은 봉우리, 왼쪽에 마치 붓끝을 바로 세운 듯한 약 337m인 문필봉文筆峯을 볼 수 있다.

신계사는 1450년 이전에 창건되어 오늘에 이르고, 금강산 온정리 마을과 가까워 주민들의 왕래도 많았다고 한다. 신계사에 얽힌 이야기는 한두 가지가 아니다. 필자가 하고 싶은 이야기는 첩첩산중인 금강산에 이토록 큰 사찰이 있었다니, 선조들의 불심을 가늠케 했다.

우선 문필봉과 얽힌 이야기가 그렇고, 신비한 자연경관 등과의 조화력은 삼척동자도 금새 알고 남음이 있을 것이다. 교통이 발달한 최근에도 금강산을 여행하려면 쉽지가 않다. 그러나 교통이 발달되지 않았던 그 옛날에 그토록 크고 웅장한 사찰을 멀고 험한 첩첩산중疊疊山中에 세웠다니 놀랍다.

귀면암(양태석 작품)

집선봉 금화(中國 리 영 작품)

신계사와 같은 사찰들이 모두 복원된다면 금강산에 또 다른 관광자원이 된다는 사실에 관심을 갖게 되었고, 금강산이 세계적 관광지가 되기 위해서는 무엇보다도 사찰 복원이 필수적이고, 나아가 금강산과 관련한 자료와 문화재가 함께해야 한다는 생각을 하며, 신계사 복원에 미력한 힘이나마 보태고자 노력했었다.

엄밀히 말해, 신계사 복원은 불교계 사업이지만, 우리들의 염원이기도 하다. 대한불교 조계종이 중심이 되어 복원하려고 한 것은 약 40평 정도인 "대웅보전"이고, 공사비는 약 40억 원에 달했다. 가능한 한 원형대로 복원함을 원칙으로 하고, 불교계와 조계사, 현대아산(주), 유관기관, 시민단체NGO 등이 긴밀히 협력했다.

신계사 복원은 참으로 소중한 작업이기에 아낌없이 박수를 보낸다. 신계사 복원을 시작으로 유점사, 표훈사, 정양사, 마하연, 장안사 등이 연차적으로 복원되어 뛰어난 금강산의 자연미와 우리의 불교문화가 조화되어 세계 속에 으뜸가는 국제관광특구가 되길 바란다. 분단 50여 년당시 참으로 기적과 같은 일이었다.

다시 강조하지만, 신계사 복원을 시작으로 우리의 불교문화유산이 하나도 빠짐없이 복원되어 하늘, 땅, 사람, 즉 "삼애三愛정신의 본산本山인 금강산"의 진면목을 세계에 널리 알리는 데 크게 기여할 수 있기를 바란다. 그리고 찬란한 문화민족의 자긍심도 함께해 평화통일로 성큼 나아가길 바란다.

-신계사를 마주하며-

아! 텅 빈 신계사여!
산山과 강江을 넘고 넘어 굽이굽이 먼 길을 와
텅 빈 신계사 마당에서 문필봉을 마주하며
대자대비하신 부처님께 합장을 합니다.

이토록 아름답고 신비로운 금강산에서
대자대비하신 부처님의 자비와 원력을 구하고저
머리 숙여 두 손 모아 빕니다.

대자대비하신 부처님!

7천만 민족이 하나 되도록 해 주시고,

부처님의 위대하신 지혜와 원력으로 평화로운 나라 되게 하소서.

대자대비하신 부처님이시여!

삼천리 금수강산에 부처님의 큰 자비 내려 주시고,

부디 신계사 복원을 필두로 금강산 모든 사찰이 복원되어,

남북평화통일과 인류평화에 크게 기여케 하소서.

그리고, 평화를 사랑하는 문화민족의 찬란함이 지구촌 온 인류에게 섬광처럼 발해

「21세기 인류 평화의 르네상스 시대」를 열게 해 주소서….

나무관세음보살

나무관세음보살

나무관세음보살

2002. 6.

신계사 공터에서

신계사 복원을 기원하며…

금강산 만추 유화(中國 리 영 작품)

7. 금강산과 관광한류

금강산에서 관광한류 붐신바람을 이룰 수는 없을까? 만약 그러한 상황을 금강산을 배경으로 창출할 수 있다면 얼마나 멋진 일인가? 드라마, 음악, 스포츠, 민속놀이, 태권도 등에서 보여준 한류 바람처럼 금강산에서 한류관광 붐을 일으키자는 것이다. 그래서 굴뚝 없는 "한반도 국제관광 벨트화"를 조속히 구축하자는 것이다.

그렇게만 된다면 우리나라의 관광위상은 크게 달라질 뿐 아니라, 한반도 관광시대가 활짝 열리리라 믿는다. 2003년 김정일 위원장에 의해 금강산은 이미 국제관광특구로 지정되었다. 하지만 아직은 관광 인프라SOC가 턱없이 부족한 상태이다. 그러나 남南과 북北이 생각을 바꾸면, 관광한류는 그리 어렵지 않으리라 믿는다.

금강산이 비록 규모면에서는 세계적 산과 비교해 뒤질지 모르나, 산악미나 산이 갖추어야 할 조화미에서는 세계 어떤 산에도 뒤지지 않기 때문이다. 바다, 호수, 기암괴석, 소나무

내금강관광 출발(리정수 사진작품)

군락지, 폭포, 사계절 및 각종 설화, 종교, 예술, 문화, 미술 등에서 세계 어떤 산에도 뒤지지 않은 보기 드문 명산名山이기 때문이다.

그래서 산중산山中山이라 하지 않았던가? 그 가운데에서 사계절의 신비함을 뚜렷하게 창출하고 있고, 계절마다 비단옷을 입은 유일한 산이다. 알프스 같은 산은 산속에 사계절이 포함되어 있기 때문에 한두 번 가보면 더 볼 것이 없다. 그러나 금강산은 4계절마다 너무도 선명하게 표현하고 있다.

금강산은 계절마다 다르고 그 이름 또한 사계절에 따라 달리하고 있다. 관광사업을 주도하는 사업체 또한 이 문제에 관심을 갖고 체계적 개발을 했으면 한다. 특히, 지구촌에 마지막 남은 분단국을 최대한 벤치마킹하자는 것이다. 이러한 장점도 급속한 지구온난화 때문에 금강산 사계절을 수백년 후에는 다시 볼 수 있을지 의문이다.

필자가 금강산을 수없이 다녀왔지만 관광자원이란 자연과 인간 그리고 역사와 민족 그리고 문화와 예술이 함께 조화되어야 하기 때문이다. 그래서 비무장지대DMZ를 통과하는 모든 과정도 유일한 관광자원이라는 생각을 여러 번 강조했던 것은 매우 중요한 관광자원이었기 때문이었다.

이 점에 대해 많은 분들과 대화를 해 본 결과 북北 인민군들의 감시가 삼험한 비무장지대 'DMZ'는 지구촌에 유일하게 한반도뿐이기에 이러한 분단국의 실상을 관광자원으로 최대한 활용한다면 세계적인 관광지가 될 수 있다는 견해에 대해 긍정적인 반응을 보였고, 이 또한 세계 유일의 관광자원일 수 있다는 점을 이해하게 되었다.

남북南北은 금강산관광 한류를 위해 공히 지혜를 모아 노력해야만 한다. 그렇게 되면 금강산관광 한류는 그리 어렵지 않을 것이라는 전망이다. 다시 말해 '지구촌 마지막 분단국'이라는 세계적 관광자원을 놔두고 남북南北이 사소한 문제로 시간을 낭비한다면 남북 모두 크나큰 손실일 수 있기 때문이다.

약 7조 원의 관광적자를 줄이는데 민족의 지혜가 모아져야 하고, 이러한 관광자원을 방치하는 일은 남북 공히 관광선진국의 기회를 상실하게 될 것이라는 점을 지적하지 않을 수 없다. 오직 문제로 등장된 것은 그들 관광객 신변에 대한 안전이다.금강산기행문 中, 리 훈, 2003

경제적인 면에서 보면, 남북 효도관광 쇼핑금액이 10만 원 정도라면 일본관광객은 100만 원 정도이고 보면, 관광한류는 시급하다. 금강산관광한류는 이점에 대해 신속한 대처가

왕건릉 관광모습

필요하다. 금강산관광이 처음 시작될 때보다는 북측 사람들의 태도도 많이 달라지고 있지만, 역설적 의미에서 보면, 북측의 경직된 상황과 분위기는 관광한류를 창출하는데 필수적 요인要因이기 때문이다.

지구촌에 마지막으로 남은 분단국, 이것이 금강산관광한류의 핵심 요인要因이다. 물론 국제관광특구로서 인프라SOC도 문제이다. 한마디로 인프라 구축과 지구촌 마지막 분단국을 조화시키자는 것이다. 세계적인 산山이나 휴양지 등은 적지 않다. 그러나 그들 모두는 지구촌 마지막 분단국의 상징성에는 미치지 못한다. 때문에 세계 관광객의 관심을 여기에 집중시키자는 것이다.

관광한류 금강산관광이 최적이고, 최상의 방법이라는 결론이다. 금강산, 아니 한반도 관광한류에 이보다 더한 인프라는 없다고 감히 단언해 본다. 한국관광공사에 의해 "한국 방문의 해"를 지정해 한국방문에 기여는 했으나, 한계가 없지 않았다. 관광대국 역시 현재 상황을 어떻게 벤치마킹 하느냐에 달려있기 때문이다.

때문에 한류관광은 금강산이 최적이고, 관광한국의 지속적인 성장 측면에서 더욱 절실하다. 금강산관광이야 말로 한류관광에 가장 이상적인 지역임과 동시에 가장 적절한 시기이다. 이것은 21세기 태평양시대가 열리는 순간이기에 더욱 절실할 뿐 아니라, 향후 10여 년 안에 마무리해야 할 「한반도 평화관광벨트화」의 핵심적 과업이라 본다.

앞에서도 계속 언급했듯이 지구촌 마지막 분단국 비무장지대에 위치한 금강산을 관광한류의 거점으로 만들어 가자는 것이다. 괴테는 지방적인 것이 세계적인 것이라 하지 않았던가? 금강산·설악산·인천공항·서해안 호남지방을 연계한 「세계평화관광한류」를 창출해 금강산평화관광을 창조적으로 이끌자는 것이다.ASIA Press 금강산특집 中, 리 훈, 2004

금강산관광 100만 명 돌파기념식을 마치고…

금강산관광 7돌 기념(北총사장, 北아태평화위원회 리종혁 부원장, 정동영 장관, 현정은 회장, 필자)

8. 금강산과 남북관계

한반도가 지금까지는 이념理念 대결장이었으나 이제는 그럴 수 없고, 결코 그래서도 안 된다. 선진국들은 무한경제 전쟁시대에서 살아남기 위해 안간힘을 다하고 있다. 그리고 정치적 이념을 초월하여 오직 경제성장을 위해 국가적 역량을 총동원해 경제성장 전략에 최선을 다하고 있는 실정이고 보면, 남북南北은 세계사의 흐름을 알고 이에 대처해야 한다.

미국美國도 이 분야에서 예외일 수 없고, 중국中國과 일본日本도 마찬가지다. 우리는 어떤가? 남북南北과 남남南南으로 갈라서 서로를 믿지 못하고, 의심하며 중요한 21세기 초를 낭비하고, 더욱 안타까운 사실은 자기주장과 아집에 빠져 총체적 위기상황에서 벗어나지 못하고 허우적거리고 있다는 사실에 놀라울 뿐이다.평화를 위하여 中, 리 훈, 1988

새로운 경제개발을 도입, 지속적인 경제성장을 위해 각 나라에서 석유 등을 포함한 신자원개발에 총력을 기울이고 있다. 중국中國 등도 북北에서 이 원칙을 적용하고 있고, 미국과 북한은 핵문제 때문에 관계 개선에 양면성을 적용하며, 자국의 이익을 도모하고 눈에 보이지 않는 외교적 노력 중이라는 감을 종종 느낀다.

우리나라는 어떤가? 미국과 중국 그리고 일본 등의 강대국에서 남북 상호 자주적인 역량을 유보한 채 많은 시간을 낭비하고 있다. 참으로 한심스러운 상황이다. 얼마 전 남북南北 신경제협력유무상식 기자회견에서도 밝혔지만, 정치적 이념을 극복할 수 있는 남북 실질 협력이 절실하다는 것이었고, 상호 협력해 상생하자는 것이었다.

북北을 도와주는 일을 퍼주기다, 전쟁준비다, 김정일체제를 돕는 일에 불과하다는 등 여론이 무성하나, 이것은 우리가 건너야 할 강江이다. 남과 북은 하루빨리 이토록 무모한 이념理念논쟁에서 벗어나 평화통일을 여는 과감한 정책을 펴 상호 신뢰를 쌓고, 남북 평화통일에 이바지하기 위해 거듭 태어나야 한다는 것이다.

금강산관광과 개성공단은 남북관계에 새로운 장場을 열어 우리에게 무한한 가능성을 예견하고 있다. 하루빨리 맹목적인 논쟁은 종식되어야 한다. 선진국 세계열강들은 무한경쟁을 벌이고 있는 경제전쟁시대임에도 유독 우리만 난파 상태에서 표류하며 과거에 집착, 현실을 망각한 체 자기주장에만 몰두하는지 알 수가 없다.

국내문제는 어떤가? 대모공화국, 노조공화국이 된 느낌이다. 시위나 대모에 참여하는 연간 인원은 약 400만여 명에 이르고 경찰 라인을 무시하며 차도를 점거, 깃발로 대형 도로

금강산 육로관광 축하연(故 정몽헌 회장, 외국인, 필자, 해금강호텔)

를 가득 메우고 행진을 하는 모습을 어느 나라에서 볼 수 있는지 묻고 싶다. 그리고 공권력이 질서유지와 안정을 핑계로 사람을 죽게 하는 나라가 또 어디 있단 말인가?

금강산관광 8주년당시, 이제 우리는 금강산에서 상호협력도 해왔고, 아직은 초기 단계지만 개성에서 경제협력도 함께 해왔다. 그리고 개성공단의 가시적 효과도 미흡하지만 확인했다. 물론 그간 서로의 관계 개선에 문제점도 없지 않았다. 그러나 결코 주저할 수 없다. 그것이 우리 남북南北이 함께 넘어야 할 대산大山이다.

넥타이, 머리핀, 모자, 장신구, 각종 속옷, 장갑, 의류, 식기류, 야채, 생필품 등이 중국中國에서 많은 물량이 유입되고 있다. 금액으로 따지면 엄청날 것이란 추측이다. 이러한 상황에서 보수, 혁신, 민주, 공산, 친구와 적, 좌·우익, 지역, 학연·지연, 여야 등으로 해체되어 반목과 대립을 일삼고, 초대형 데모와 주장에만 몰두하고 있으니 한심스럽기 그지없다.평화를 위하여 中, 리 훈 컬럼집, 1988

제발이지 하루속히 선진국의 무한경제 전쟁이라는 현실을 직시해 제3국으로 가는 공장이나 투자가 북측으로 갈 수 있도록 해야 하고, 그러한 지역은 실질적 협력의 장場인 금강산, 개성 등 쉬운 지역에서부터 시작하자는 것이다. 북측 지역이나 마을 단위의 농산물 등 가내공업과 지역특산물 등을 육성 활성화하는 방안도 검토했으면 한다.

다시 말하면 금강산 온정리, 통천, 그리고 개성 등에서 특산물 등을 선정, 재배기술을 익히도록 함과 동시에 마을마다 일거리를 활성화해 남쪽에 판매하는 방식이다. 이렇게 되면 북 주민들의 실질소득이 증대되어 남북 협력에 새로운 계기가 마련될 것이다.東京TV 인터뷰中, 리 훈, 2007

항상 하는 말이지만, 남북교류는 상호 우호적이어야 하고, 인도적 입장에서 시작되고, 그러한 협력이 지속되어야지 정치 등의 요인이 작용된다면 걸림돌로 작용되어 역효과를 초래할 수밖에 없다. 이러한 기본 입장과 기류을 무시하고서는 남북교류의 실질성 확립은 불가능할 뿐 아니라 잠재력과 역동성逆動性을 갖는데 한계를 갖기 마련이다.

남북南北은 공히 대오각성해야 한다. 타 민족과 전쟁을 하면서도 복구를 해주는 것이

육로관광 환영식(北 취약대)

21C 인류의 보편적 가치라는 사실을 감안해 상호주의 원칙에서 남南과 북北은 보다 적극적인 자세로 임해야 하고, 또 그렇게 되기 위해 남북은 상호 신뢰를 바탕으로 인도적 지원에 최선을 다해야 하고, 북측도 이를 긍정적으로 수용하여 국제관계에 따라야 한다는 것이다.

때문에 금강산관광 중단과 개성공단 중단은 무책임한 행동에 불과하기 때문에 반사회적 행동이다.

9. 금강산과 봉사활동奉仕活動

문명시대이건 원시시대이건 인류에 의해 자행한 모든 전쟁은 살상과 파괴였고, 승자는 모든 것을 갖게 되고, 패자는 모든 것을 잃고 만다. 그러나 문명시대의 전쟁은 원시시대와는 달리 상당히 다른 특징을 갖고 있다. 그것은 생존을 위해 참혹한 전쟁 중에도 인류애人類愛의 실현을 위해 노력하는 모습이다.ASIA press 한반도 컬럼 中 리 훈

원시시대의 전쟁은 영토와 재산은 물론 가축을 모두 빼앗고, 심지어 가족을 해체시켜 소유하는 잔혹성을 보였지만, 제1차 세계대전을 계기로 폐허가 된 지역을 복구해주는 봉사service정신을 통한 재건활동이 처음으로 시작되었고, 그 구체적 역할을 수행한 집단과 단체들이 생겨났다. 그것이 다름 아닌 국제자원봉사기구와 민간단체NGO이다.홍익평화포럼 中, 리 훈, 2006, 백산출판사

예를 들면, 국제적십자사, 국제시민봉사회SCI, 국제자원봉사회IVS, 보이스카웃·걸스카우트 등이다. 물론 많은 국제기구도 이때부터 구체화되었고, 유엔UN 등도 인류애의 신장과 국제협력증진을 위해 생긴 국제기구이다. 이 모든 것이 전쟁으로 인해 폐허가 된 지역을 복구해 인간답게 살게 하자는 것이 주된 목적이었다.

필자가 처음 금강산관광을 했을 때 온정리 주민들의 표정은 호의적이었으나 2004년 초부터는 대체적으로 무표정이었다. 손을 들어 흔들어도 전처럼 환영해주지 않았다. 분명 여기엔 뭔가 이유가 있다는 생각을 하지 않을 수 없었다. 그것은 인간이면 누구나 갖고 있는 실망감에서 비롯될 수 있다는 사실을 직감했었다.

등산길이나 호텔 등지에서 만나는 북측 관계자들에게 주민들이 전과 같이 않고 썰렁하다며 무슨 일이 있느냐고 묻자, 그럴 리가 없다며 난색을 표했다. 이에 필자는 웃으며 혹 남

온정리 인민병원(의사 협력자, 필자, 원장女)

측 관광객에게 손을 흔들어 반기지 말라는 지시 같은 것을 하지 않았느냐고 묻자 그럴 리가 없다고 답했다. 참으로 이해하기 어려웠다.

필자가 그렇게 느꼈다면 잘못된 것이라 조언도 했다. 그렇다면 너무 많은 관광객이 오기 때문에 거부감 등 때문이었을까? 아니면 남측 관광객이 너무 멋있고, 호화롭기 때문에 이질감이 생겼단 말인가? 그것도 아니라면 싫어서일까? 나름대로 궁리를 했지만 결론은 그리 쉽게 나지 않았고 의문은 풀리지 않았다.

1960년대 후반 대학생 농촌봉사활동에 나가면 마을 이장 등은 물론 주민 모두 한결같이 냉소적이었다. 심지어 우리 마을에 오지 말라며 머리를 흔들었다. 그것은 남녀 대학생들이 일할 줄 모르고 마을 풍기를 문란시킬 것을 우려했고, 정치적으로 박정희 독재정부 정보원들이 마을 이장 등을 귀찮게 했기 때문이었다.

그래도 우리SCI학생회는 그러한 악조건에서도 농촌봉사활동농활을 강행했고, 시간이 지나면서 점차 마을 주민들과 대화가 되고, 결국 실질적인 협력이 이루어져 봉사활동이 끝날 무렵이면 오히려 아쉬워하고, 다음해에도 다시와 도와줄 것을 요청해 왔다. 인간의 선입견이나 편견이 얼마나 잘못된 것인가를 잘 보여준 사례였다.

금강산 온정리에서도 이반되는 동포애를 조금이나마 수습하기 위해서 온정리 주민들을 위한 실질적 봉사 프로그램을 만들어 조심스럽게 시행할 필요를 느꼈다. 우선 북北마을 보건소인민병원에 치과병동을 만들어 마을 어린이와 주민들의 의료봉사활동이 긴요하다는 것을 직감했다. 물론 남측에서 의사들이 와 직접 무료진료하는 방법이 모색되어야 하고 환자들을 남南 의사가 직접 치료하는 방법을 택했으면 했다.

그 결과 북측과 협의가 쉽지 않아 금강산 현대아산(주) 병원에 의료기를 설치 제3국에서 온 근로자와 금강산 상주 현대아산 직원들을 치료했으면 어떻겠냐는 아산 실무자의 의견이 있었으나, 치과 의료기 2대, X-Ray 3대, 장기간 쓸 수 있는 의약품 등이 북측 어린이와 주민진료가 아니면 지원이 불가능하다는 통보를 했었다. 그리고 지속적인 노력을 했지만 반응이 없어 한편에서는 불가능하다고 했다.

그 후 약 2년 반 정도의 시간이 지나 아산(주) 이종관 부장이 금강산 현지 부소장으로

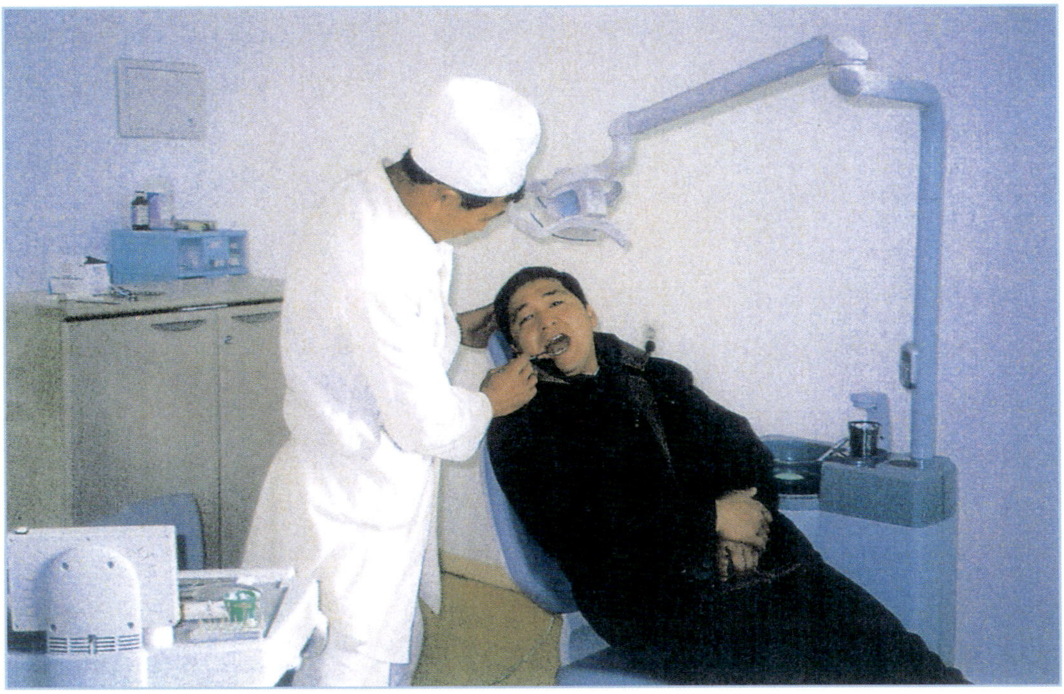

금강산 온정리 인민병원(北 주민 무료진료 모습)

발령을 받아 임지로 떠나자 필자가 금강산에 4~5차례 방문, 다시 치과병동을 온정리 마을 인민병원보건소에 설치하자는 의견을 제시해 아산(주)과 북측이 여러 번 협의를 해 상호 긴밀하게 협력하기로 하여 어렵게 결실을 맺었다.

의료봉사방법은 남측 치과의사가 금강산 온정리 마을병원에 직접 방문해 진료하는 방식을 취했다. 마을병원인민병원 의료기 설치를 위한 병실 리모델링은 현대아산(주) 쪽에서 맡았고, 우리 쪽에서는 의료기 등 진료에 필요한 모든 부분을 맡기로 해 약 3년 가까운 세월이 되어서야 실현되었다.

분단 55년 만에 북측 어린이와 주민을 위한 순수민간 치과진료 의료자원봉사가 실천되는 계기가 마련되었고, 이것은 남북 순수민간교류협력에 새로운 계기가 된 것이다. 이 결과로 현재2008 약 1,500여 명의 환자를 무료진료 해주고 있어 참으로 기쁜 일이고, 실천과정에서 금강산 사랑운동본부 임원과 북측 관계자 그리고 의료봉사활동은 이병태 박사 등 치과의사들이 주도적 역할을 했다.

10. 금강산과 평화정신

금강산이 민족의 영산靈山이라는 사실을 부인하는 사람은 드물다. 그러나 한 가지 개념정리를 하고 넘어가야 할 것 같다. 그것은 다름 아닌 금강산이 민족의 영산이란 의미가 무엇인가이다. 한마디로 표현하면 우리 민족의 정체성正體性과 깊이 연관된 점에서부터 찾아야 하고, 그러한 민족정서emotion를 이해했으면 한다.

그렇다면 과연 우리 민족의 정체성은 무엇인가에 대해 의문을 갖지 않을 수 없다. 필자는 지난 45년 전 이점에 대해 많은 생각을 해오는 과정에서, 봉사奉仕와 평화平和에 대한 책을 10여 권을 쓰기도 했다. 그것은 우리사회의 총체적 위기상황 극복을 위해 정서emotion가 풍요로워져야 한다는 당위當爲에서였다. 그리고 이러한 사실이 민족성과 어떻게 연관되어 오늘날까지 지속되어 왔느냐는 것은 매우중요한 문제이다. .

다시 말해 총체적 입장에서 민족의 정체성의 핵심本質은 건국이념인 “홍익인간弘益人間” 정신을 말하고, 이것은 남을 널리 이롭게 하여 세상을 널리 복되고 평화롭게 하자는 정서적 경향성을 함축하고 있기 때문이다. 이러한 정신적 맥락은 약 5천년이 넘도록 평화를 사랑

외금강 구룡빙폭(임무성 작품)

하는 민족으로 살아오면서, 찬란한 민족정서의 본질을 지켜왔다는 점을 지적하지 않을 수 없다.

이러한 민족정신에 가장 큰 영향을 준 요인要因은 다름 아닌 한반도 금수강산의 아름다운 자연관에서 찾을 수 있다고 본다. 때문에 인간과 자연은 쉴사이 없이 교감하며, 인간 정서를 풍요롭게 하는 상호작용에 의해 지속적으로 조화되어 왔고, 이러한 정서는 민족의 삶에 그대로 투영되어 실생활에 존속되어 오늘에 이르렀기 때문이다.홍익평화포럼 中, 리 훈, 2006

그런가 하면, 자연과 인간관계는 조화와 협력 그리고 갈등과 대립, 나아가 쉴사이 없는 투쟁에 의해 정서상태가 결정되는 속성을 지니게 된다. 그리고 이러한 사실들은 그 시대의 생활상과 학문·예술·문학·종교로 상징되어 민족의 정체성으로 남아 민족정신의 핵심인 디엔에이DNA로 창조되고 있기 때문이다.

그런 의미에서 볼 때, 금강산과 우리 민족은 절대적 상호관계에 놓여 있고, 그것은 금수강산인 한반도 중심에 위치한 유일한 명산名山 금강산金剛山이 그 곳에 있었기에 더더욱 그렇다. 특히 우리 민족은 자연을 사랑하는 입장을 오랜 역사에서 견지하며 자연을 숭상해 왔다는 사실을 여러 역사적 사실에서 확인할 수 있기 때문이다.금강산기행문 中, 리 훈, 2003

아름답든 아름답지 않든 간에 자연 그 자체는 인간에게 때때로 노도와 같은 잔혹성을 나타내지만, 다른 한편으로는 자연의 평화로움에 의해 평화로운 정서로 반응케 한다. 또 다른 측면에서 생존을 위한 동물적 경향성이 강화될 수 있으나, 인간은 신비로운 존재이기에 반평화를 평화로 이끄는 마음을 재창조하는 능력을 지속적으로 발전시켜 왔다는 사실에 주목하지 않을 수 없다.리 훈 컬럼집 中, 2006

이런 의미에서 볼 때 금강산은 금수강산 한반도에서 가장 빼어난 아름다움과 신비로움을 간직한 명산名山이기에 우리 민족은 쉴사이 없이 자연의 평화적 상황을 접하며, 오늘날까지 삶을 영위해 왔다. 이에 우리 민족은 세계에서 유래가 없는 평화를 사랑하는 민족으로 약 5천 년 넘게 살아오지 않았던가?

때문에 남을 널리 이롭게 하자는 "홍익인간 정신을 건국이념으로 표방했고" 오랜 역사 속에서 평화를 사랑하는 민족이라는 정체성을 확립해 왔다. 때문에 금수강산 금강산은 민족의 영산정서적이라는 사실에 공감을 하지 않을 수 없을 뿐 아니라 한반도에서 산山의 위치는 민족성 성립에 지대한 영향을 끼쳤던 것이다.금강산 육로관광 특집 中, ASIA press, 리 훈, 2003

조용한 아침의 나라 금수강산 금강산은 민족의 정서적 요람으로서 맥을 이어왔고, 근대화 과정에서 60여 년이 넘도록 민족분단 상황에 처하면서도 민족하나, 국토하나, 나라하나의 길로 나아가며, 뜻을 펴고 있다는 사실에 놀라움을 금할 수 없다. 이것은 민족의 역사와 철학 그리고 생활상에 지속적으로 반영되고 있다는 사실에서 찾아야 하리라 믿는다.

21세기 뉴 밀레니엄이 열리는 상황에서 볼 때 이것은 한반도의 기적이 아닐 수 없다. 참으로 기이한 상황이다. 남북南北 평화통일 민족과업이 빛을 발하는 위대한 순간이 아닌가 한다. 때문에 금강산관광은 단순 관광사업이 아니라, 우리민족의 당면과제요 숙원인 평화통일을 위한 위대한 「평화사업」이라 하지 않을 수 없다.

때문에 금수강산 금강산은 민족 정체성의 본질인 평화정신을 떠나서는 생각할 수 없다. 필자는 금강산에 엄청난 기氣가 내재內在되어 있다는 사실을 누누이 강조했다. 금강산의 기氣야말로 한반도뿐만 아니라 위기에 처한 지구촌 세계 평화에도 크게 기여하리라 확신하고, 이것은 위기에 처한 지구촌 평화에 새로운 책무와 비전이 함축된 곳이 아닌가 한다.

금강원(北 식당)

그러나 이것은 자연과 인간의 완전한 조화가 있을 때 민족의 역량도 지대해질 수 있다. 이것은 21세기 태평양시대에 완성해야 할 민족의 유일책무이다. 그래서 한반도 지구촌 마지막 분단국에서 남북 평화통일과 위기에 처한 지구촌 평화에 새로운 비전을 위한 한반도 평화 극복과 위기에 처한 지구촌 평화에 앞장서자는 것이다.고려대학교 교육대학원 특강 中 2005

11. 금강산과 평화통일

故 김대중 전 대통령의 대북포용정책에 의해 故 정주영 명예회장의 방북이 가능했고, 이로 인해 민족분단 50여 년당시이라는 참혹한 상황을 극복할 수 있는 계기를 마련했다. 이것은 국민적 기대와 여망에 의해 별 무리없이 추진되었다. 물론 故 김대중 국민의 정부는 민족화해와 협력을 위한 정책적 지원을 아끼지 않았다.

분단 50여 년당시 '민족하나, 국토하나, 나라하나'라는 절대절명의 민족과업을 실천하기 위한 사명감에 의해 故 정주영 명예회장의 방북에 의해 남북경제협력은 새로운 국면을 맞게 되었다. 1998년 6월 16일 오전 10시 국민적 기대를 한몸에 받으며 故 정주영 명예회장과 일행은 500마리 소떼를 몰고, 1차 방북北길에 올랐다.

故 정주영 명예회장을 비롯한 형제들과 아들, 그리고 수행비서진을 포함해 모두 15명이었다. 분단 50여년 만에 실현되는 방북이 결코 적지 않은 규모였다. 남북 정부는 직접 나서지 않은 채 민간기업인의 힘만으로 대규모 방북단이 군사분계선을 넘어 북北으로 가는 것은 해방 후 처음 시도되는 일이기도 했다.

故 정주영 명예회장은 강원도 통천의 가난한 농부의 아들로 태어나, 청운의 꿈을 품고, 세 번째 가출시 전재산이나 다름없는 소 1마리 값 약 70만 원을 가지고, 남하南下했기에 이제 그 소가 1,001마리 소가 되어 고향 산천을 찾게 되었다고 매스컴들은 대서특필로 보도하며 야단법석이라서, 어떤 의미에서는 놀라운 사건이었다.

故 정주영 명예회장의 소떼 방북은 세계 각국의 중요 뉴스로 간주되어 지구촌에 신선한 충격으로 보도되기도 했다. 그러나 일부였지만 장사꾼 기질이 발휘된 것이라 했고, 현대그룹 PR을 위해 쇼show를 한 것이라는 비난도 없지 않았다. 이것은 故 정주영 명예회장의 삶과 열정 그리고 경영철학을 이해하지 못한 소치였다.

구룡폭포 운해 금화(中國 리 영 작품)

故 정주영 명예회장이 북한을 상대로 장사를 하겠다는 속셈이 있었다면 결코 무리한 시도를 하지 않았을 것이고, 그것은 현대를 맨주먹으로 일으킨 故 정주영 명예회장의 역동적力動的 열정을 이해하지 못한 데서 비롯된 것이 아닌가 싶다. 한마디로 故 정주영 명예회장이 아니고서는 불가능한 대사건이었다.금강산 故 정주영 명예회장 방북을 보고, 리 훈

故 정주영 명예회장의 방북에 따른 감동이 모든 국민 가슴을 설레게 하는 그런 순간이었던 점을 상기해 보면, 짐작이 되리라 믿는다. 때문에 故 정주영 명예회장의 방북은 단순한 기업가정신에 의한 방북이 아니라 분단된 조국이 하나 되길 기원하는 온 국민의 열망에 의해 분단 50여 년당시 만에 남북화해와 협력의 길을 여는 위대한 순간이었다.

결국 故 정주영 명예회장의 방북이 가능했던 것은 클린턴 행정부의 대북정책과 故 김대중 정부의 '햇볕정책'과도 맥을 같이하는 측면이 없지 않다. 물론, 이러한 대북정책은 시장경제체제로 몰아가려는 의지도 없지 않았다. 그러나 북北은 우리와는 정반대이다. 1998년 10월 13일 북한의 인공위성 전문가들은 중국 언론과의 인터뷰에서 '인공위성 발사가 자연재해로 난관에 봉착한 주민들에게 용기와 신념을 주었다'고 했다.

북한은 실제 인공위성 발사를 계기로 그간 수세적 태도를 벗어나 상당부분 공세적이었고, 1998년 8월 말부터 '사회주의 강성대국'이라는 구호를 내걸고, 사상 강국을 만드는 것부터 시작하여 군대를 혁명의 기둥으로 튼튼히 세우고, 그 위력으로 경제건설의 눈부신 비약을 일으키는 것이 주체적인 '강성대국 건설방식'이라고 주창했다.김만희, 김정일은 왜 현대와 손잡고 금강산 개발하나, 월간 「말」, 1998년 12월호

결국 북한은 사상의 강국에서 이제부터 '군대를 혁명의 기둥으로 하여 경제재건을 위한 노력에 박차를 가하겠다'는 뜻이었다.참고문헌 상동 북한은 이런 필요 때문에라도 현대(주)와의 경협에 적극적으로 나섰던 것이다. 북한이 중요 군항인 동해안 군사지역과 장전항을 금강산관광의 통로로 개방한 것은 적지 않은 변화를 넘어 김정일 위원장의 중대한 결단이기도 했다.

그런가 하면, 당시 북미 협상에서도 과거보다 유연한 태도를 견지함으로써, 경제적 실리를 얻었을 뿐 아니라 궁극적으로 정치, 군사적 변화까지 꾀하는 상황을 감안해 볼 때 넘어야 할 벽은 엄연히 현존했고, 한반도 문제를 규정하는 북·미 사이에는 현실적인 타협에도 불구하고, 근본적인 갈등이 존재하고 있기 때문이다.임영태, 북한 50년사, 1987. 12, 들녘

1995년 미 국방성의 아태전략보고서에서 미국은 두 개의 지역분쟁에 동시에 대체하는

육로관광 환영(北 취약대 문화회관 앞)

윈윈win-win전략을 표명하였는데, 두 개의 분쟁지역이란 다름아닌 한반도와 걸프만이었다. 그렇다면 조셉 나이Joseph Nye는 카터 행정부에서 국무부 차관보와 클린턴 행정부에서 국방성 차관보를 지냈고, 1994년 세계 유일의 초강대국인 미국의 21세기 아태전략의 기본 틀을 마련한 인물로 이 전략을 '나이 이니셔티브'라 부른다.도진순, 같은 글

먼저 나이Nye는 북한이 갑자기 붕괴하기도 어려우며한때 미보수주의자들은 2년 안에 붕괴한다는 전망도 있었음에 불구하고, 또한 지금의 구조로 장기적으로 유지되기도 어렵다고 보았다. 그는 두루 알려져 있는 바와 같이 북한 연착륙을 주장한다. 그가 말하는 연착륙이란 북한이 당면한 식량위기를 해결한 다음 시장경제를 도입하며, 이어서 다원주의체제로의 정치개혁이란 3단계 조치를 중심 내용으로 하고 있다. 따라서 나이Nye는 현재의 남북관계가 우선 1991년 「남북기본합의서」 수준으로 회복되어야 한다는 것에서 출발한다는 전제 아래 여기까지는 남북한이 일치시킬 수 있는 지점이라 지적했다.

다음 단계로 나이Nye가 보는 가장 '낙관적인 시나리오'는 남북관계가 진전되어 남북한

이 연합confederation을 구성하고, 그 틀 안에서 북한이 다원주의체제로 변하는 것이다. 물론 이 시나리오는 남한의 일정한 경제력 우위와 보험이나 협상의 수단으로서 미군의 존속을 전제로 하고 있다. 여기서부터는 남한과 북한 그리고 미국이 이해관계를 달리할 수 있는 지점이다.도진순, 신자유주의의 세계화와 동아시아 그리고 한반도, 당대비평 제3호, 1998년, p. 125

이런 관점에서 본다면, 강대국은 한반도를 분단시킬 수 있었지만, 통일까지는 가져다 주는데 한계가 있다는 생각을 갖게 하고 있다. 남북한 스스로 민족의 동질성을 회복할 수 있는 진정한 민족화해와 협력을 위한 노력을 하지 않으면 안 된다는 것이다. 넓은 의미에서의 민족화합의 실질성을 남북南北이 표방한 「햇볕정책」과 「주체의 강성대국」론을 넘어서는 차원에서 보다 전향적인 남북화해와 협력에 과감히 나서는 일이라 하지 않을 수 없다.

때문에 남과 북은 민족하나, 국토하나, 나라하나라는 차원에서 자기 변화와 혁신이 없이는 불가능하고, 그러기 위해 남북한이 일방적으로 상대방에게 변화를 강요할 게 아니라, 서로 함께 변화하려는 적극적인 자세를 갖는 것이 매우 중요하다. 그 근본정신은 「홍익인간 이화세계」의 단군정신에서 시작되어야 한다는 것이다. 이러한 분위기에서 실질적인 변화와

육로관광 해금강호텔-버스 도착

혁신이 함께한다면 가능한 일이다. 다행히 북한에서 단군정신에 관해 상당한 비중을 갖고 있고, 대규모 단군릉까지 조성해 공감대를 형성하고 있어 긍정적 측면이 없지 않다.弘益平和포럼 中, 리훈, 2003

예를 들면, 1998~1999년 초에 남북관계는 비교적 순조롭게 발전해 갔으나, 1999년 6월에 한반도에 다시 새로운 긴장이 조성되었다. 동년 6월 20일 금강산 관광객 발언이 문제가 되어 북측은 관광객을 억류하는 사태가 발생했다. 관광객 민영민 씨는 북측 환경감시원과 대화중 빨리 통일이 되어 "우리가 금강산에 오듯이 선생님도 남한에 와 살았으면 좋겠다"며 남한으로 귀순한 전철우와 김용 씨 등이 TV에 출현하는 등 잘 살고 있다는 등의 말을 했고, 북측은 이를 불순한 의도를 갖고 '귀순공작'을 벌인 것으로 간주하고 억류했던 것이다. 동아일보, 1999.6.26

결국 이 사건으로 인해 순조로웠던 금강산 유람선관광은 중단되고, 북에 억류된 민영민 씨는 남한의 강력한 항의와 현대 측의 노력으로 6월 25일 풀려났으나, 금강산관광은 일시 중단되었다. 이 사건으로 인해 우리 정부는 신변안전보장 문제가 해결되기 전에는 유람선을 띄울 수 없다는 방침을 강하게 주장했다. 이 문제는 북한 아태평화위원회와 현대 사이에 많은 협상에 의해 8월 5일, 45일만에 유람선을 다시 운항했다.

이 사건으로 문제가 되었던 관광세칙 제35조를 삭제하는 대신 '강력한 형사사건 등 엄중한 사건은 아태평화위원회와 현대 사이에 3~4명으로 구성하는 금강산관광사업조정위원회에서 협의처리한다'라 했고, 만일 조정위원회에서 합의되지 않을 경우 조정위원회와 북北의 해당기관이 협의해 처리하기로 했던 것이다. 이것은 북한으로서는 대단한 양보였다. 이를테면, 자기 나라의 법으로 처벌하는 것은 일반적인 국제 관례임에도 불구하고, 북한은 금강산관광객에 대한 형사 관할권은 현대와 아태평화위원회가 함께 구상하는 관광조정위원회에 위임했던 것이다.

이것은 다른 측면에서 보면, 남과 북이 '네 땅과 내 땅을 가르고, 네 땅에서는 네 법대로, 내 땅에서는 내 법대로'라는 관례를 남겼고, 이것은 분단논리를 뛰어넘었다는 점에서 민족화해와 협력에 있어서 중요한 의미를 갖는 합의라 하지 않을 수 없다. 그 뿐 아니라 1999년 5월 금강산관광이 중단되는 것보다 훨씬 중대한 사태가 초래되었는데, 그것은 6월 11~15일 사이에 서해상에서 남북한 해군 사이에 1953년 7월 23일 정전협정 이후 최대 규모의 무력 충돌이 벌어졌던 것이다. 결국 남북南北은 동쪽에서 유람선이 오가고, 서쪽에서는 해상 교전을 하는 이율배반적인 상황에 봉착하게 되었던 것이다.

결과적으로 故 정주영 명예회장의 소떼 1,001마리를 이끌고, 방북을 결행한 것은 현대그룹 피알PR이나 남북 간에 장사를 하기위한 수단이 아니었고, 나아가 북측에 대한 동정이나, 다른 정치적 의혹이 있었던 것은 더더욱 아니었다. 이것은 故 정주영 명예회장의 순수한 애국심에 의해 발현된 조국의 평화통일을 위한 애국충정에 의한 것이었다.

물론, 한때 통일국민당을 창당해 대통령 후보가 되기도 했지만, 그 당시만 해도 건강이 그러한 일들을 감당할 수 있었지만, 소떼 1,001마리를 이끌고 방북할 시기에는 그런 정치적 뜻을 펼 수 있는 상황이 아니었다는 사실을 감안해 보면, 故 정주영 명예회장의 방북은 마지막 한순간까지 분단된 조국의 평화통일에 미력한 힘이나마 보태고자 하는 간절한 소망에서 비롯되었던 것이다.

어려운 가운데에서나마 남북관계가 점차 진척되어, 남북南北 공히 점진적으로 시장규모가 확대되어 간다면, 남북 경제 활성화는 두말할 것 없고, 북측 경제 성장에 긍정적으로 작용되어, 남북화해와 협력에도 어느 정도 가시적 효과가 있을 것으로 본다. 특히 남북 경제교류에 남측 자본과 기술, 북측 자원과 노동력이 조화될 경우 민족 경제에 새로운 지평을 열 뿐 아니라, 향후 남북 경제규모도 크게 달라질 것이기 때문이다.日本東京 TV 인터뷰 中, 리 훈, 北 핵실험 후 대담내용

남북경협은 현대그룹에 의해서만 비롯된 것은 아니며, 약 18년 전부터 남측 대북사업자 상당수에 의해 지속해왔었다. 그 분들은 한결같이 민족이 하나되는 그날을 위해 최선을 다했으나, 현재 그들 모두는 부도가 나 거의 노숙자나 다름없는 처지에 처하고 말았다. 때문에 사업자 대부분이 남과 북에서 그간의 노력도 인정받지 못한 어려운 처지에 처하고 말았다. 이러한 사실은 남북 경제교류의 또 다른 가능성을 위해 남북 공히 특별 대안을 마련할 필요가 있다는 점을 지적해 두고 싶다. 이 문제는 새로운 대안을 마련, 그간의 남북사업자의 경험과 손실을 보장해 새로운 대북사업을 할 수 있도록 하자는 것이다.

아무튼 금강산관광은 활성화되어야 한다. 그러기 위해 금강산관광을 국제관광특구로 지정했고김정일 위원장에 의해 2006년에 결정됨, 이것을 계기로 금강산과 설악산을 연계하는 세계적 평화관광지로 만들어가야 한다는 것이 필자의 견해이다. 이점에 대해 강원도 도민들의 기대와 열정은 대단하다. 금강산관광 10주년에 약 200만 명 가까이 왕래했던 점을 상기해보면 세계적 시각과 비전을 가지고 접근해 가야 하리라 믿는다. 그러기 위해서는 故 정주영

류경 정주영체육관 개관 축하공연(리정수 사진작품)

명예회장의 순수한 열정을 소중히 여기는 마음으로 남북 공히 협력해야 하리라 믿는다.

금강산 사랑운동본부는 현재까지 금강산관광과 정상적인 대북협력을 위해 수십 차례 기자회견을 해왔고, 위기 때마다 금강산관광은 단순한 남북 관광사업이 아니라 60여 년 가까이 분단된 조국을 하나로 만들기 위한 여러 조처들을 천명하지 않을 수 없었다. 한마디로 금강산이 열렸기에 개성과 백두산이 그리고 평양이 열리려 하지 않는가 한다.

남북南北 공히 단순 정치논리에 집착해 김정일 위원장의 정권유지와 퍼주기 차원이라는 생각만 강조하다 보면, 남북관계 개선은 한 발도 더 나아가 갈 수 없다는 한계에 부딪치고 만다. 이제 지구촌 마지막 남은 분단국은 어떤 의미에서든지 극복되어야 한다. 이 과업은 우리 민족이 해결해야 할 가장 시급한 당면 과제일 뿐 아니라 7천만 민족의 소망이 아닌가?

그러나 우리나라 사정은 어떤가? 지난 60여 년간 자유민주주의를 표방하며, 경제 선진국을 이루기 위해 안간힘을 다하고 있지만, 항상 극한 대립과 갈등으로 일촉즉발 상황이었고, 안으로는 여야, 경상도 호남, 보수와 진보로 날을 세우고 있지 않는가? 그러한 입장에서 우

관폭동 금강대(리정수 사진작품)

리의 인권도 많은 문제점을 가지고 있다는 사실도 이해했으면 한다.

그간 군사 쿠데타에 의해 얼마나 많은 무고한 사람과 학생들이 죽어갔던가를 상기해 보지 않을 수 없다. 민주주의를 해온 나라임에도 불구하고 어떤 의미에서 처참한 죽음으로 치닫는 모순 속에서 흑백논리에 집착 서로가 극한 비난과 대립으로 일관하며 대립각을 세운다면 아예 북측과 대화를 하지 말자는 것이 아닌가? 북한도 이 점은 동일하다.

북한은 60여 년이 넘도록 유일정치체제 속에서 오늘에 이르고 있다. 때문에 강력한 비난보다는 상호 이해를 증진시키고, 협력을 모색할 수 있는 일부터 하나하나 차분하게 해 가자는 것이다. 이러한 관점에서 남북교류와 대북지원은 우선 파격적인 것보다는 상호 보완적이고, 실질적인 과제부터 해가는 것이 순서라 본다.

예를 들면, 의료봉사활동, 농·어업협력, 종소기업 이전 및 금강산·개성공단 고용창출, 스포츠문화, 예술과 학술교류 및 종교교류 등이 이에 속하고, 대원칙은 남한의 기술과 자본이 조심스럽게 접근되어야 하고, 북한의 자원과 인력, 남한의 자본과 기술이 상호 보완적인 차원에서 협력하고, 관리되어야 한다는 것이다. 그렇게 될 때 남북 평화통일로 성큼 나아갈 수 있기 때문이다.금강산기행문 中, 리 훈, 2003

12. 금강산과 교류협력

금강산 사랑운동본부는 금강산관광사업이 어려움에 처할 때마다 수없는 거리 캠페인, 전시회, 기자회견 등을 해왔고, 금강산관광이 흔들림 없이 운영될 수 있도록 여러 측면에서 협력하고, 북北과 정부, 나아가 국민 모두에게 수없이 성명을 발표해 왔었다. 어떤 경우에도 금강산사업이 중단되어서는 안 된다는 주장을 하며, 금강산관광사업은 단순한 관광사업이 아니라, 분단을 극복할 수 있는 유일한 남북 평화통일사업이라는 사실을 강조해왔다.

당시 기사를 살펴보면, 금강산관광과 개성관광 그리고 백두산관광사업권은 현대와 독점계약상태인데도 어떤 회사에서는 이제 우리도 할 수 있을 것으로 생각해 개성관광사업 등을 따기 위해 별도로 물밑작업을 한 것으로 비공식 확인되면서, 북측의 의도와 태도에 관심이 쏠리고 있었다. 현대는 1989년, 故 정주영 명예회장이 북측과 「금강산관광의정서」를 맺은 이래 대북 관광사업은 사실상 독점사업으로 진행하기로 합의했던 것이다.

금강산온천장, 금강산 금화 전시 오픈 모습(현대 임원과 필자)

그래서 1998년 11월부터 금강산관광을 시작했고, 뒤이어 개성공단 약 2,000만 평 개발을 시도했었다. 그리고 단계별로 8백만 평 공단을 개발할 예정임을 밝혔고, 7단계에 걸쳐 1차년도 30만 평을 시작으로 10년에 걸쳐 약 850개 업체를 유치할 계획도 갖고 있었다. 기타 교통입지가 좋고, 우수인력 공급이 가능한 서해안 지역을 개발한다는 합의도 했고, 아직 활발하지는 않지만 하나하나 진행중에 있다. 나아가 남북한 교류를 위해 남측은 설계, 주 자제 특수분야 시공, 감리기술을 제공하고, 북측은 가능한 모든 건설자재를 공급하고 건설을 담당하자는 합의를 했다.

그뿐 아니라 평양 류경 故 정주영체육관을 건설, 농구, 배구, 핸드볼, 탁구를 실내종목 교환경기와 설날 등 민속명절은 씨름, 농악, 민속 등 경기도 교환하기로 합의했다. 이러한 합의는 북측으로서는 과히 파격적인 합의였고, 상대적으로 볼 때 상당히 구체적 합의였다. 우선 금강산만 보더라도 근로자취업을 제3국인을 대상으로 하자고 북측에서 제의했으나, 이제는 상황이 바뀌어 직접 북측 노동자로 하자는 분위기가 일어나고 있다.

이러한 경향은 금강산관광 시작 5년 동안은 볼 수 없었으나, 이제 북한은 북측 인력으로 하자는 주장을 해오고 있다. 현재 금강산관광호텔과 옥류관 등에 북한 노동자들이 약 1,000여 명 가까이 고용되고 있는 상황이다. 개성공단은 어떤가 거의 북측 근로자들이 약 2,400여 명 고용되고 있는 실정이다. 노임은 1개월에 약 7만 원선이고, 연간 5% 선에서 인상하기로 합의되어 연간 약 3,500원 정도가 인상된다. 현재 입주 업체는 약 25개에 이르고, 남북한 실질적 경제교류인 협력을 해가고 있다.금강산 임금은 다름

그런가 하면 북경, 단동, 연변, 심향 등에서 남북교류를 위해 상담과 협상이 오가고 있다. 물론 남북교류는 북핵문제와 같이 관건이었지만 이로 인해 소규모 경제교류 역시 답보상태이다. 금강산관광 10주년에 주의 깊게 살펴보면, 금강산관광이 시작된 후 금강산 온정리 마을 주민들의 생활상이 눈에 띄게 달라진 모습을 보고 있다. 금강산 온정리 마을 주민들은 약 5,000여 명이고, 가구수는 약 1,000가구이다. 우리도 6·25전쟁 후 미군부대와 군부대가 들어서면서 해당지역 주민들 생활이 달라지듯이 북한도 마찬가지라 본다. 주민들 표정과 옷 색깔이 달라지고, 활기가 느껴져, 어떤 면에서는 마음이 편안해지는 느낌을 갖기도 한다.

필자가 금강산관광을 위해 수십 차례 왕래했기에 1~2년이 다르게 변화하고 있는 모습을 목격했었다. 그러나 어느 날부터 주민들 표정이 굳은 것을 보고 어떤 일일까, 무엇 때문에 전과 같이 반기며 손을 흔들어주지 않은지에 대해 의문을 가졌다. 이에 필자는 주민들을 위해 뭔가 해야 한다는 생각을 하며, 대안을 생각한 결과 의료봉사였다.

대학 때 농촌봉사활동을 했던 경험을 살려, 북한주민들에게 의료봉사활동을 한다면 얼마나 좋을까를 생각하며, 오복 중의 하나인 치과진료를 어릴 때부터 받을 수 있었으면 해 현대아산(주)과 협의를 했으나, 2년여 만에 나온 답은 온정리 마을에 치과병동 설치가 불가능하다는 결론이었다. 이에 필자는 금강산사랑운동본부 임원들과 여러 차례 의논해 시간이 걸려도 강행하자는데 의견을 모았다.

물론, 사전에 금강산 사랑운동본부 임원회의에서 뜻을 밝혀 협조를 얻었고필자도 공동대표였음, 또 다른 활동으로는 연탄보내기 운동과 금강산관광지 온정각에 「사랑의 편지함」 설치도 함께 모색해 보자는데 뜻을 모았다. 온정리 치과병동 설치와 의료봉사는 필자가 책임을 맡아 추진하기로 해 현대아산(주)과 긴밀히 협의를 했고, 협의 결과는 앞서 말한 것처럼 쉽지 않았다. 그래도 실망하지 않고, 계속 금강산을 방문해 지속적으로 협의를 한 결과 금강

장전항부두 정박중인 크루즈선

산에 치과병동 신설은 꼭 필요한데, 온정리 마을에 설치하는 일은 북측의 허가가 없어 매우 어렵다며, 현대아산(주)이 직접 관리하는 금강산병원에 치과병동을 신설하면 어떠냐는 의견이었다.

현대아산(주) 관계자는 현대 금강산 근무자나 노동자 그리고 고용된 제3국 근로자들의 치과진료가 시급한 과제였기에 금강산병원에 치과병동을 신설해 남측 의사들이 주기적으로 진료를 해주면 어떠냐는 의견을 타진해왔으나, 본래 취지와 목적이 온정리 북측 어린이와 주민들을 위한 의료봉사였기에 금사운금강산사랑운동본부 임원과 치과의사들이 난색을 표해와 또 다시 5~6개월이 지나고 말았다.

2005년 가을 금강산을 방문해 현대 관계자들과 만나 원래 계획대로 온정리 인민병원북측에 치과병동 설치를 다시 협의해 주길 부탁했고, 이것은 故 정주영 명예회장께서 금강산관광이 본격화되면, 온정각 뒷마을온정리 인민병원을 현대화해 주겠다는 약속을 하신 일이라는 사실을 강조하며, 지금까지 협의했던 내용들을 바탕으로 좀더 심도 있는 협의를 해주면

삼선암 월색(임무성 작품)

좋겠다는 필자의 생각을 현대측에 전했고, 이에 현대아산(주) 관계자들도 최선을 다하겠다는 약속을 해 주었다.

다시 7~8개월이 흘러 큰 진전이 없어 금강산을 다시 방문해, 관계자들과 협의를 해 가능하다는 결론을 얻어, 금강산 북北 온정리마을 인민병원건물 리모델링방 2개을 하기로 합의했고, 현대아산(주)이 협조키로 했다. 그리고 치과진료기 2대와 X-Ray도 3대 설치하기로 잠정 합의했고, 가장 큰 문제가 전기시설이었다. 전기문제는 현대아산(주)이 검토해 보기로 해 기쁜 마음으로 돌아와 금사운 임원들과 협의를 해 구체적 방안을 모색해 여러 가지 약속이 진전되었다.

외금강 만물상(임무성 작품)

다시 5개월 후 금강산에 가 최종점검을 했고, 이때 함께한 분들은 남북치과 협력위원회 이병태 박사 등과 현대아산(주)과 함께 현장 실사를 마친 결과 전기와 방 리모델링은 현대아산(주)에서 지원해주기로 했고, 의료봉사측에서 의료기 2대, X-Ray 3대와 치료기구 일체와 1년여간 쓸 수 있는 의약품 일체는 차차 지원하기로 결론을 내렸다. 그리고 실질적 협의는 남북의료진이 하기로 했다.

많은 우려와 어려움에도 불구하고 3년 가까이 추진해 얻은 결실이었고, 실질적인 남북의료봉사에 새로운 계기를 만들었다. 이것이 계기가 되어, 약 250여 평3층에 이른 온정리 마을보건소인민병원가 거의 리모델링되어 마을병원으로서 기능을 다하고 있다. 이것은 故 정주영 명예회장께서 금강산관광이 되면, 인민병원을 현대화해 주겠다는 약속을 어느 정도 지킬 수 있어 참으로 다행스러웠고 기뻤다.

온정리 마을은 약 1,000여 가구에 이르고, 주민은 약 5,000여 명에 이른다. 필자가 남북교류와 협력에 큰 경험은 없지만, 남북교류협력에 있어 한 번 한 약속은 꼭 지켜져야 하고, 할 수 없는 일은 신중에 신중을 기해 대화를 해야 한다는 사실을 밝히고 싶다. 과도한 자신감을 보이는 것은 자중해야 하고, 특히 남측 지도층 인사들의 어설픈 약속은 금물이다. 북측관계자들 역시 성과를 올리기 위해 실제상황과 달리 전해질 수 있기 때문에 신중에 신중을 기하지 않으면 또 다른 오해로 교류에 장애가 될 수 있기 때문이다.육로관광특집 中, 리훈, 2003.

상호 신뢰가 없는 남북교류는 진척될 수도 없고, 진척되었다 해도 또 다른 부작용이 발생해 그나마 쌓아온 남북교류에 찬물을 끼얹기 때문에 상호 신뢰구축은 무엇보다도 소중한 남북교류의 기본요인이 아닐 수 없다. 이렇게 해 여러 시민단체NGO와 사람들 그리고 남측 사업자와 연구단체나 종교단체에 의해 나무심기, 영농임업사업, 의료봉사 등이 실천되고 있고, 최근 평양과학기술대학이 설립되어 그 나름대로 상호이해 증진과 협력을 바탕으로 신뢰를 구축해 가고 있다.

그러나 평양 류경 故 정주영체육관도 오픈해 남북 스포츠교류에 기틀을 마련해 놓고도 조금도 진척을 보지 못해 아쉬울 뿐만 아니라, 기타 학술, 문화, 예술 등 교류도 별 진척이

北 뱃길을 여는 크루즈선

없어 실망이 크다 하지 않을 수 없다. 평양 류경 故 정주영체육관 개관식에 故 정몽헌 회장 유가족 100여 명을 포함한 1,100여 명 대규모 방북단에 필자가 시민단체NGO 대표로 성명을 낭독하고, 남측 인사로는 이수성 전 국무총리, 신상우 전 장관 그리고 시민단체NGO 대표들과 국회의원 등 많은 인사들과 함께 평양을 다녀왔었다.

이때, 류경 故 정주영체육관에 약 9,000여 명의 평양시민 등이 참석한 가운데, 남북 농구 친선경기가 열렸고, 뒤이어 남측방문단 환영축제가 체육관에서 개최되어 약 500여 명의 북한 무녀들이 나와 춤을 추며 우리 일행을 환영해 주었다. 필자는 스탠드 앞줄에 앉아 있다가 체육관 플로어로 뛰어 내려가 약 10여 분 정도 춤추는 무녀들과 함께 춤을 추기도 했다. 이때 심정은 한민족끼리 경사스러운 날 춤추는 모습만 보고 있을 수 없을 뿐 아니라, 남남북녀가 아닌가? 이곳 평양까지 왔으니, 춤이나 한판 치고 가야겠다는 생각이었다. 이로 인해 방북단 일행 중 10명이 함께 춤을 추게 되었고, 북한 중앙 TV는 함께하는 우리들의 모습을 찍느라 분주한 모습이었다.

류경 故 정주영체육관은 평양시민 9,000여 명이 한반도기를 손에 들고 방북단 일행과 함께 어울렸기에 분위기는 한결 고조되기도 했다. 처음 필자가 플로어에 뛰어 내려갈 때, 북측 안내원들의 제지가 있었으나, 필자는 같은 동포끼리 이럴 수 있느냐, 오늘같이 좋은날 춤 한 번 추고 가야겠다며, 춤추는 무녀들 사이로 뛰어 들어갔다. 행사가 끝나자, 이수성 총리께서 리 박사필자 날이었다며 격려해주셨고, 모두들 한마디씩 거들었다.금강산 육로관광특집 中, 리 훈, ASIA press, 2003

그리고 오후 5시경 버스에 와 앉아 창밖을 보자 깜짝 놀랐다. 그것은 다름 아닌 사람 형상이거나 곰 형상을 하는 두 흰 뭉게구름을 보았고, 그 구름은 서로 마주보며 손을 잡은 형상이었다. 한 사람은 크고, 한 사람은 조금 작은 형상을 취해, 필자는 아! 저 구름 좀 봐, 꼭 故 정주영 회장과 故 정몽헌 회장 모습과 같지 않느냐고 하자, 차창 밖을 본 사람들은 놀라며, 정말 그렇다는 탄성을 연발하며 하늘을 주시했다.

어렵게 금강산이 열렸기에 남북교류가 서서히 진척되고, 시련은 있었지만 오늘에 이르렀다. 특히 의료봉사, 농촌봉사 등은 수혜를 받는 쪽보다 도와주는 쪽에서 순수한 마음을 가지고 하나하나 서둘지 않고 해 간다면, 그동안의 불신도 해소될 뿐 아니라 새로운 신뢰가 구축되어지리라 믿는다. 그러나 성숙하지 못한 정치적 이념이나 술수는 순수한 만간교류와 협력에 한계를 초래하기 마련이다.

류경 정주영체육관 개관식 행사

60여 년이 넘도록 분단된 처참한 상황에서 교류와 협력이 증진되기란 쉽지는 않다. 때문에 성급한 기대보다는 모든 면에서 조금씩 신뢰를 쌓아가면, 남북 공히 또 다른 가능성을 스스로 체험하리라 믿는다. 물론 때때로 관광 중단사태 같은 돌발사건들이 일어날 수 있지만, 남북南北 공히 상호 인내심을 가지고, 「평화통일의 금자탑」인 남북교류와 협력이 성숙될 수 있도록 최선을 다하자는 것이다.

금강산 온정리 인민병원 치과병동을 설치하고, 진료가 시작되자 주민들과 어린이들의 가슴이 열리고, 말과 표정에서 순수한 「동포애」를 느낄 수 있었다. 치과병동을 설치하기 전에는 직접 대면할 수도 없는 상황이었는데, 진료 후 의사 선생님이 오셨다며 반갑게 인사를 하고, 심지어 안고 있는 아이에게도 인사를 시키는 여유를 가지고 대했다. 그런가 하면 볼품없는 옥수수와 감자를 찌거나 구어 와 일행에게 권하기도 했다.참 귀한 음식이란 사실을 우리 일행 모두는 알고 있었다

필자는 처음 진료가 시작될 때 금강산에 갔고, 두 번째 진료 때도 온정리 마을 치과진료

류경 정주영체육관 개관 축하행사 모습

병동을 찾았다. 가는 날이 장날이라고 첫날 진료를 받았던 소년7세 정도 환자가 인사를 했고, 필자는 진료중 발생될 수 있는 의료사고에 대비키 위해 북측과 협의를 해야 한다는 생각을 했다. 환자진료를 마치고, 안전사고 책임에 대해 견해를 피력하자 북측은 남측이 끝까지 책임을 져야 한다고 주장했다. 필자는 세계 어느 나라에서도 의료봉사중 발생된 사고에 대해 의사가 책임지는 일이 없었다는 사실을 설명하자, 그 점은 재론하지 않겠다고 해 추후 남북南北 의사들이 합의하자는 1차 합의를 순조롭게 마쳤다.

이 합의 후 금강산 현대아산(주) 직원이 몰던야간운전 차량에 북측 군인이 사망하는 사고가 발생했고, 이에 북측은 많은 돈을 보상으로 요구했으나, 현대아산(주)과 원만히 합의되어 수습된 것으로 안다. 아무리 유익한 남북한의 협력이라 할지라도 만약의 사고와 사태를 위해 원칙적인 남북협의가 이루어진다면 서로 다른 시시비비가 있을 수 없다. 어떤 경우 정치적 문제로 비화될 수 있기에 교류협력南北에 있어서, 돌발 사태나 각종 안전사고에 대비를 철저히 해야 하리라 믿는다.금강산기행문 中, 리 훈, 2007

류경 정주영체육관 개관 통일농구경기대회(아산 ; 아태)

13. 금강산과 대북지원

누누이 강조했지만 금강산은 금수강산을 상징하는 민족의 명산名山임과 동시에 신비롭고 아름다운 민족의 영산靈山이기에 필자는 금수강산을 천하명산天下名山이라 강조했다. 때문에 바다, 호수, 산악미, 숲, 뚜렷한 사계절의 풍광風光이 뛰어난 자연의 극치가 아닐 수 없다. 여기엔 우리 선조들의 시와 그림 그리고 종교적 문화가 함께할 뿐 아니라, 지혜가 산재된 그러한 산山이기도 하다.

그러나 민족분단 50여 년관광 초기으로 인해 38선이 가로막혀 전혀 오갈 수 없는 곳이었으며, 특히 정치적 이데올로기에 의해 갈라서 남북분단은 어떤 의미에서는 또 다른 분쟁이 일어날 수 있는 첨예한 대결장을 상징하는 비무장지대를 사이에 둔 곳이기도 했다. 그런가 하면 비무장지대 양측 군사대치 지역은 엄청난 지뢰밭으로 조성되어 전쟁 직전의 대결로 치닫는 곳이었지만, 지금은 민족화해와 협력의 새 길을 여는 유일한 통로로 새롭게 등장되고 있다. 이것은 故 정주영 명예회장과 故 김대중 대통령당시의 햇볕정책과 김정일 국방위원장의 협력과 의지에 의해 가능했던 것이다.

금강산을 오가는 곳은 남북 군사분계선을 약 20여 분 통과하면 가능한 일이었지만, 무려 50여 년관광 초기이 넘도록 가까이 왕래하지 못했던 곳임과 동시에 남북南北 공히 군사적으로 매우 중요한 전략적 위치를 차지하는 곳이기도 했다. 그럼에도 불구하고 금강산 약 9천만평, 개성 약 2천만 평을 50년간 토지를 사용토록 하는데 상호 합의했다.

그뿐인가, 처음 열린 뱃길 동해안은 북한의 군사요충지대임과 동시에 금강산에 인접한 장전항은 북한의 중요한 군사적 항구이기도 하다. 그러나 김정일 위원장은 남북화해와 협력을 위해 과감히 현대아산(주)에 50년간 토지이용권을 허락하는데 주저하지 않았으며, 심지어 금강산에서 원산까지도 같은 조처를 취해 실재 현대아산(주)이 사용할 수 있는 면적은 약 9천만 평에 해당되고, 개성공단 역시 북측으로서는 군사적으로 매우 중요한 곳이기도 하다.

이런 표현을 해도 될지 모르나, 김정일 위원장의 통 큰 결정이 아닌가 한다. 물론 이러한 결정을 하지 않으면 안 되는 북한 사정이 있었을 것이라는 생각을 할 수도 있지만, 어찌 됐건 금강산과 원산에 이르기까지 약 9,000만 평인 군사요충지대를 남南측에 성큼 허락해준 것은 김정일 위원장의 결단이 아니고서는 불가능했다는 사실을 알아야 될 것으로 본다.

아무리 북한 내부사정이 어려웠다 하지만, 이점에 관해서는 남북분단 극복과 한반도 평화통일을 위해서는 참으로 중요한 결단이라 하지 않을 수 없다. 이러한 사실과 관련해 한반도를 중심으로 한 중국의 개방정책, 소련의 변화와 동독의 몰락 등을 살펴보지 않을 수 없고, 특히 미국과 일본의 대북관계와 실용주의 외교전략 등도 중요한 요인으로 작용되었다는 사실에 관심을 갖지 않을 수 없다.

북의 식량난은 1990년에 들어와 심각한 문제로 대두되어, 1990년 노태우 정권 당시 남북대화의 중요 의제가 식량자원인 점을 간과할 수 없다. 북의 심각한 식량위기 상황은 1995년 대홍수큰 물피해에 이어 1996년 연속된 홍수가 치명적이었다. 이로 인해 북한 주민들은 더욱 처참한 생활상 등이 외부세계에 자연스럽게 알려졌던 것이다. 이러한 사실은 북한을 방문한 유엔UN 등의 국제기구와 조선동포들이 살고 있는 연변 등에서 자연스럽게 전해졌다.

1996년에 북한 주민들은 식량을 구하기 위해 중국 국경을 넘어 연변지역으로 대거 몰려오면서 북한의 어려운 실상이 다양하게 전달되기도 했다. 즉 북한의 식량배급체계는 사실

개성관광 버스행렬(2007. 12. 5)

상 와해되었고, 곳곳에서 먹을 것을 구하기 위해 떠도는 사람들이 대폭 증가하고 있다는 것이 여러 경로를 통해 확인되기도 했다.

이로 인해 북한의 식량배급은 사실상 어렵게 되었고, 어떤 의미에서는 우리나라 6·25전쟁 직후의 모습과 다를 바 없다는 것이 중론이었다. 이에 주민들은 대부분 심각한 영양결핍상태에 처했고, 어린이와 노약자는 굶주림과 함께 각종 질병에 시달리다 죽어가기도 했다. 소문에 2백만 명이 굶주림과 각종 질병에 죽어갈 수 있다는 전망이 제기되었다.

이러한 소문은 연변지역 탈북 난민들의 식량지원을 도운 단체에 의해 자연스럽게 흘러나왔고, 이런 사실을 확인하기 위해, 남南측 시민사회단체NGO에서 난민들을 대상으로 여러 채널을 통해 면접조사 등을 통해 보고서를 작성했으며, 그 내용을 간추려 보면 다음과 같다.

"죽는 사람들이 늘고 있다." 식량난으로 고통받는 북한에서 굶주림과 질병으로 숨지는 사람이 지난해보다 올해 더 늘어나고 있다는 충격적인 내용을 담은 보고서가 공개되었다.

중국 연변지역 등에 숨어사는 탈북자들을 대상으로 북한 식량난 실상을 조사한 결과

금강산방영(美國 CNN TV 스태프들과 北 환경감시원)

탈북자 가족의 사망률이 불과 1~2개월 사이 24~32% 크게 증가한 것으로 나타났다.

우리민족 서로돕기 불심운동본부 집행위원장 법륜 스님은 9일 "식량난민 472명이 증언한 북한 식량난의 실태보고서"라는 제목의 문건을 통해 다음과 같이 밝히고 있다.

전체 탈북자 472명과 그들의 가족 등 2,583명의 북한 주민 가운데, 모두 744명이 굶주림, 영양실조, 질병 등으로 사망한 것으로 집계했다. 이런 수치는 전체 탈북자 가족의 29%에 해당하는 것인데, 북한의 실상이 얼마나 참혹한지를 간접적으로나마 실감케 하고 있다.

불교운동본부는 '지난 1995년 8월 이후 1997년 1월 말까지 탈북자 가족 사망률이 29%로 나타났고, 월별 사망자가 급속히 증가했다는 사실 등을 종합해 보면, 지난 2년 동안 북한 주민 사망자가 300만 명 이상으로 추정 된다'고까지 주장한다.

법륜 스님 등이 조사한 결과가 100% 정확하다고 단언할 수 없지만, 최소한 60~70% 확률로 보아도 북한의 굶주림과 질병 등에 의해 사망자가 급격히 증가하고 있다는 사실을 가늠하기는 그리 어렵지 않다. 사망원인을 통계별로 보면 굶주림 744명 중 384명으로 52%를 차지하고 질병은 295명으로 39%이다. 그리고 폐결핵 54명, 파라타푸스 31명, 기타 질병 210

대북경협중단 기자회견(남북경협시민연대와 필자)

명으로 나타났다.

때문에 국내외 구호단체 등에서 주장하는 인도적 차원의 식량과 의약품지원이 절실하다는 것이고, 식수난도 심각해 대도시조차 식수부족이 심각해 콜레라, 이질 등 수인성 전염병이 퍼져 사망자가 급격히 늘어나고 있다. 특히 전력난으로 어려움을 가중시켰고, 물 부족 등으로 세탁을 몇 개월씩 못해 빈대, 이, 벼룩 등이 심하게 번지고 있다고 전했다.

불교운동본부는 이번 조사를 공개하면서 '북한주민이 겪는 대량 아사상태는 20세기 말 현재 전 지구상에서 벌어지고 있는 비극 가운데 최대의 참사'라고 거듭 주장하면서, 올해 최소한 2백만 톤의 식량지원, 의약품 및 깨끗한 식수지원 등이 하루빨리 이루어져야 한다고 호소했다.한겨레 1998.3.10 1~2면 중요부분 발췌

필자의 관측으로는 북한의 실상을 정확히 알기란 현실적으로 어려움이 있다는 점을 감안해 본다면, 어느 정도 이해는 하지만, 300만 명이 질병과 굶주림으로 죽어가고 있다는 사실은 다소 무리가 뒤따른다고 하겠다. 그러나 상당히 심각한 상황이라는 점 또한 부인하기 어렵다 하지 않을 수 없다.

때문에 인도적 입장에서 지원은 앞으로도 조건 없이 지속되어야 하고, 과도한 퍼주기가 아닌 지원은 퍼주기 논란으로 비난해서는 안 된다고 생각한다. 이것은 우리 정부가 세계 어느 나라이건 곤경에 처한 지역이나 사람들을 위해 인도적 지원을 해 왔고, 앞으로도 그럴 것이라 믿는다. 때문에 북한 주민들은 생존을 위한 최소한의 인도적 지원은 남북 평화통일 프로세스 과정에서 합리적 대책을 세워나가야 하리라 믿는다.

더욱 안타까운 일은 퍼주기 논란으로 남남南南 갈등이 심화되고, 심지어 보수와 진보 등으로 대치된 상황이 지속되고 있어 참담한 마음 금할 수 없다. 북측의 심각한 식량난에 의한 굶주림과 각종 질병에 시달려 죽어가는 절박한 상황을 담보로 시시비비로 시간을 낭비하며, 서로의 갈등을 고조시키는 일은 21C를 살아가는 현대인 아니, 동포로서 이해하기 어려운 면이 없지 않다. 참고가 될지 모르나 미국 레이건 대통령의 말을 빌려 이해를 돕고자 한다. 에티오피아가 식량난 곤경에 처할 때 보수주의자들의 식량지원 반대에 대해 레이건 대통령은 '굶주린 아이들은 정치를 모른다'고 강조해 보수주의자들의 생각을 일신시켰던 점을 상기했으면 한다.

이렇게 말하면, 북한의 정치와 김정일 위원장은 에티오피아 상황과 다르다고 강변할 수 있으나, 이 사실만 가지고 처참한 무고한 동포들과 어린이들이 굶주림과 질병에 의해 죽어가

日本 東京TV 스태프와 인터뷰를 마치고(北 핵실험 後)

는 상황을 외면할 수 없다고 본다. 정부나 국민은 인내심을 가지고 북한 당국과 북한 동포의 생존을 위한 인도적 지원에 주저해서는 안 되며, 평화통일을 위한 측면에서 추진해 갔으면 한다.

앞에서도 언급했지만, 최소한 인도적 지원에 관해서는 남남南南 갈등을 고조시키는 퍼주기 논란은 하지 말자는 것이고, 그렇다고 해서 엄청난 물자 등을 쉽게 결정해 보내자는 것도 선불리 주장할 문제가 아니라는 것이다. 이 문제에 관한 한 대한적십자사가 주관해 장기적인 안목에서 하나하나, 추진해 갔으면 한다. 물론 정부와 긴밀한 협의를 거쳐야 하고, 나아가 많은 시민단체NGO들과도 협력해 처리되었으면 한다.

이렇게 된다면 자연스럽게 북한 적십자사와 창구가 일원화될 뿐 아니라, 퍼주기란 비난도 받지 않을 수 있기 때문이다. 또 하나 국제적십자사와 유엔UN도 함께할 수 있었으면 한다. 이것은 북한 주민들에게 실질적이고 안정적인 혜택을 지속시킬 수 있는 장점을 확보할 수 있기 때문이다. 국제적 시각이나 남한국민들이 우려하는 것이 북한주민에게 지원되는 물품들이 주민들에 직접 전달될 수 있느냐 하는 의문인데, 국제적십자사와 유엔UN 등과 함께한다면, 상당부분 이 문제에 대한 의문은 불식시킬 수 있다고 본다.남북화해와 협력을 위한 방안 中, 리 훈, 2008

14. 금강산과 한반도

한반도는 적절히 균형되고 조화되는 산山이 여러 곳에 있고, 그 가운데 대표적인 산山은 백두산·한라산·금강산·지리산·설악산·무등산 등이다. 때문에 국토의 약 70%가 산악지대이고, 한반도 주변 삼면이 바다에 직면해 있다. 그래서 많은 사람들은 한반도를 금수강산, 천하명산이라 한다. 지정학적으로나 풍수지리설을 대입하지 않아도 태풍과 해일을 막아주고 있고, 항상 깨끗한 공기와 쾌적한 환경을 유지할 수 있는 천혜의 조건을 갖추고 있다.

그럼에도 불구하고, 많은 사람들은 자연의 혜택이나 자연과 인간과의 깊은 상관관계를 망각하며 살아가고 있다. 때문에 인간은 자연과 떨어져 생각할 수 없고, 생존을 영위해 갈 수도 없다는 사실 자체를 망각한 채 자연을 훼손하며 살아가고, 있다. 특히 한반도 금수강산에서 생존을 영위해 가면서도 자연에 대한 고마움을 망각하는 것까지는 이해가 되지만, 자연을 훼손하는 누를 범하는 사람들이 많음을 볼 때 놀라움을 금할 수 없다.금강산기행문 ASIA press 中, 리 훈, 2003

최근 경제가 좀 나아지면서 개발 등을 내세워 무자비하게 자연을 파괴하는 무법자(?)들이 활개를 치며 떵떵거리며 도시주변 고지대에 초호화판 저택을 짓고 살아가고 있음을 볼 때, 또 다른 우려를 하지 않을 수 없다. 한반도 아니 국토관리에 대한 철저한 「평화프레세스 플랜」을 마련해 이런 무자비한 일이 없도록 해야 한다는 것이다. 때문에 우리나라의 대표적인 산山에 대해서는 휴양소나 별장, 저택 등을 짓는데 자연보호에 대해 최소한의 원칙이 지켜져야 한다는 생각을 가져본다.리 훈, 컬럼집 中, 1982

우리가 살고 있는 한반도 금수강산은 우리들의 자연 훼손이나 파괴에 대해 불만의 소지는 전혀 갖지 않는 것 같지만, 또 다른 심미적審美的 눈이나 마음에서 보면 그러한 불미스러움과 원망하는 모습을 곳곳에서 확인할 수 있다. 그래서 시가 있고, 그림이 있고, 음악이 있지 않는가? 자연, 즉 바다나 산山, 들평야, 갯벌 등을 바라다보는 사람들의 시각과 감정에

금강산 국제평화캠프 추진 토론회(현대 심상진 상무, 위원장 필자, 전숙희, 조항원 공동대표)

따라 자연파괴와 훼손에 대해 원망을 들을 수 있는 사람들도 꽤 많다는 사실을 알았으면 한다.

한마디로 한반도 금수강산은 우리 민족의 영원한 희망의 터전이 아닐 수 없다. 우리 선조들의 삶이 그러했고, 지금 생존을 영위하는 우리 모두가 그렇고, 미래 우리 후손들이 살아갈 수 있는 유일한 삶의 터전이기에 우리 민족의 영원한 꿈이요 희망이라는 것이다. 그리고 그러한 절대적 영향력을 갖고 있는 한반도의 대표적인 산 백두산, 금강산, 한라산이야말로 그 무엇과도 바꿀 수 없는 천혜의 자연자원이 아닐 수 없다. 그래서 우리 선조들은 한반도 전체를 금수강산 천하명산天下名山이라고 했던 것이다.평화를 위하여 中, 리 훈, 1988

그 가운데 금강산은 우리 민족분단 60년사에 또 다른 당위로 일어서고 있으니, 이 얼마나 놀라운 일인가? 한반도 참으로 알 수 없는 상황으로 치닫고 있음을 볼 때, 우선 놀라움을 금할 수가 없다. 그것은 다름 아닌 지구촌 마지막 분단국 60여 년을 종식시키기 위한 기氣가 이곳 금강산에서 태평양을 품고 서서히 일어서고 있다는 사실이다. 참으로 신묘하기 그지없다. 21세기 시작과 함께 분단 50년당시을 기점으로 이러한 기운이 감돌았고, 이제 금강산관광 10주년을 맞아 무려 200만 명이 왕래하는 상황이다.

단일 민족임에도 불구하고 남南과 북北은 정치적 이념을 내세워 분단 60여 년을 지속해 왔고, 이러한 대치상황은 한마디로 전쟁 일촉즉발 상황을 지속하며, 심지어 교전으로 치닫고, 서로 죽고 죽이는 비극적 상황에서 주적主敵으로써 총부리를 겨누며 살아오지 않았던가? 한반도 통일 민족으로서 50여 년당시을 오가지 못하고 살아왔다는 사실만 가지고도 비통하고 참담한데, 서로 죽고 죽이는 상황에서 대치되어 꿈과 희망을 상실한 채 이제 60여 년을 넘게 살았지 않은가?

한반도가 우리 민족의 삶의 땅이었기에 민족의 꿈과 희망의 동산東山 금수강산을 꿈과 희망이 넘치는 조국강산으로 만들어 가자는 것이다. 혹자들은 필자에게 금수강산이면 뭐가 좋은 데라는 질문을 하기도 한다. 두말할 것 없이 우리 민족의 삶을 영위하는데 풍요로움을 근간으로 삶을 살 수 있게 하는 유일한 자연환경이라는 사실을 지적하고 싶다.

금강원식당 식단과 직원(냉면, 흑돼지불고기, 만두, 술 등)

즉 한반도 금수강산에서 풍요로운 삶을 살며, 평화를 사랑하는 민족이 되자는 것이고, 금강산에서 남북 평화통일의 새 지평을 열어 나가자는 것이다. 그렇게 살아온 우리 민족이 정치적 이념 때문에 대치되어 60여 년이 넘게 분단된 상태에서 살아왔으니, 이 얼마나 통탄할 일인가? 참으로 말로 다 형용할 수 없는 비참함이다. 그러나 다행스럽게 금강산이 그 곳에 있어, 분단 50여 년금강산관광 뱃길이 열릴 당시만에 민족이 함께할 수 있는 평화통일의 새 길이 열렸으니, 그것이 바로 금강산관광 뱃길이었고, 육로관광길이었고, 개성공단 등이 아닌가? 이제 금강산관광 10여 년, 그 길을 약 200만여 명이 다녀올 수 있는 경이로운 순간과 마주하고 있지 않은가?

한반도 금수강산은 민족의 풍요로운 삶을 영위하게 하는 「민족의 평화동산」이라고 한다면, 금강산관광은 우리 민족의 풍요로운 삶을 더욱 빛낼 수 있게 하는 평화를 사랑하는 민족정신을 일깨우는 유일한 「평화의 산山」이기도 하다. 금강산이야말로 60여 년의 민족분단을 극복할 수 있는 새로운 "평화의 비전"으로서 우리 민족의 '꿈과 희망'이며, 21세기를 맞아 세계로 뻗어나가게 하는 남북南北 평화통일을 위한 「평화의 금자탑」이 아닌가? 이것은 우리 민족정기가 평화민족이기에 더더욱 그렇다.

다시 말해, 한반도 금수강산에서 민족 대대로 삶을 영위해 오면서 정서적으로 풍요로운 삶을 살아왔다면, 다시 우리들은 자연, 즉 한반도 금수강산에 무엇인가를 되돌려 주어야 한다는 것이다. 그러기 위해 우리는 자연을 보존하고, 자연의 아름다움과 경이로움을 가꾸고 지키는 일을 게을리해서는 안 된다는 것이다. 나아가 자연과 인간의 조화된 무엇인가를 재창조해 되돌려 주어야 한다는 것이고, 그 과업 중 유일한 것이 평화를 사랑하는 마음과 희망을 널리 펴 한반도 평화통일은 물론, 위기에 처한 지구촌 평화 실현에 앞장서자는 것이다.

한반도 금수강산 천하명산天下名山 금강산이 그 곳에 있어 60여 년 동안 분단되어 대결로 치닫던 우리 민족의 삶에 새로운 남북 평화통일을 여는 여명의 길로 나아가고 있기에 우리 모두는 이 길을 기꺼이 환영하며, 민족의 정체성의 본질인 평화를 사랑하는 민족의 정기正氣를 지구촌에 확산해 남북 분단극복은 물론, 위기에 처한 지구촌 평화에 새 지평을 열어 지구촌 「평화의 르네상스시대」를 열어가자는 것이다.금강산기행문 中, ASIA press, 리 훈, 2004

채하봉의 폭포(리정수 사진작품)

해금강 일출 금화(中國 리 영 작품)

내금강 명경대(리정수 사진작품)

제10장

아! 금강산 육로관광이 열리다니

-금강산관광사업 항구적 남북평화사업 되어야-

만물상 금화(中國 리 영 작품)

1. 금강산과 인연

필자가 그림을 좋아했던 것은 고향이 예향藝鄕 전라도 광주여서 어릴 때부터 자연스럽게 서화를 접했고, 1960년대 초부터 무등산 중심사 입구 의제 허백련 先生 춘설헌 화실에 자주 들러 가까이 모실 수 있었기 때문에 가능했다. 그리고 고려대학高麗大學 재학시 대학신문에 의제先生과 고려대학교 설립자 인촌 김성수 先生에 대한 「생과 사를 초월한 우정友情」 고우회보 특집을 위해, 무등산 춘설헌 의제先生 화실 인터뷰 과정에서 금강산金剛山에 대해 소상히 이해하게 되었다.

그리고 기회 있을 때마다 각종 서화전을 관람했고, 많은 전시회 관전과 화가들을 만나 작품에 대한 여러 가지 이야기를 나눈 것도 큰 도움이 되었다. 1970년 초부터 해외여행을 했지만 우리나라처럼 아름다운 나라가 드물다는 생각을 항상 해왔고, 언젠가 기회가 되면, 금강산을 황금黃金으로 그리는 일에 힘쓰고 싶었고, 금강산 작품순금화을 가능하면 많이 남기고 싶었기 때문이었다.

그러한 과정에서 1991년 개인적으로 큰 시련이 있어 평소 마음먹은 금강산을 그려 6·25 전쟁으로 소실된 의제先生의 금강산 작품을 미력한 힘이나마 다시 한 번 구현具現하고 싶었다. 그래서 한국·일본·중국에서 금金을 잘 다루고, 동서양화에 능能하고, 세필과 대작大作을 소화할 수 있는 작가를 선정하는 과정에서 우연치 않게 중국中國 리 영李穎, 당시 56세 화백畵伯을 만나 금강산을 황금으로 그리기 시작하게 되었다.

당시 中國 리 영 화백은 만리장성 작가로 너무나 유명한 작가였다. 주은래, 강택민 수상의 총애를 받아 각국 수상에게 보내는 연하장에 만리장성 리 영 작품이 선정되어 쓰여졌고, 여러 정부기관이나 청사와 각국 대사관에 설치한 만리장성 작품도 리화백 작품이 주종을 이루고 북경北京 미술원 동서양화 교수를 27살에 역임한 천재화가를 만난 것이 계기가 되었다.

2. 육로관광과 비무장지대DMZ

아! 50년 만에 열리는 금강산 육로관광이 아닌가? 눈앞에 펼쳐진 임시 도로는 불과 약 3km에 불과하나, 우리 민족을 50년간금강산관광 초기 당시이나 차단한 군사분개선임을 볼 때 비참했다는 생각이 들었고 동시에 지구촌에 마지막 남은 분단국을 상징하고 있기에 참으로 참담한 심정으로 북北녘땅을 향했다.

어찌 보면 금강산관광은 마음의 여유와 평정을 갖게 하나 비무장지대DMZ는 그와는 반대로 대립과 긴장 그리고 비참한 6·25 전쟁을 연상케 했다. 금강산 육로 시범관광단 약 400여 명은 불안한 마음과 긴장된 상황에서 남측 출입국관리소를 무사히 통과했다.

분단 이후 처음 실시한 금강산 육로관광은 한마디로 감동적 순간이었다. 그것은 지난 50여 년을 뒤로 하고 민족의 광명光明의 시대인 남북南北 평화통일을 위한 또 다른 출범이었기 때문이다. 이 순간은 민족사에 영원히 기억되리라 믿는다. 일반적인 관광이 아니라 남북南北이 하나 되게 하는 평화통일의 길이기 때문이다.

군사분계선DMZ을 통과하는 순간순간은 긴장되었고, 혹 우발적인 행동이나 사고가 발생되지 않을까 시종일관 걱정도 했다. 남측 출입국관리사무소에서 조촐하게 거행된 남북南北) 임시도로 개통에 따른 기념식을 가졌고, 정부에서는 통일부 차관과 건설교통부 차관, 고성군민, 그간 지뢰 제거와 도로공사에 힘쓴 군 장병과 국내외 보도진 500~600명이 함께 했다.

육로관광 출입증 교부모습(2003.2.14)

현대아산(주)도 육로관광을 축하하기 위해 대형 풍선을 띄웠고, 합창단의 축하 노래와 통일 길놀이 한마당 농악과 폭죽으로 대신했다. 시범관광단 차량 22여 대BUS에서 풍선을 창밖으로 날리는 순서로 기념식 행사를 마무리했고, 우리 일행은 북측을 향해 전진, 군사분계선DMZ을 넘어 금강산으로 향했다.

금강산 뱃길이 열린 지 4년여 만에 약 51만 명이 금강산을 다녀왔으나 그간 크게 잘못된 일이나 별다른 분쟁은 없었고 몇 가지 불미스러운 일로 일시적으로 금강산관광이 중단된 일이 있었다. 이제 우리는 그러한 기반을 기초로 비록 임시 도로이나 육로가 열려 금강산 길을 향하며, 우리 모두는 민족의 평화통일을 간절히 소원하며, 벅찬 가슴으로 금강산 육로시범관광에 임했다.

3. 아산 금강산관광 사업

금강산관광 사업은 故 김대중 전 대통령과 함께 펼쳐진 「햇볕정책」에 의해 시작되었고, 그간 현대아산(주)은 엄청난 투자를 했다. 이것은 경제적 부담을 넘어서 남북 협력과 교류라는 민족 평화사업에 비중을 두었기 때문이라 본다. 그러나 향후 남북교류와 협력 사업은 많은 인내와 노력이 요구되지 않으면 안 되는 상황도 가끔 초래되리라 본다.

현대아산(주)의 이러한 노력이 북측과 교류협력의 기초를 만들었다는 생각을 하며 육로시범관광에 또 다른 의미를 부여해 본다. 2002년 8월 금강산관광시 해수욕장이 개장되었고 그곳에 설치된 현대아산 시설물들을 보고 놀랐다. 금강산 주변이 북한이란 특별한 상황에서도 저토록 엄청난 시설들을 짧은 기간에 설치했다는 사실을 확인했기 때문이다.

특히 현대오일뱅크주유소가 설치되어 금강산 주변에 많은 차량과 버스가 운영되고 있어 안내원에게 물었다. 현대오일뱅크라는 주유소가 있는데 영어로 표기가 쉽지 않았을 것 같은데라고 묻자, 그걸 쓰는데 무려 2년 이상이 걸렸다며 어려운 실정을 토로했다. 그리고 관

육로관광 해금강호텔–버스 도착

육로관광 환영(北 취악대)

광객임에도 불구하고, 영문으로 표기된 티셔츠 옷을 입는데도 어려움이 있다고 했다.

좀 지나친 말이 될지 모르나 현대아산(주)은 남측 기업을 대표해 투자를 하는 기업이라는 점을 고려해 금강산관광개발에 참여한 기업에 많은 융통성을 발휘해 과감히 협조해 주어야 하지 않을까 한다. 그렇지 않을 경우 그토록 어려운 사업을 어떤 기업이 떠맡으려 하겠는가. 향후 북北측의 유연성이 발휘되지 않으면, 어려운 국면도 예견되었다.

남북南北 교류는 참으로 어렵고 힘든 행보이다. 이토록 힘든 남북南北사업을 감히 누가 현대아산(주)처럼 과감히 나설 수 있을지 묻고 싶다. 故 정주영 명예회장이 있었기에 금강산관광이 가능했고, 오늘 희망에 찬 금강산 육로 시범관광이 활짝 열렸다는 생각을 하며, 마음속으로 평화통일을 기원했다.

4. 비무장지대 약 3km의 표정

육로관광 시범관광단 일행은 14일 현대 본사계동에서 새벽 5시경에 출발한 400여 명은 새벽을 가르며 강원도 고성 금강산 콘도에 도착, 여행에 따른 절차를 밟고 다시 22대의 소형버스에 분승, 남측 출입국관리소에서 기념식을 가졌다. 일행들은 역사적 순간을 카메라에 담기 위해 셔터를 눌러댔다.

금강산 시범관광은 무리 없이 진행되었고 겨울이었음에도 불구하고 따스한 날이었다. 그와는 반대로 역사적 현장에 걸맞지 않은 조촐한 기념식은 필자의 눈에는 좀 썰렁하게 느껴졌다. 어떤 의미에서는 오늘 금강산 육로관광은 베를린 장벽이 무너지는 순간과도 같은 역사적 순간이 아닌가?

국민적 축제분위기는 아니더라도 최소한 행사다운 식이 진행되길 기대했는데, 여러 가지로 미흡했고, 동해선 임시도로 개통 기념식은 2003년 2월 14일 금요일에 개최되었다. 이에 국내외 기자들의 관심도 대단했고 임시 남측출입국관리 연락사무소도 잘 꾸며졌고, 임시도로였지만 거의 완벽한 상태에서 육로시범관광으로써 손색이 없었다.

5. 故 정주영 명예회장 개척정신

故 정주영 명예회장은, 소 한 마리를 북한에서 가져와 그토록이나 엄청난 기업을 세운 보기 드문 기업인이라는 사실은 자타가 아는 사실이다. 특히 그분께서 생존生存시 고향인 북北에 대한 관심은 남달랐기에 그것을 민족의 숙원인 평화통일과업으로 승화시키려는 그분의 노력과 열정이 오늘 이 자리를 있게 할 수 있었다고 생각하기에 감사를 드리고, 고인의 명복을 빌면서 비무장지대DMZ를 통과했다.

기업은 이윤추구가 목적이다. 그러나 그러한 이윤추구를 하는 기업은 세계 여러 나라에 부지기수다. 기업가에서 가장 두드러진 가치가 있다면 그것은 다름 아닌 故 정주영 명예회장의 개척정신이 아닐 수 없다. 나아가 그러한 개척 정신은 사회와 나라, 그리고 인류발전에 기여하는 원동력이었기에 더욱 의미가 깊다.

故 정주영 명예회장은 이런 점에서 뛰어난 능력을 발휘하셨기에 위대한 분이라 하지 않을 수 없다. 우리나라에도 수많은 기업이 있지만 현실에 안주하며 위험부담을 갖는 일에는

육로승용차관광 출범

관여를 해서는 안 된다는 법칙 아닌 아집 등을 믿고 있는 경우가 허다하지 않은가. 많은 기업인들은 잘 먹고 잘 쓰고, 충분히 즐기는 상황으로만 치닫고 있음을 보면 이해가 되리라 믿는다.

특히 故 정주영 명예회장은 지구상에서 유일한 분단국인 북한을 상대로 빨라야 20여 년이 넘게 걸리는 북한 사업과 금강산사업을 추진해야만 했을까에 대해 깊은 성찰이 필요한 시점이 아닌가 한다. 그것은 다름 아닌 북한의 모든 개발을 외국기업이 아닌 남측 현대가 중심이 되어 주도해 남북에 실질적인 경제성장을 도모해 남북南北이 더불어 잘살아야 한다는 목적이 컸기 때문에 과감히 실행했던 것이라 본다.

6. 기업인의 동물적 감각

미국의 역사가 200여 년 조금 넘는 정도임에도 세계를 주도하는 국가가 된 것은 개척정신이요, 두 번째가 실용주의이고, 세 번째가 기독교정신이 아닌가 한다. 물론 순서는 달리 해석할 수 있으나, 방대한 국토와 자원 그리고 그것을 효율적으로 이끌 수 있는 인적자원과 인력의 적절한 배치에 의해 가능했던 것이라 본다.

필자는 故 정주영 명예회장의 기업인으로서 뛰어난 경제적 감각을 믿기에 감히 이 글을 쓴다. 우리나라가 배를 생산하는 조선 국가도 아닌데 선진국을 상대로 배를 수주하여 황무지에서 조선국으로 발돋움시킨 것이 결코 우연이 아니며, 거북선 문양이 든 화폐동전로 그러한 일을 성취할 수 있었다는 사실에 놀라움을 금치 못한다.

故 정주영 명예회장께서 산업 전 분야에 끼친 영향은 이루 말로 다 형용할 수 없을 뿐 아니라 오늘날 현대라는 세계적 기업을 창출함 또한 놀라운 일이 아닐 수 없다. 참으로 이 민족과 청년에게 엄청난 꿈과 희망, 그리고 비전을 준 분이라는 사실을 다시 한 번 상기해 보지 않을 수 없다. 혹자들은 몇 백 년 만에 한 번 나올까 말까 하는 인물이라고 말한다.

그러나 필자는 결코 기적이라고 보지 않는다. 오직 그분의 치밀한 분석과 노력에 의한 결과라 믿는다. 그런 의미에서 보면 단순히 북한이 고향이라는 이유 때문에 금강산관광개발에 관여하지는 않았을 것이다. 외국인들이 우리 민족, 우리 국토에 경제권을 장악하기 전에 민족과 나라를 위해 뭔가를 시작해야 한다는 일념에서 추진했던 것이라 믿어 의심치

평양 류경 정주영체육관 행사 前

않는다.

7. 군사분계선MDL과 비무장지대DMZ

관광버스 약 20여 대에 편승한 관광객이 금강산 시범관광단 약 400여 명은 군사분계선 금강 동문東門이 금강산 육로관광이라는 순수한 목적에서 열렸고 약 3km 임시도로가 일행들을 반기며 '왜 이제 오느냐'며 이곳저곳을 안내하며 이끌어 준 느낌이 들었다. 여기서부터 비무장지대DMZ라 쓰여 있는 표지판이 눈에 들어왔고, 동시에 암울했던 민족의 암흑시대가 입춘立春에 의해 서서히 녹아내릴 것 같은 감정에 휩싸였다.

입춘대길立春大吉 일년 계속, 아니 향후 우리나라가 오늘 금강산 가는 날만 같았으면 좋겠다는 생각과 함께 긴 버스 행렬은 지속되었고, 어디선가 황야의 무법자들이 금세라도 뛰쳐

나올 것 같은 텍사스와 멕시코 국경의 황량한 들판 같았다. 일부지만 크지 않은 늪지대와 갈대밭, 그리고 오래전에 잘린 나무뿌리들이 험상궂은 모양으로 군데군데 눈에 띄기도 했다.

금강문에서 약 10여 분이 되자 비무장지대DMZ를 지나는 길 이곳저곳 바위에 수많은 총구멍이 수없이 눈에 들어와 6·25 당시 극심한 격전지가 아니었나 싶었다. 피바다를 이룬 전투지역이었다면 순국하신 그분들을 위해 조용히 고개 숙여 묵념이라도 드려야 한다는 생각과 함께 기도하는 마음으로 비무장지대를 통과했다.

물론 북北쪽 군인들경무관이 긴장된 태도로 우리를 계속 감시했고, 두 사람이 차에 올라와 눈을 부릅뜨며 긴장된 모습으로 '운전선생, 몇 명 왔습네까?'라며 그들 나름의 임무에 충실했다. 그리고 여성취악단이 구성봉을 배경으로 길가에 도열해 '반갑습네다' 등의 음악을 연주하며 황량한 비무장지대에서 환영을 해 또 다른 감정에 휩싸이기도 했다.금강산 육로관광 특집 中, ASIA press 中, 리 훈, 2004

교외단 공연을 관람하는 北 취악대 단원들(필자 촬영)

8. 금강산 초입과 관광표정

우리 버스가 군사분계선MDL을 통과해 약 30~40km의 속도로 금강산을 향해 20여 분간 달리는 과정에서 북측 마을을 군데군데 볼 수 있었고, 주민들이 보였으나 그렇게 신이 나서 반기는 모습은 아니었다. 마을은 오래되어 허름한 주택들과 부스러져가는 기와집이 눈에 들어왔고, 아이들도 입춘의 따뜻한 겨울 햇살을 받으며 간혹 손을 흔들며 일행들을 반겨 주었다.

일행은 무사히 금강산 해금강호텔장전항 선착장에 해상호텔 앞에 도착하여 안도의 숨을 쉬며 안내자의 설명을 들었다. 북측 출입국 수속에 대한 주의사항을 경청했다. 그러니까 서울에서 통일전망대를 거쳐 금강산 품안에 안기기까지 약 7시간이 소요되었고, 이것은 임시도로 개통식 행사 때문에 다소 늦어졌던 것이다. 평소 같으면 늦어도 5시간이면 족할 것인데 말이다.

동해선 임시도로 개통식 前(필자 촬영)

북측 수속을 마치고 뒤늦은 점심과 기념행사와 교예단의 놀라운 기예와 연기기예력에 시선이 집중되었고, 그들의 놀라운 실력에 감탄하지 않을 수 없었다. 공연을 마치고 야외 온천장에 앉아 참으로 인간의 능력의 한계가 어디일까에 대해 의문을 가졌고, 셰익스피어의 인간 찬미가 결코 헛되지 않음을 이해했다.

온천장에 화려하게 펼쳐진 금강산 야경밤이라서은 볼 수 없었으나 가슴으로 느끼며, 북한 교예단 기량에 또 다른 연민의 정과 함께 결국 그들의 노력이 헛되지 않을 것이라는 가슴 뭉클한 심정과 함께 언제 우리 민족이 사상과 정치적 이념을 초월해 진정한 민주, 자유, 정의 그리고 평화로운 세계로 전진할 수 있을까에 대해 자문하며, 잠을 이루지 못했다.

9. 금강산 겨울과 백설

필자가 수없이 금강산을 다녀왔지만 겨울철에 관광은 몇 번 되지 않는다. 그것도 특별한 이벤트event 때문에 왔었기 때문에 겨울 등반을 할 수 있는 기회가 별로 없었다. 그래서 이번만은 백설의 금강산, 특히 만물상을 꼭 가야겠다는 생각을 하며 등산복 등에 신경을 쓰며, 미국 CNN 방송팀과 함께 만물상을 향했다.

청송青松에 하얀 눈송이가 뭉게구름처럼 쌓였고, 그 사이를 파고드는 햇살을 받으며 덩실덩실 춤을 추는 선녀들을 느낄 것 같은 미인송美人松과 조화되는 아늑한 경관을 카메라에 담기 위해 신경을 쓰며 차분한 마음으로 만물상에 올랐다. 다행히 CNN 방송팀은 촬영장비가 무거워 보행이 늦어 함께 하기에 안성맞춤이었다. CNN팀은 북쪽 사람과 인터뷰를 해야 TV 방영을 할 수 있다며 필자에게 협조를 요청해와 걱정이 되었다.

특히 필자가 관심을 가진 것은 눈과 각양각색의 바위, 그리고 생명력을 과시하며 귀하게 우뚝 솟아 있는 푸른 소나무 등에 어우러진 입체감이 신비로움을 넘어 동화세계 같았다. 깎아 세운 듯한 크고 작은 돌들과 눈과 바람이 어우러져 신비감을 더한 기암괴석의 오묘한 모습에 취하지 않을 수 없었다.

1m 가까운 백설이 금강산을 덮고 푸르다 못해 청색이 된 솔잎이 그 귀한 자태를 뽐내며 그토록 매서운 겨울을 이기는 모습이랑 어찌 글로 다 표현할 수 있을지. 특히 거센 바람에 금세 없어지고 눈송이에 의해 새 모습으로 나타나는 금강산의 신비로운 모습에 놀랍고, 나

직이 들리는 계곡 물소리는 이미 봄의 속삭임을 노래하는 것 같았다.

만물상에 도착한 CNN팀은 통역 겸 기자를 시켜 북측 안내원에게 TV 인터뷰를 요청했으나 여지없이 거절당하고 말았다. 그것은 부시 미국 대통령이 북北을 '악의 축'이라 했기 때문에 미국사람과의 거리를 갖는 것이 당연하게 느껴졌기 때문이 아닌가 했다. 이에 필자는 미 CNN 방송팀은 여기까지 와 북측 사람과 인터뷰를 못해 난감하다며 난색을 표하며, 필자에게 도움을 청해왔다.

이에 필자는 참 어려운 부탁이라는 생각을 하며, 정치문제만 아니면 가능할 수도 있다는 생각을 했다. 평소 자주 본 북측 안내원에게 정치문제를 제외한 금강산의 아름다움에 대해서만 대담을 하면 어떠냐고 묻자 안 된다며 황급히 자리를 피했다. 필자는 다시 그들에게 가 책임은 본인필자이 질 테니 해보자고 하자, 웃으며 몇 사람이 의논해 보겠다고 해 어렵게 인터뷰가 이루어졌다.

금강산 육로관광을 맞아 그리고 미국 부시 대통령의 '악의 축'이라는 발언 이후에 최초

금강산 육로관광 기념식(2003.2.14 온정리 문화회관)

로 북한 사람과 인터뷰를 해 약 4분간 CNN TV를 통해 세계에 방영할 수 있게 되어 다행스럽게 생각하며, 미력하나마 한반도 긴장 해소에 다소 도움이 되었다 싶었다. 이에 CNN 방송국 스태프들은 매우 고마워하며 만물상 기념촬영을 함께 했다.

필자는 이번 금강산관광에서 느낀 점은 신비로움과 기氣가 가득한 금강산의 위용에 두었고 우리 선조들도 그리도 보고 싶고 그리워했던 그러한 아름다움과 신비로움으로 가득한 영산에 대해 어찌 글로 다 표현할 수 있을까에 대해 의문을 가졌다. 우리 속담에 '금강산도 식후경'이란 말은 금강산이 그만큼 아름답다는 것과 우리 선조들이 얼마나 먹고사는 것이 어려웠으면 그렇게 비유했을까에 마음을 두기도 했다.

세계적 관광사업의 추세를 무시할 수 없기에 우리의 금강산에 오염되지 않은 그러한 관광지로 거듭 발전하기 위해서라면서 환경 가꾸기에 모든 역량을 다해야 한다는 생각을 했다. 고로 "사람은 기르고 환경은 힘써 보호하고 문화는 가꾸는 노력을 해야 한다"는 생각

현대그룹 현정은 회장, 北 김정일 위원장, 현대 정지이 전무

을 했다. 여기 소개한 금강산 이야기는 이미 대중화된 이야기이지만 반복해 보고자 한다.

저 유명한 소동파는 "고려국에 태어나 금강산을 한 번 봄이 소원"이라 했고, 일본인들은 "금강산을 보기 전에 천하에 산수를 논하지 말라" 했다. 스웨덴 구스타브 국왕은 1926년에 방한 "하느님이 천지창조를 하신 6일 중 마지막 1일은 금강산을 창조하는데 쓰셨다"라고 했다.

그뿐인가. 맥아더 장군은 한국전쟁 당시 비밀리에 금강산을 답사했고, 몸이 불편해 육군병원에 입원한 정일권 장군 위문을 갔을 때 반드시 금강산과 명사십리를 확보해야 한다는 주문을 했다고 전하고 있다.이 사실은 2004년 10월초 당시 정일권 장군과 함께한 분의 대화에서 필자가 확인

10. 금강산과 냉전종식

지구촌의 유일한 냉전지역 그리고 마지막 남은 지구촌 분단국 한반도, 그래서 세계가 한반도에 시선을 집중하고 있지 않은가. 중요한 사실은 금강산관광 4년 만에 비무장지대DMZ 철조망과 살벌한 지뢰밭이 제거되어 금강산관광길이 열렸다는 것이고, 더 크게는 북핵문제의 국제적 상황 등이 또 다른 변수로 작용될 가능성을 감안하지 않을 수 없다.

필자는 믿고 확신한다. 故 정주영 명예회장의 남다른 생각과 철학 그리고 탁월한 개척정신이 있었기에 생전生前에 이토록이나 엄청난 일을 시작하지 않았던가? 민족은 영원히 평화롭게 살아야 한다는 신념과 철학이 없었다면 불가능했다는 사실을 이미 오래전에 간파하셨기에 그 같은 일을 행동으로 취했던 것이라 확신해 본다.

한반도 그것은 다름 아닌 열강의 각축장이었고 그로 인해 국토가 양분되고 민족이 피를 흘리며 싸워야만 했던 것도 결코 열강과 무관한 것이 아니라는 점을 상기할 때 미래의 관광사업으로 분단된 조국을 하나로 만들고 남북南北으로 갈라진 이산가족과 민족을 하나로 하는 유일한 금강산관광사업을 한반도 평화사업으로 가꾸어 가자는 것이다.

야영생활을 즐길 수 있는 포레스트돔(리정수 사진작품)

11. 금강산관광과 해외 호화 쇼핑관광

관세청 발표는 해외 여행객이 허용한도를 초과해 고급카메라와 귀금속, 핸드백, 캠코더 등 고가 사치품을 국내에 반입하려다가 적발된 건수는 모두 604,565건으로 전년에 비해 23.2%가 증가했고, 보석, 귀금속도 106.7%가 증가되었다고 몇 년 전 밝히고 있다. 참으로 한심스러운 일이 아닐 수 없다.

그런가 하면 무분별한 해외여행으로 발생되는 관광적자는 7조에 달해 심각성을 잘 나타내고 있고, 고가 디지털카메라와 고급카메라 111,420건으로 전년보다 무려 309.5%나 증가되고 있는 실정이다. 그리고 사치와 낭비로 치닫는 해외골프여행과 허세 유학은 어떤가? 그리고 무서운 싹쓰리 아줌마들은 1년에 10여 차례나 골빈 해외여행에서 한 번에 수천만원을 쓰기도 한다고 한다. 그뿐만 아니라 유일한 취미인 양 호들갑을 떨며 온갖 사치품으로 몸을 휘감고 고급향수 냄새를 풍기며 강남 일류호텔 등을 전전하며 식사 한 번에 십여만

원을 쓰며 호들갑을 떨며, 우월주의에 빠져있다니 놀라지 않을 수 없다. 그뿐인가? 호화 보석과 저택은 어떤가?

애국이란 결코 엄청난 일이 아니며 친절과 따뜻한 미소 그리고 사소한 기초질서를 지키고 실천하는 일이 아닌가? 천하에 아름다운 금강산金剛山을 두고 해외에 나가 돈을 물 쓰듯 쓰는 작태는 어떤 경우라도 이해할 수가 없다. 50여 년 만금강산관광 초기에 뱃길이 열렸고, 이제 육로관광이 열리지 않았던가. 금강산관광을 즐기면 애국도 하고 평화통일을 여는 데 기여하자는 것이다.

삼선암 만추(리정수 사진작품)

12. 금강산과 큰 정치

김대중 대통령의 햇볕정책에 대해 찬반이 많았으나, 많은 사람들은 원칙적으로 환영했다. 그것이 우리 민족이 함께 잘 살며 번영하는 길이기에 국민들 기대는 긍정적 방향에서 작용했다. 이 과정에서 현대아산(주)이 약 4천억 원을 정부와 함께 북北에 주었다는 비난이 있었고, 이러한 상황을 감안해 볼 때 여러 가지 생각을 하지 않을 수 없다.

특히 故 정몽헌 회장 비자금 문제에 어떤 언론들은 한 건 했다는 식의 반응을 보이며 투명성과 법대로 처리하라는 주장을 강하게 피력하기도 했다. 필자 역시 투명성과 준법성에 대해 국민으로서 책임을 다해야 한다는 사실은 지지한다. 그러나 그분들에게 묻고 싶다. 러시아에 준 30억 불과 정치 경제인의 온갖 비리와 부패에 대해서는 왜 함구하는지 알 수가 없다.

북北 개발과 남북교류를 위해 선투자 형식을 취한 4천억 원에 대해 이제 여야를 떠나 마음의 여유를 갖자는 것이다. 현대가 국제적인 기업임을 감안해 그 기업의 능력과 비전을

만물상 가을(리정수 사진작품)

믿어야 한다는 것이다. 여야를 막론하고 책임질 줄 아는 사람들이 정치를 해야 한다는 주장을 하며 책임질 수 없는 논쟁은 하지 않았으면 한다.

이런 상황에서 남북화해와 협력을 위해 초당적으로 대처해야 하고 대통령을 보좌하는 참모들도 대북사업에 아낌없는 지원과 격려가 있어야 하며, 정당은 달라도 대북사업은 전략적 경쟁이나 쟁점이 아니라 남북 화해와 협력을 위한 민족의 역사적 평화통일 과업이라는 차원에서 일관된 접근과 추진이 지속되기 바란다.

13. 금강산 국제관광 특구와 전략

결과적으로 금강산관광 만 4년 만에 북한에 의해 금강산이 국제관광특구로 지정되어 고무적인 일이다. 앞에서도 언급했지만, 북측과 사업을 하려면 많은 어려움과 인내가 필요하지만 상호 협력으로 신뢰를 구축해 가야 하고, 향후 또 다른 시련이 있더라도 故 정주영 명

北 아태평화위원회 리종혁 부위원장과 현대그룹 故 정몽헌 회장

예회장의 개척정신을 잊지 말자는 것이다.

특히 북한과 합의해 이산가족면회소가 설치되는 등 관광인프라에 많은 노력이 요구된다. 이번 시범육로관광 때 방영된 CNN 방송 같은 홍보 등도 보다 적극적으로 추진해야 하고, 문화예술 등의 활동을 통해서 관광시설 등을 보완해야 함은 물론 국제행사도 유치해 또 다른 관광비전을 갖춰가야 하리라 믿는다.

끝으로, 정부와 한국관광공사 등은 강원도와 서해안 그리고 금강산을 연대하는 관광개발에 역점을 둬 개발해야 하고 일본과 중국 등의 관광객 유치를 위해 해상과 항공관광이 될 수 있도록 통천 비행장도 재정비해 향후 진척될 금강산관광사업에 최선을 다해야 하리라 믿는다. 금강산관광사업이 한반도 평화통일로 거듭나길 바란다.금강산관광 특별기행문 ASIA press 中, 리 훈, 2003

금강산 집선봉(리정수 사진작품)

제11장

금강산 세계평화운동 산실이어야!

-금강산 지구촌 평화캠프장 설치를 촉구하면서-

1. 금강산과 남북관계

분단 반세기 전쟁으로 인해 한반도가 두 동강이 나고, 민족이 갈라지는 비극을 초래하게 되었으며, 그 요인要因은 정치적 이념대립이었고, 이로 인해 강대국의 힘의 논리에 의해 한반도가 둘로 나누어졌으며, 지난 50여 년간금강산관광 초기 대치상태에 처했던 것이다. 이제 60여 년이 지난 지금의 현실은 상호 잔인한 남북전쟁의 그 무거운 갑옷을 벗기 위해 이제 막 투구를 벗으려는 상황이라 할까?

지난 60여 년간 남북南北이 정치적 이해집단에 의한 교류가 없었던 것은 아니나, 그것은 특정 정치인들의 정권유지를 위한 수단으로 전락되어 특권층에 의한 비밀접촉 이후 장기집권에 의한 정치적 목적에 의해 쓰여졌고, 그 다음은 이산가족방문과 남북적십자회담 그리고 시민단체NGO에 의한 상호방문과 교류가 불과 10여 년 전에 시작되었다.

필자가 목격한 1986년 말 고베 유니버시아드 대회를 기점으로 한반도기가 탄생되어 상호 격려와 응원이 펼쳐져 경기장은 남북南北 청년들이 젊음으로 가득찼던 것이다. 이러한 분위기 창출은 재일동포 청년들에 의해 가능했고, 그들은 무엇보다도 조국이 하나되어야

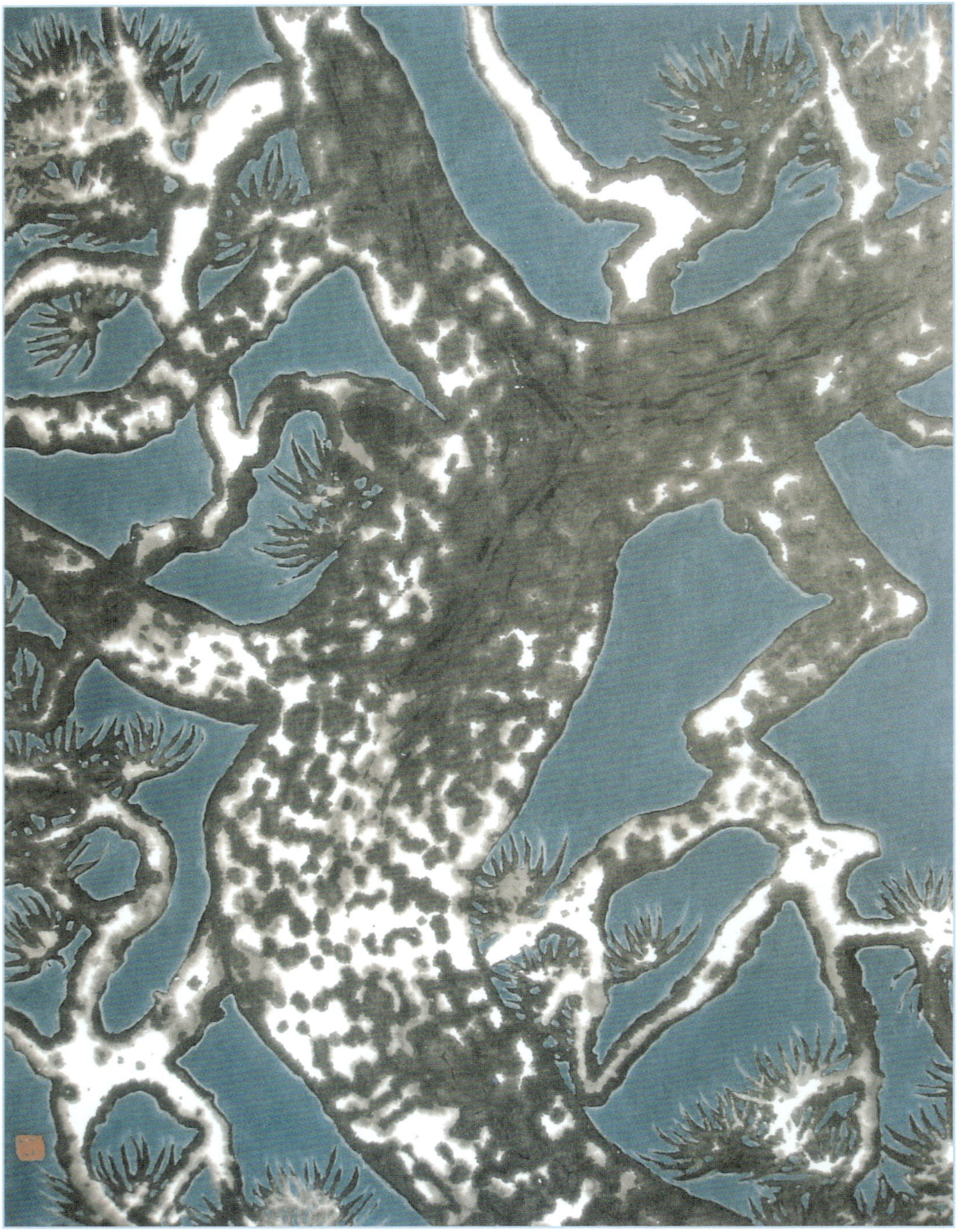

금강산 설송(임무성 작품)

구룡연 관폭정 가을(리정수 사진작품)

한다는 신념에서 일어섰던 것이다.필자, 고베 유니버시아드 학술회의에서 참석, 88올림픽조직위 철학분과 위원

여기서 주목해야 할 문제가 있다. 그것은 다름 아닌 금강산관광이 현대아산(주) 故 정주영 명예회장에 의해 현실화되어 뱃길로 무려 약 52만 명이 넘는 남南측 관광객이 북한 땅 금강산을 다녀왔다는 사실이다. 물론 이러한 일련의 일들은 故 김대중 대통령의 햇볕정책이 뒷받침되었던 것이다. 그런가 하면 DMZ를 통과하는 버스관광이 실현된 점은 참으로 다행스러운 일이 아닐 수 없다. 그리고 이것은 남북南北교류에 큰 전환점이 되었다.

2. 금강산 평화관광사업

금강산이 민족의 영산이고, 세계적으로 아름다운 산山이라는 사실을 부인할 수 없기에 향후 남북南北 간에 정치적 상황이 유연해져 교류가 활발해질 경우 금강산에 엄청난 관광객이 몰려들 것은 너무나 자명한 일이다. 특히 지난 2003년 12월 김정일 위원장에 의해 금강산이 국제 관광특구로 지정되어 그 역량이 극대화될 경우 엄청난 인원외국인 포함이 금강산을 찾을 것을 예측해보면, 향후 여기에 대응할 종합적인 대책이 강구되어야 한다는 것이다.

여기서 한 가지 우려되는 것은 자연훼손과 환경오염이 문제이다. 그러나 그러한 문제는 기우와는 달리 많은 관광입국의 사례를 통해 극복될 수 있기에 크게 우려할 일은 아니라 믿는다. 이제 지난 4년간의 금강산관광을 경험삼아 새로운 관광사업 인프라를 구축해야 한다는 것이다. 이는 21세기를 맞이하여, 하나의 대안이 될 수 있기 때문에 관광진흥이라는 관점에서 「세계청년평화캠프장」 설치를 추진하자는 것이다.

아무리 훌륭한 자연환경이 있다 해도 인간과 인류에 공헌하는 지혜가 함께하지 않을 경우 한반도와 동북아 중심국은 그 실현이 힘들 뿐 아니라, 관광대국으로서 세계화하는데 결정적 한계를 갖게 될 것이 뻔하기에 금강산관광사업의 전략이 다양한 방향에서 모색되고, 추진되어야 한다는 것이다. 때문에 세계적인 관광지를 보면, 반드시 인간의 삶과 역사가 함께 조화되기 마련이기에 금강산에 세계청년평화캠프장을 설치 국제관광특구로써 세계적 역할을 다하자는 것이다.

옥류계곡(백남식 사진작품)

3. 금강산과 민족정신

금강산은 우리 민족의 정신세계와 밀접히 관련되어 민족의 줄기찬 삶과 쉴 사이 없이 교감交感하며 오늘에 이르렀다. 쉽게는 자연과 함께 교감하며 살아왔고, 여기에서 많은 시인, 화가, 풍류객들의 정서적 온상溫床이 되기도 했다. 온갖 샤머니즘과 불교 그리고 민초들의 소원과 소망을 비는 도량으로서 정신적 위기극복뿐만 아니라 나라의 역경을 극복하는 힘과 연관되어 우리 민족의 정신세계를 형성하는 본산本山으로서 상징된 명산名山임을 주목하지 않으면 안 된다.

역사를 거슬러 올라가 보면 우리 민족은 타민족과 달리 유독 온유할 뿐 아니라 순박해 남을 해치기에 앞서 남을 널리 이롭게 하자는 마음이 지속되어 오늘에 이르렀고, 그러한 분위기를 기저基底로 생존生存을 영위해왔던 것이다. 즉 평화를 사랑하는 유일한 민족이기에 건국이념을 홍익인간弘益人間이라 표방, 금수강산 한반도에서 유유자적悠悠自適하며 자연과 벗삼아 풍요로운 정서emotion를 함양하며 평화를 사랑하는 문화민족으로 살아오지 않았던가?

여기에 건국이념理念인 홍익인간 정신에 대해 살펴보면, 남을 널리 이롭게 하자는 뜻으로 이해되나, 그 진정한 의미는 남을 인정하고, 남을 위해 봉사한다는 대명제가 함축돼 있고, 나아가 우주에 있어 자신이 주체인 것처럼, 타인도 주체主體가 되어야 한다는 평화정신이 농축되어 있음을 간과해서는 안 된다. 때문에 금강산金剛山이 나라 하나, 국토 하나, 민족 하나 만들기 위해 새롭게 대두되고 있음은 결코 우연이 아니라는 것이다.

4. 금강산과 평화정신

한반도는 평화의 땅이기에 우리 민족은 평화를 사랑하는 민족이므로 그 찬란한 맥을 이어왔다. 그럼에도 불구하고 그와는 정반대이기에 지구촌의 마지막 남은 분단국을 상징하는 명산 금강산에서 이제 그 역량을 발휘해 세계 속에 그 위용을 드러내야 할 때이다. 또한 금강산관광의 목적이 평화통일을 앞당길 뿐 아니라 위기에 처한 지구촌에 새로운 평화정신을 회복시켜 「21세기 평화의 르네상스 운동」으로 발전시킴과 동시에 자라나는 청소년

관음폭포(리정수 사진작품)

뿐만 아니라, 지구촌 인류에게 진정한 평화정신을 확산시키자는 것이다.

지구촌 위기에 처한 평화정신이라 함은 극단적인 개인과 집단이기심, 날로 흉포해지는 폭력성의 확산, 나아가 종교 간, 세대 간 갈등 그리고 지역과 국가 간 이해의 충돌 등이 극에 달해 지구촌에 평화정신을 위태롭게 하고 있다는 것이다. 중요한 것은 많은 사람들의 정서emotion 상태뿐만 아니라 인간의 올바른 성장과 발달을 도모해야 할 청소년들의 마음도 결코 예외일 수 없다는 사실에 주목해야 한다는 것이다.

때문에 향후 단행될 금강산 세계청년 평화캠프는 사람사랑·자연사랑·나라사랑·인류사랑이라는 보편적 가치를 추구, 위기에 처한 삶과 사회가 좀더 평화로워져 창조적인 건강한 삶을 영위할 수 있는 계기가 되었으면 한다. 그러한 운동이 지속적으로 금강산에서 추진되어 발전된다면, 평화를 사랑하는 민족으로서 자긍심을 갖게 될 뿐 아니라 대립과 갈등으로 얼룩지고 흉악해지고 있는 지구촌 평화에도 크게 기여하게 되리라 믿는다.

내금강 가을(리정수 사진작품)

5. 금강산과 국제평화 캠프장

현대아산(주)에 의해 추진된 그간의 금강산관광사업 중 괄목할 만한 사례가 있었다면, 반세기가 넘도록 정치적 대립으로 일관한 이념을 어느 정도 극복, 물적·인적 교류가 가시화되었다는 점과 DMZ에 지뢰가 제거되어 군사분계선을 넘어 뱃길과 육로관광이 단행된 것은 세계적인 사건임과 동시에 우리 민족사에 길이 남을 「평화의 금자탑」이기에 충분했다. 때문에 금강산에 국제평화 캠프장을 세우자는 것이다.

특히, 지난 4년간 약 52만 명의 관광객이 동해 바닷길을 통해 북北 금강산관광이 실시되었으나, 이 지역에서 아직까지 단 한 번의 무력충돌이나 분쟁도 없었고, 심각한 사건이 없었던 점을 이해하지 않으면 안 된다. 이러한 결과는 남북南北 간 상호신뢰에 의해 비롯되었고, 이것은 한반도 평화통일에 또 다른 가능성을 가늠하는 유일한 결과가 아닌가 한다. 그러한 의미에서 본다면 금강산에 지구촌 평화 캠프장을 마련, 다가오는 21C 한반도시대를 열어가자는 것이다.

제1~2차 세계대전은 유럽과 지구촌에 평화의 소중함을 고무시켰고, 수많은 역사적 교훈을 남겼으며, 그 결과 많은 평화단체와 평화운동가들의 활동이 활발해질 수 있었던 것이다. 우리도 불과 40~50년 전만 해도

많은 도움을 받은 국가였고, 당시 기아, 질병, 가난 등은 참으로 참담한 상황이었으나, 이제 우리도 세계 도처 어려운 국가들에게 자원봉사활동을 전개해 평화를 사랑하는 마음을 지구촌에 확산해가야 한다는 당위當爲를 알고 실천하자는 것이다.

6. 금강산과 평화사랑

평화로운 세상을 만들기 위해 정관 7년 태종이 비서감 위징에게 지금은 수나라 말기의 큰 안거를 겪은 뒤라 민심이 황폐해 당장 평화로운 세상은 어렵다고 하자, 그렇지 않습니다. 사람들은 세상에 난이 일어나면 언제 죽을지 모른다는 생각에서 평화로운 세상 오기를 고대하기에 평화로운 세상이 온다는 믿음을 심어주면 따라옵니다. 이것은 마치 굶주린 사람이 아무거나 잘 먹는 이치와 같다고 답한 점을 상기해 볼 때 문제점은 있으나 평화를 위한 일은 항상 쉴 새 없이 진행되어야 한다는 소박한 진리가 내재內在돼 있음을 알 수 있다.

아놀드 토인비는 "한 나라가 잘못되는 것은 정치의 빈곤, 외적의 침입 그리고 자원의 부족이 아니라 윤리와 도덕의 타락이 그 원인이 된다"라고 했음을 볼 때, 국가와 정부가 봉사와 평화정신에 대해 국민적 역량을 결집시킴은 국가 장래에 있어 매우 중대한 과업이 아닐 수 없다는 사실을 실감케 하고 있다. 특히 덴마크가 수차례 전쟁에서 패해 국토를 잃고, 빈곤과 실의와 좌절에 처해 외친 소리가 다름 아닌 사랑과 평화정신이었음을 상기해 볼 때 참으로 의미가 크다. 때문에 국민의 도덕이 쉴 새 없이 증진될 수 있는 사랑과 평화를 지속적으로 신장시켜 나아가자는 것이다.

쿠베르탱은 올림픽경기를 창안, 세계를 이해understand하는 새로운 세기를 탄생시켰고, 그 결과 우리는 많은 나라들과 함께 올림픽을 개최해 인류평화의 제전을 성공적으로 이끈 나라가 되었다. 나아가 각종 국제평화운동 등에 참여, 괄목할 만한 활동을 해왔다. 그 예로는 1960년대 초에 시작한 국제 대학생 하계 봉사캠프를 기점으로 촛불의식이 도입된 이래 광화문 촛불시위까지 무려 45년이 소요되었으나, 향후 그 확대는 시간과 질적 면에서 크게 달라질 것으로 전망해 본다. 그리고 이러한 입체적 활동이 이곳 금강산에서 활발히 전개되어 진정한 의미에서 한반도가 평화의 나라로 거듭나자는 것이다.

세존봉에서 본 집선연봉(리정수 사진작품)

7. 금강산 세계평화에 기여해야

나라가 잘 살기 위해 경제성장도 매우 중요하다. 허나 21C를 위해 경제성장과 병행해야 할 과제가 있다. 그것은 다름 아닌 지구촌 분단국 극복을 평화적으로 해결해야 하는 과업이다. 때문에 평화를 사랑하는 민족으로서 당연히 평화정신을 고양시키는 당위當爲에 최선을 다해야 한다. 그리고 자신과 우리에 집착하는 소아小我를 벗어나, 국제시민으로서 사랑과 봉사정신과 평화를 사랑하는 마음으로 '사람사랑, 자연사랑, 인류사랑'이란 보편적 가치를 충만케 하자는 것이다.

우리 민족은 오랜 역사와 찬란한 문화민족으로서 전통과 긍지를 기저로 1만 년이 넘게 한반도에서 삶을 영위해 왔으며, 유일하게 평화정신의 본질인 홍익인간을 주창하는 문화민족으로 우뚝 서왔다. 특히 안타까운 일은 서구에서 많은 것을 일방적으로 수용하는 수동적 자세에 안주하며 창조적 문화콘텐츠를 형성하는데 여러 문제점을 지니고 있다는 사실에 우려가 없지 않다. 때문에 우리 민족의 유일한 문화유산의 정체성의 근원인 홍익인간

내금강 삼산국바둑판(리정수 사진작품)

정신을 실천하기 위해서 「금강산 세계청년 평화캠프」가 실현되어 평화를 사랑하는 민족의 주체적 역량을 더욱 신장해 가자는 것이다.

결과적으로 동서양의 보편적 가치인 '사랑·봉사·평화'정신이 금강산 세계청년평화캠프장에서, 세계청년 1만 2,000명이 지구촌 평화축제를 갖는다면 우리 모두가 바라는 평화통일에 결정적 계기가 되리라 믿는다. 때문에 측근이기에 앞서 능력과 인격을 그리고 열심히 일하는 열정과 성실성을 높이 사야 하고, "한가족·한민족·한인류"라는 보편적 가치를평화를 위하여 中, 리 훈 컬럼집, 1988 금강산 세계청년 평화캠프장에서 손과 손을 마주잡고 힘차게 펼쳐가자는 것이 금강산세계청년평화캠프의 의의와 목적이라 본다.

8. 결 론

금강산 세계청년 평화캠프 참가자는 남북 7천만 동포와 청소년해외동포 포함, 나아가 각국 외국인과 청소년 등을 포함해 매년 약 3만여 명을 대상으로 함을 원칙으로 한다. 그 기능은 세계청년들에게 평화를 사랑하는 정서와 의식을 충만케 해 민주시민으로서 그 책무를 다하게 할 뿐 아니라 평화로운 가정과 사회 그리고 인류를 구축하자는 것이다. 지구촌 마지막 분단국에서 인간 정서emotion의 핵심인 사랑·봉사·평화정신 등을 확산시켜 한반도 분단극복과 위기에 처한 지구촌 평화운동에 앞장서자는 것이다.

캠프 구성원은 청년 평화캠프 특징을 살리고, 금강산 1만 2000봉을 상징화해 1만 2,000명으로 하고, 구체적 프로그램으로 DMZ·설악산·금강산을 연계하는 지구촌 대평화축제가 되도록 하자는 것이다. 그러기 위해 국가적 차원에서 금강산 국제관광특구에 걸맞은 SOC구축을 적극적으로 구축하는데 국력을 모아야 하리라 본다. 그렇게 될 때, 캠퍼참석자 1만 2,000여 명과 조직위원과 보도진의 약 3만여 명이 참여한 금강산 세계청년캠프가 개최되어 21C를 힘차게 열어 지구촌 평화의 르네상스 세기를 다함께 구현하자는 것이다.

2003. 6. 28.

금강산 하나홀에서

합수목 가을(리정수 사진작품)

9. 평양 대규모1,100명 방북단 성명서

-만 57년 만에 육로로 평양·개성을 방문하면서…-

평화통일을 염원하는 국민여러분!

오늘 우리는 1946년 5월 23일자 '38선 무허가 넘기금지조치' 이후 만 57년 4개월 13일 만에 38선과 비무장지대 그리고 새롭게 복원된 경의선 도로를 통과해 평양과 개성을 땅길로 다녀오게 되었습니다.

우리는 남북 간의 오랜 대립과 갈등 그리고 분단의 아픔을 뛰어넘어 화해와 협력의 시대를 걸어가야 하는 시대적 사명을 가슴에 안고 민족의 숙원인 남북 평화통일의 대도大道를 향해 한걸음 성큼 나아가는 중대한 귀로에 서 있습니다.

존경하는 국민여러분!

분단된 한반도 반세기 만에 오늘 육로로 평양·개성 방문의 감격스러운 날이 있기까지 우리 국민은 북한 당국의 변화와 개방을 위해, 그리고 남북 간에 평화사업의 물꼬를 트기 위해 실로 눈물겨운 역경과 수많은 장애를 극복 오늘을 맞이하고 있습니다.

그리고 이것은 故 정주영 명예회장의 용기와 지혜가 함께한 민족화합의 길인 통일 '소떼방북'이 시작되어 금강산 평화관광길이 활짝 열리게 되었던 것입니다. 뒤이어 (주)현대아산의 민족사업과 평화사업이라는 큰 역할이 있었기에 가능했다고 봅니다.

존경하는 국민여러분!

우리 일행을 태운 차량 30여 대가 약 2km에 가까운 행렬로 소떼를 몰고 간 방북 길에 이어 우리 민족의 평화의 대행진, 1,100여 명의 방북단이 또 다른 시작과 희망을 향해 평양과 개성을 가기 위해 오늘 여기 모여 그 출범식을 갖게 되었습니다.

우리가 되돌아올 때 군사도시인 개성, 수출공단이 조성될 현장과 유서 깊은 고려高麗유산을 참관할 예정입니다. 그러나 언젠가는 정기 육로 방문길이 열리게 되면, 더 많은 국민이 아침에 서울을 출발, 평양에서 점심을 먹고, 당일 서울에 올 수 있게 될 것입니다.

존경하는 국민여러분!

최근 상업목적으로 비정기적인 평양 길과 개성의 땅길이 뚫렸습니다. 그리고 향후 동해선, 경의선, 철길도 열리게 되고, 미래에 하늘 길도 열어 남북 간의 교통망이 입체적으로 구축되는 역사적인 순간을 맞게 될 것입니다.

최근 북한방문에 대해 회의적 반응을 보이는 경우가 있습니다. 허나, 한반도는 한민족이기에 우리 모두는 하나가 되어야 하는 역사적 과제 앞에 직면해 있습니다. 특히 우리 민족이 21C 태평양시대를 힘차게 열어가기 위해 기필코 극복해야 할 숙명적 과제이기도 합니다.

존경하는 국민여러분!

북녘 땅 바다·땅·하늘로 찾아가 손과 손을 마주잡고, 평화의 민족 광장廣場에 함께 나서야 합니다. 때문에 남북이 하나 되기 위한 7천만 민족대평화운동을 펼쳐 나아가자는 것입니다. 머지않아 주말이 되면 평양행 버스표, 기차표를 사기 위해 줄을 서는 모습을 볼 수 있을 것을 기대합니다. 하루 빨리 그 모습을 보고 싶습니다.

감사합니다.

2003. 10. 6.

금강산평화사업국민운동본부

평양평화방문단 단장 리 훈

평양방북단 성명낭독(만 57년 만에 1,100명 방북, 필자 낭독 계동 현대B/D)

제12장

금강산金剛山 단상斷想

1. 금강산金剛山 단상 斷想

고려국에 태어나서 한번만이라도 금강산을 보았으면!

願生高麗國 一見金剛山!(11세기 송대宋代 소동파蘇東坡·태종실록)

금강산金剛山을 보기 전에는 천하天下에 산수山水를 논論하지 말라日本人

하느님이 천지창조를 하신 6일 중 마지막 1일은 금강산金剛山을 만드시는데 쓰셨다.구스타브(Gustav Adolf) 스웨덴 국왕, 1926년 방북

천길 흰 비단필이 내리드리운 듯하고
만 섬 진주알이 쏟아지는 듯하여라.최치원 先生, 구룡폭포에 새긴 글

행장行裝을 다 떨티고 석경石逕의 막대 디펴
백천동百川洞 겨테 두고 만폭동 드러가니,
은銀가튼 무지게 옥玉가튼 룡龍의 초리
섯돌며 뿜는 소리 십리에 자자시니,
들을 제는 우레러니 보니난 눈이로다.
금강대 맨 우층의 선학仙鶴이 삿기치니,
춘풍春風 옥저소리玉笛聲의 첫잠을 깨돗던디,

류경 정주영체육관 개관 축하행사 I (아태·현대아산)

-중략-

어와, 조화옹造化翁이 헌사토 헌사할샤.
날거든 뛰디마나 셧거든 솟디마나
부용芙蓉을 고잣는 듯 백옥白玉을 믓것는 듯,
동명東溟을 박차는 듯 북극北極을 괴안난 듯.
놉흘시고 망고대望高臺 외로울샤 혈망봉穴望峰이
하늘의 추미러 므스 일을 사로리라
천만 겁千萬劫 디나도록 구필 줄 모로난다.
어와 너여이고, 너 가트니 또 잇난가.정철 先生의 관동별곡 중에서
골짜기를 돌아 새로운 풍경이 나타날 때마다
아쿠머니, 아 아!춘원 이광수 先生

만물상萬物相을 바라다보고, 아! 미치겠구나!
이런 절경을 보고도 실성하지 않은 놈이 있다면 그 놈이
실성한 놈이다.시인 고은 先生
금강산을 보고나면 죽어서 지옥에 가지 않는다.
금강산은 미美의 모든 요소를 집대성한 신비의 산!
세계 제일의 명산이고, 천하의 절경이다.
금강산 골짜기를 시詩로 메꾸어 보려고 했으나,
막상 천하절경을 접하고 보니 정신이 멍해지고 말았다.시인 김삿갓 先生
내 一生 金剛山 읊으려 詩를 애껴 왔건만
金剛山 만나보고, 詩고자 들켰네.平生詩爲金剛惜 及到金剛不敢詩
金剛山詩를 모두 한자리에 모을 수만 있다면 도서관을
가득 채울 수 있을 것이다.六堂 최남선 先生

松松柏柏岩岩廻송송백백암암회
水水山山處處奇수수산산 처처기 시인 김삿갓 先生

금강산 – 김삿갓 先生

一峰二峰三四峰일봉이봉삼사봉
五峰六峰七八峰오봉육봉칠팔봉
須臾更作千萬峰수유갱작천만봉
九萬長天都是峰구만장천도시봉

矗矗尖尖怪怪奇촉촉첨첨괴괴기
人仙神佛共堪疑인선신불공감응
平生詩爲金剛惜평생시위금강석
及到金剛不敢詩시도금강불감시

류경 정주영체육관 개관 축하행사 II(현대 아산)

고래수염으로 붓을 만들어 비래정편飛來亭扁 중 먼저 비자飛字를 썼는데, 다음 두 자를 마저 쓸 수가 없게 되었다. 자신도 믿기 어려울 정도의 명작名作이었기 때문이다. 끝내 先生은 飛字 한 자만 써 비래정飛來亭 벽에 걸었다 한다. 몇 년 후 태풍이 불어, 그 액자가 하늘 높이 날아버렸다.양봉래 先生, 유배당해 숨진 연대와 일치됨

金剛山은 Diamond Mountain이라 부르는 것은 金剛을 金剛石으로 해석하고 있기 때문이다. 佛家에 七寶의 하나인 金剛이란 帝釋天의 所執으로서 그 모양은 蕎麥과 같고 그 色은 紫石英과 같고, 數十理 안에 있는 萬物이 이 속에 나타난다고 하였다. 그러니까 金剛은 Dimond라고 보아도 무난하겠으나, 그것이 如意珠와 같이 끼어있는 것을 보아 단순한 보석이 아니라 신격화된 보석으로 보아야 한다.趙子庸 : 金剛山圖上, 1975

李朝 말기에 趙成夏 先生의 金剛山記가 있고, 六堂 崔南善 先生의 朝鮮의 山水·不成文化論·金園禮讚이 있다. 그리고 伏草崔仁 先生의 韓國의 재발견과 일제시대 일본인 前田寬 先生이 쓴 金剛山이 있다.

前田先生은 一萬二千峯이란 佛典에 있는 悅樂天上一萬二天峯에서 유래된 것이라 했고, 이곳은 天上의 樂國一萬二天峯이 地上一萬二天峯으로 승화된 것이며, 山봉우리 숫자를 말하는 것이 아니라 했다. 先生은 金剛山은 석가모니시대에 중국이나 인도에 聖地로 널리 알려졌고, 그 이전에도 金剛山에 巡禮하기 위해 많은 사람들이 찾았다 한다.

金剛山名은 佛教가 들어온 후에 생긴 것이 아니라 佛教가 定立되기 전에 金剛山이 佛教的 位置를 먼저 차지하고 있었다 하지 않을 수 없다.

崔仁 先生은 金剛山一萬二天峯은 古代佛教의 발생지로 느껴지고, 佛教思想을 우리가 수입한 것이 아니라 佛教가 우리 思想을 수입해 갔다는 사실에 긍정적인 면이 없지 않다.

金剛山을 道教的 입장에서 보면, 金剛山 하면 우리들은 佛教와 仙을 생각하게 된다. 그리고 그 佛은 釋迦 이후의 佛教를 중심으로 삼고, 그 仙이란 張道陵의 道教 이후의 仙思想을 중요시하는 경향이 있다.

金剛山이 佛教나 道教가 성립되기 몇 十萬년, 이전부터 엄연한 실체로서 이 땅에 현존해 있었다는 사실을 만인이 인정하는 바이기에 古代佛教가 金剛山과 관련이 있다는 점도 짐작이 간다.

金剛山과 佛教의 관계를 살펴볼 때 우리들의 佛教紀錄 이전의 東方仙想을 찾지 않을 수 없다.

秦始皇이 徐市라는 方士를 시켜 東海에 不死藥을 구하러 보냈다는 이야기는 佛教七寶의 하나인 金剛과 金剛山이 밀접한 관계에 있고, 不老草를 不死藥靈芝이라 했다.

> 三神山者其傳在渤海中
> 嘗有至者諸仙人及不死之藥皆在焉
> 其物禽獸盡白而黃金銀爲宮闕

이라 하였으니 中國史記錄이 시작될 때부터 三神山에 不死藥이 있고, 그곳에 神仙들이 살고 있고, 白鹿, 白虎, 白鷹 등의 神獸들이 살고 있다고 했다.

이런 관점에서 보면, 예부터 中國人에게는 海東의 三神山이 神仙의 본고장으로 인식되어 있었던 것으로 보지 않을 수 없다. 이 또한 華嚴經을 통하여 알 수 있는 印度人들의 金剛山을 佛의 본고장으로 인식한 것과 맞먹은 일이라 본다.

류경 정주영체육관 개관식 前

史記에는

秦始皇二十八年東有海上方士徐市等
上書言海中有三仙名日蓬萊交丈瀛洲
仙人居文請得童男女入海求羨明高使韓終候公石生求仙人不死文藥

이라 밝히고 있다.

三神山은 金剛山·智異山·漢拏山으로 해석했고, 이러한 견해가 三神山에 대한 일반적 정설로 되어왔다. 이것은 三神山을 3개의 神山이라는 데서 유래된 것이다. 이 밖에도 三神을 桓因, 桓雄, 桓險 三神으로 해석하여 三神山은 太白山白頭山·妙香山이라 주장하는 학설도 있다.

金剛山은 三神山의 하나이고, 不老草가 있고 神仙이 살고 있다는 것이 中國文獻을 통해 드러나고 있다. 그러나 우리의 神仙思想이 中國의 道敎에서 온 것으로 생각하나, 그것은 잘

못일 수 있다.

道敎라는 宗敎가 체계화된 것은 西紀 二世紀 때 中國의 張道陵이란 분에 의해 道敎의 敎團을 조직한 때부터이다. 그리고 張天師는 鶴鳴山에서 道에 이르고 圖書二十四편을 저술하고, 仙術로 인하여 治病을 비롯한 여러 가지 기적을 나타냄으로써 많은 사람들의 관심을 끌었다고 전한다.

神仙과 道敎 그리고 金剛山은 상호 밀접하게 관련되어 있다. 그래서 道敎는 道를 닦아서 神仙이 되어 不老長生하는 敎라는 서민적인 해석이 허용되고 있다.

神仙이란 山에 들어가 不老長生의 仙術을 배운 분을 말하는데, 지금도 신선이 되려고 山에 들어가 道를 닦는 사람들이 많다. 참고로 張天師는 老子哲學을 묘하게 이용하여 老子道德經으로 道敎의 經典을 삼았다. 이리하여 不老長生의 仙術을 위주로 하는 대중적인 포교술과 老子와 易學을 중심으로 하는 학술적·이론적 道敎가 세상에 널리 퍼졌던 것이다.

우리나라에서는 주로 金剛山이 중심이 되어 진행되었고, 그 흔적은 신화에서부터 각종 설화, 그리고 도깨비 이야기이다. 그 대표적 도깨비 대장은 치우장수蚩尤匠帥며 장수관념은 오늘날까지도 전해 내려오고 있다. 그리고 신라시대 良志法師 道詵國師, 조선시대 西山大師, 四溟堂 등은 우리 모두가 상식선에서 알고 있는 道士들이다.

하느님!

巫敎는 무엇을 믿었기에 그 훌륭한 文明敎들을 너그럽게 감싸줄 수 있었을까? 우리 민족신앙은 공통적으로 하나님을 믿은 것을 최고의 믿음으로 삼고 살아왔다. 우리 피 속에 잠재하는 하나님 의식이 그 맥을 증명해 주고 있고, 문헌상 기록은 丹鷄古頌 첫머리에 하나님이 무엇인가를 말해주고 있다.

曰神者耀體無以能名焉維能象故稱鑑曰日神體讀如憂珂旻

한알님은 환하게 비치는 존재이며, 무엇이라고 이름을 부칠 수가 없다.

다만, 거울과 같아서 한알님을 거울이라 부른다.

三一神誥 天訓에도 「한울」이란 무엇인가를 말했다.

蒼蒼非天 玄玄非天 天無形質 無端倪
無上下 四方 虛虛空空 無不在 無不容

귀면암 설경(리정수 사진작품)

한울이 무엇이랴 푸르고 푸른 것이 한울이 아니고, 검고 검은 것이 한울이 아니다. 한울은 형체도 없고, 上下四方도 없다. 虛虛空空하게 보이면서 그 속에 없는 것이 없다. 이 기록은 檀奇古史의 기록과도 일치되고 있다.

三一神誥는 「한얼」이 무엇인가를 밝히고 있다.

-중략-

한울에서 제일 높은 자리에 한얼이 계시니, 한얼님은 큰 德과 큰 지혜와 큰 힘을 가지시고, 한울의 이치를 내시고 無數世界를 주관하시며, 만물을 창조하셨으니, 티끌만치도 빠짐이 없다. 소리를 지르면서 빌어도 눈에 보이지 않을 것이니, 마음으로 찾고, 빌면 너의 머리골에 나타나리라.(이 기록은 揆國史話 肇制記에 나타나는 一大主神 曰桓因 有統治全世之無

절부암 실루엣(리정수 사진작품)

量智而不現其形體上之天恒時大放光明)와 일치됨을 볼 수 있다.

道教, 三神山, 神仙, 하나님을 숭상하는 민족정신과 金剛山과는 결코 무관할 수 없기에 문헌을 찾아보았다.

金剛山과 萬物草(相)

金剛山은 佛教的 표현과 의미가 강하지만, 金剛山 본연의 이름은 아닌가 한다. 金剛山에 대한 자료를 수집해 본 결과 萬物草란 명칭이 더 오래되었음을 알게 되었다. 萬物相이라 하는 外金剛의 한 구역은 원래 萬物草라 불려왔다.

草란 초본이란 뜻과 근본이란 의미가 있고, 기본 모델이라는 성격도 강하다. 때문에 萬物草란 創造神이 우주를 창조하시기 전에 구상한 만물의 모형이란 뜻을 강하게 갖고 있다. 다시 말해 金剛山에 하나님의 우주창조의 상징적 모형을 모아서 한자리에 집대성했다는 뜻

금강문(리정수 사진작품)

으로 해석되고 있다.

創世記神話의 物的遺跡이 바로 金剛山이라 믿었던 것이 우리나라의 본연의 巫敎思想이 아닌가 한다. 이것은 인류문화는 하나님의 創世에서부터 시작된다고 믿어왔기 때문이다.

萬物草란 金剛山이 인류 종교의 기원이며 근본이라 믿고 살아온 상징적 殿堂이라 전제하지 않을 수 없다. 첫째, 金剛山은 창조신에 대한 인류공통의 신앙의 본산本山이었고, 둘째 古代信仰에 있어서 精靈崇拜가 얼마나 숭고했던 것인가를 알려주고 있고, 셋째 동방의 여러 종교가 한자리에 모여 사이좋게 共存하고 있다는 실체를 보여주고 있다.

金剛山 地名을 정리해 보면 佛敎的, 道敎的, 巫敎的인 것으로 대별되는데, 그 대표적인 것은 다음과 같다.

普德窟

金剛山 그림에는 상당부분 普德窟을 중심으로 하고 여기엔 法起峯, 永郎峯, 日出峯, 月出峯, 香爐峯, 八潭, 萬瀑洞 등을 배경으로 하고 있다. 普德窟 전설과 그 전설을 뒷받침해주는 普德窟의 특별한 건물이 자리한 한 폭의 山水畵를 형성함을 목격한다.

法起菩薩의 거처라고 하는 法起峯 벼랑 아래 큰 岩窟이 있고 그곳을 덮은 建物이 있다. 이곳을 普德窟觀音窟이라 한다. 3층 구조의 적은 사찰이지만, 그 상층부는 鐵索으로 바위에 매어지고 하층은 기둥 하나로 560척 밑부분까지 내려와 받치고 있다.

이 나무기둥을 銅筒으로 씌웠기 때문에 十九銅柱라는 이름을 갖고 있다. 이곳에 올라 아래를 내려다보면 강렬한 전율 같은 것을 느끼고 꼭 觀音菩薩의 심신을 만난 것 같은 안도감을 느낀다. 즉 補陀落寺가 나타나는 聖地를 포타라浦陀落라 하는데, 지구상에 7개의 포타라가 있다.

인도의 포타라카, 세이론의 포타라, 중국의 普陀山, 티베트의 랏사, 만주의 浦陀落寺, 日本紇伊의 포타라, 한국의 洛山寺補陀落

李圭泰 先生의 보고에 의하면, 인도에서 만난 버마의 스님이 낙산사 포타라를 순례하는 일을 일생의 소원으로 여기고 있다고 해 놀라운 일이라 지적했다.

금강산 만물상(백남식 사진작품)

-중략-

六堂先生이 金剛山普德窟에서 느낀 마음과 일체했으며, 이상하게도 우리나라에는 두 개의 포타라가 있었다 한다.

낙산사의 포타라는 義湘大師의 創建인데 비해 金剛山 포타라는 高麗의 懷正神師가 창설했다는 설이 유력하다. 仙師가 修道하던 시절 어느날 그는 普德이라는 美人을 만나는 순간 修道를 다 잊고 말았다 한다. 특이한 점은 普德아씨가 금강산으로 인도했다 한다.

이렇게 해 金剛山에 들어와 정신을 차리고 보니 普德아씨가 觀音의 化身이었음을 알게 되어 엎드려 통곡했다고 한다. 후에 유명한 懷正神師가 되고, 그때 觀音菩薩을 만난 곳에 普德窟을 지었다 한다.

금강산 망양대 봄(中國 리 영 작품)

九龍淵

金剛山 九龍淵하면 먼저 海岡의 彌勒佛 석 자가 머리에 떠오른다. 三百七十餘尺의 벼랑 위에 키가 육십사 척이나 되는 글씨를 어떻게 썼고, 또 그것을 어떻게 새겼을까 하고 그 글을 보는 사람마다 의문을 느낀다. 미륵불 석 자에 이어 海岡은 天下奇絶 넉 자長三十五尺를 써서 石刻하였다.

이제 晴江이 간직하고 있는 옛 신문기사를 그대로 인용하겠다.

이제부터 六千年이 지나면 부쳐부처와 經典이 모두 龍宮으로 들어가 버릴 터이니 후세 중생은 佛緣을 맺을 수 없을지라. 그러므로 미륵불 석 자를 金剛山 석벽에 새겨 유산객으로 하여금 절하고 공경케 했다.

망양대 금화(中國 리 영 작품 1998, 현대자동차 소장)

楡岾寺五十三佛

佛教가 우리나라에 들어온 것은 서기 372년 高句麗小獸林王二年이라는 사실이 보편화된 일이다. 그런데 金剛山 유점사 사적에 의하면 인도로부터 황금의 五十三佛이 海金剛에 도착한 연대가 서기 4년신라 남해왕 元年으로 되어 있다.

그뿐 아니라, 해금강에서 유점사 사이에는 그러한 유적이 남아 있다. 중국을 통해서 들어온 불교와 남쪽에서 직접 들어온 불교 사이에는 약 370년의 차이가 있다. 이런 점으로 보아 불교와 금강산과의 관계가 얼마나 오래되고 깊은 것인가를 짐작케 한다.

金剛山이란 명칭은 금강석처럼 강하고 찬란하다는 뜻이고 영문으로 Diamond라 한다. 그러나 金剛山이란 명칭은 우리 민족의 정서와 온갖 전통 신앙과 불교적 정신이 융합되었고, 신라의 화랑도뿐만 아니라 유구한 역사에 면면히 이어온 민족정신의 本山이기도 하다.본문 中, 리 훈

금강산관광은 동해안 뱃길이 열리면서 가능해졌고 1998년 11월 18일 금강호가 882명을 승선시켜 속초 동해항을 출항함으로써 남북 교류의 역사적 계기를 창안했던 곳이다. 여기에서 빼놓을 수 없는 사실은 현대그룹 故 정주영 명예회장의 헌신적 노력과 햇볕정책을 일관되게 편 故 김대중 전 대통령에 의해 가능했다.본문 中, 리 훈

金剛山은 웅장한 산세와 신비로운 아름다움으로 가득찬 민족의 영산으로서 민족의 삶과 생활에 밀접히 관련되어 왔기에 일만이천봉 골짜기마다 대소 가람이 들어서 마음 수양

만물상(리정수 사진작품)

의 도량이 되었으니 금강산은 민족의 보리도량이 아닐 수 없다. 이토록 아름답고 신비로운 山이 한반도에 위치하고 있으니 큰 복이 아닐 수 없다.본문 中, 리 훈

신계사 복원 불사에 대한 민족사적 의미는 여러 면에서 논의될 수 있으나, 종교를 초월한 민족사업으로서 60여 년 가까이 단절된 민족 동질성과 훼손된 문화유산 역사를 복원해 민족 평화통일과 민족화해를 위해 너무나 당연한 일이 아닌가 한다. 특히 남북 민간교류에 앞장서 헌신했던 故 정주영 명예회장과 故 정몽헌 회장의 숭고한 뜻을 알아야 한다.본문 中, 리 훈

북측 안내원들은 하나라도 더 팔기 위해 안간힘을 다하는데 불과 3년 전에는 볼 수 없었던 광경이다. 그리고 북측 안내원은 나이든 손님이 원하면 어렵게 술 한 잔을 권해주기도 한다. 남과 북 60여 년 대치상태에 있었던 지난날들이 북측 안내원이 권하는 술 한 잔에 민족의 아픔이 스르르 녹기라도 한 것 같은 착각에 빠지곤 한다.본문 中, 리 훈

높은 암벽에서 쏟아지는 물줄기는 각기 생김새가 다른 겹겹이 쌓아 올린 시루떡판 같은 돌들과 함께 바람에 혼합되어 포말을 휘날리니 그 긴 물줄기에서 이어지는 물보라가 계곡 사이에 파고드는 빛과 조화되어 영롱한 무지개를 떠올리니 이것은 금강산의 비봉폭포가 아니고서는 볼 수 없는 신비로운 자연현상이 아닌가.금강산을 다녀와서, 본문 中, 리 훈

정말이지 비봉폭포가 아니고서는 볼 수 없는 풍광이다. 선현들이 비봉폭포라 명명함은

높은 기암절벽에 흰 물줄기가 마치 봉황이 꼬리를 휘감고 비상하는 모습이라 해 지은 이름이라 한다. 성명학의 이론을 대두시킬 필요도 없이 민족의 정서가 농축되어 형성된 결과에서 비롯된 이름이 아닌가.여름 금강산 산행을 마치고, 본문 中, 리 훈

날씨가 좋은 날 관광객이 흔히 볼 수 있는 기암괴석과 소나무의 푸르름, 그리고 암벽에 치는 맞바람에 의해 희다 못해 우윳빛 같은 물보라와 함께 부서지는 태양빛에 의한 찬란한 무지개가 창조해낸 파랑, 보라, 황금빛으로 아롱진 색체가 황홀하기 그지없다. 이 어찌 무아지경이라 하지 않을 수 있으리오.금강산 산행을 마치고, 본문 中, 리 훈

구룡폭포 높이는 약 72m에 이르고 그 아래 절구통처럼 생긴 물웅덩이는 시퍼런 물이 요동을 쳐 금방이라도 용龍들이 하늘을 향해 승천하려는 것 같은 착각에 빠진다. 여기가 바로 아홉九마리 용이 승천했다는 구룡연이다. 금강산 구룡폭포와 구룡이 하늘로 올랐다는 이야기는 우리 민족의 민간신앙의 본보기 중 하나이다.가을금강산관광을 마치고, 본문 中, 리 훈

금강산을 사랑하고 금강산이 사랑받게 된 요인은 여러 가지가 있지만, 그 중 만물상을 꼽지 않을 수 없다. 만물상의 4계절의 변화와 시시각각 신비감을 더해 주는 운해와 빛과 색에 의한 변화무쌍함은 말로 다 형용할 수가 없다. 그리고 숲속에 파고드는 찬란한 햇살, 계절마다 비단 옷을 입고 있는 자태에 어찌 놀라지 않을 수 있으리오.만물상 본문 中, 리 훈

신神의 조화인지, 아니면 자연의 신비함인지 알 길이 없으나, 이렇게나 힘든 등산길을 오

금강산만물초승경도(창덕궁 희정단 국립고궁박물관 궁소장품)

느라 수고가 많았다는 뜻에서 바위 벽 틈에서 샘물이 나오는데, 이 물을 마시면 지팡이를 짚고 왔던 사람도 기운이 나 그만 지팡이를 잊어버리고 간다는 이야기에서 유래된 망장천忘杖泉이 기다리고 있다.천선대 천선암 다녀와서 中, 리 훈

金剛山의 이상야릇한 바위들이 입체적으로 펼쳐지는 곳이 천선대이고, 천태만상을 상징하는 만물상은 지구상 어느 곳에서도 볼 수 없는 비경이다. 만물상 전체 산악미와 부분적 아름다움과 신비함에 젖어 있노라면, 어떤 신神이나 화가라 할지라도 저토록 신비한 아름다움을 형성할 수 있을지에 대해 자문해 본다.본문 中, 리 훈

육당 최남선 先生은 「금강예찬」에서 "히히! 하는 소리가 먼저 나옵니다"라 했고, 이 소리가 金剛山을 본 첫 일성이었다고 한다. 때문에 사방을 둘러보는 관광객 입에서 탄성은 감탄사의 연발이고, 어떤 분은 금강산 만물상을 보고 감정에 복받쳐 눈물을 흘리고, 가슴에 복받쳐 오르는 기쁨을 금할 수 없었다 한다.본문 中, 리 훈

우리가 金剛山의 아름다움과 신비로움을 발견하지 않으면, 金剛山의 아름다움과 신비로움은 결코 우리에게 다가오지 않는다. 때문에 가장 아름다운 일은 그러한 아름다움과 신비로움을 지속적으로 성숙시켜 가는 사람이 어떤 정서emotion를 가지고 자연을 접하느냐에 달려 있다.본문 中, 리 훈

산山은 그 자태나 아름다움을 보면 알 수 있고, 민족은 사람들의 정서emotion와 행동을 보면, 그 민족과 사람 됨됨이를 이해할 수 있다.본문 中, 리 훈

현명한 사람은 자연을 숭배하고 사랑할 줄 알아야 하고, 자연의 모든 아름다움과 신비함을 이해할 의지가 있어야 한다.본문 中, 리 훈

속담에 업은 아이 3년을 찾는다는 말이 있다. 金剛山의 아름다움과 신비스러움을 인식하지 못하는 사람들이 어떻게 金剛山이 지상천국임을 이해할 수 있을지…고려대학교 대학원 특강 中, 리 훈

순수한 사람은 아무 조건 없이 山을 좋아하고, 山을 사랑한다. 때문에 山을 즐겨 찾는 사람은 겸허한 마음과 진솔한 마음을 항상 유지할 뿐 아니라, 누구를 만나도 편안한 마음으로 대한다. 그래서 산을 좋아하는 사람은 산사람이라 한다.컬럼집 中, 리 훈

마음속 깊은 곳에서 金剛山의 아름다움과 신비로움을 소중히 여기지 않으면 그 신비스러운 아름다움을 볼 수 없을 뿐 아니라 느낄 수도 없다.日本TV 방송기자간담회에서, 리 훈

눈뜬 당달봉사라는 말이 있다. 한반도에 金剛山이 있음에도, 그 진정한 가치를 모르고,

수정봉 금화(中國 리 영 작품 1998)

외국산山이 최고라 떠들어대는 사람이 많은데, 이것은 마치 아름다움과 신비함을 보고 느낄 수 없는 당달봉사가 아닌가?신문컬럼 中, 리 훈

山을 좋아하는 사람은 남을 경계하거나, 흉보거나, 욕하거나, 피해를 주는 언행을 일절 하지 않는다. 그것도 지키지 못한 사람이 山을 사랑하고 山의 아름다움과 신비함에 대해 논하는 것은 거짓이요 위선이기 때문이다.문화컬럼 中, 리 훈

금강산 집선봉과 집선연봉은 지구촌 어떤 산山에서도 볼 수 없는 산山이다. 눈에 보이는 산이 아니라 산山에 농축된 기氣는 가히 세계적 산山이기 때문이다. 한반도 금강산 대한민국 국민은 참으로 행복한 민족이 아닐 수 없다. 금강산의 기氣에 의해 한반도는 기필코 하나가 될 것이고, 지구촌에 평화를 사랑하는 민족이 동방 한반도에 위치하고 있음이 길이길이 기록되고 빛날 것이다.中國 리 영 화백, 금화전시 인사말 中

金剛山이 있기에 민족이 총명하고 나라가 빛난다.금강산 순금화전시 인사말 中, 리 훈

2. 금강산과 김삿갓 先生

홍경래 평서 대원수는 지난 10여 년 동안 거사계획을 짜왔고, 이것은 조정의 부패가 극에 달해 새로운 나라가 세워져야 한다며, “이래 죽으나, 저래 죽으나 마찬가지”라는 극단적 생각이 온 나라에 퍼져 민심은 이미 천지개벽이 되길 원했다. 1811년 섣달 열이렛날을 거사일로 잡아 참모들을 소집 총 점검에 들어간 홍경래 평서 대원수는 부원수 김사용, 모사 운군칙과 김창시, 도총 이희저 선봉장 홍총각과 이제초 등으로 구성되었다.

홍경래 등은 고군분투했으나, 결국 거사는 실패했다. 민심民心이 천심天心이라 했지만, 홍경래를 중심으로 한 새 시대를 열고자 하는 열정은 새 시대의 지평을 열지 못했다. 그리고 세월이 흘러 김병연은 20살이 되었고, 영월에서 약 80여 리 떨어진 노루목 산골에 숨어사는 신세가 되었다. 어머니李씨, 형 병하와 이곳에 숨어들어와 살면서도 어머님은 서당 훈장 박기형에게 두 아들 글공부를 시키며 험난한 삶을 살았고, 가난에도 굴하지 않고 최선을 다했다.

훈장박기형은 병연의 학문에 대해 “학문은 깊어 성인에 닿았고, 재주는 넘쳐 바다와 같다”라 했고, 병연의 어머님은 속으로 높은 학문과 집안형편 걱정을 하기도 했다. 아들 병연

진주담(리정수 사진작품)

이 영월도호부 향시 백일장에 나가고자 했으나, 어머님은 여느 때와 같이 탐탁히 여기지 않았다. 그것은 합격을 해도 근본이 없어 관직에 나가지 못해 반병신이 되기 일쑤이고, 할아버님이신 선천부사 김익순의 대역죄(?)가 드러나, 또 다른 피해를 입을 것을 우려했기 때문이었다.김병인 형제는 지금까지 그 사실을 모르고 살아왔음

병연은 어머님의 깊은 마음을 모르고, 과장에 나가기를 지극히 원하자, 어머님은 정히 네 생각이 그러하다면 그렇게 하라고 하자. 병연은 형과 함께 영월도 호부 동헌 마당에 도착, 수백 명의 과시응시자들과 함께했다. 병연은 마음속으로 홍경래가 절망했던 과장의 모습이 바로 이런 것이란 말인가 하고, 의문을 갖기도 했다.

이윽고 징이 울리고 시제가 걸렸다. 응시자들은 시제를 먼저 보기 위해 북새통을 떨었다. 시제는 "가산군수 정시의 충성스런 죽음을 논하고, 하늘에 사무친 김익순의 죄를 탄하라"였다. 병연은 한참 생각에 잠기며 붓을 들고 일필휘지로 써내려갔다. 먹물이 종이에서 마르기를 기다리며, 다시 한 번 읽어보며 음미했다. 한 분은 충신이고, 다른 한 사람은 역적이었다.

병연은 평소 마음속 영웅으로 삼았던 홍경래에 대해 송구스러운 마음을 느끼며, 스스로 마음을 다시 세웠다. 글은 글일 뿐이라는 생각을 하며 위안을 삼았다. 그리고 시작에 몰입했다.

과시를 마치고, 형과 함께 기다려 결과를 확인하자, 형제는 놀랐다. 장원의 기쁨을 느끼며, 서로 포옹하며, 기쁨의 눈물을 흘렸다. 병연은 믿을 수 없었다. 부정과 부패가 판을 치는 세상에 뜻밖에 실력을 인정받았다는 사실이 도대체 실감이 나질 않았다. 나팔이 울리더니 큰 소리로 외쳤다. 입격한 사람들은 동헌으로 모이시오, 이에 병연은 동헌 앞에 서자 이름, 서당, 조상과 벼슬 등을 상세히 물어왔다. 아는 대로 답변하자, 귀한 상품을 주었다. 상품은 명주 1필, 중국비단 1필이었다.

병연은 지방향교 장원의 명예보다 고생하시는 어머님께 드릴 선물이 반가웠고, 가슴 벅차기까지 했다. 형제가 노루목 집으로 돌아온 것은 그날 자정이 지난 한밤중이었다. 삼옥리에서 어머님과 형수가 왔고, 산속 군데군데 사는 이웃 사람들이 관솔불소나무 일부분을 밝혀 놓고, 모여 기다리고 있었다. 물론, 이웃 마을에 살고 있는 서당 박기형 훈장님도 와 계셨다. "장하다, 그럴 줄 알았다, 너만한 문재文才는 조선 땅에서 다시 나오기 어려울 것이다" 라는 훈장 어르신의 진정어린 격려가 있었고, 어머님은 병연을 안고 등을 도닥거렸다. 동네

진주담(리정수 사진작품)

사람들은 비단과 명주 1필을 들고 구경하느라 정신이 없었다.

축하와 격려 분위기가 가시자, 어머님은 과시 시제에 대해 물었다. 네, 어머님 "서북땅에서 흉적이 일어났을 때 충절로 죽은 가산군수와 대역죄로 참수당한 선천부사 김익순을 징죄하라는 것이었습니다." 이에 어머님은 움찔 놀라며, 다른 방으로 가 눕고 말았다. 침묵이 흘렀고, 훈장 어른은 상념에 싸였다. 병연이 어머님 곁에서 의아해 하자, 어머님은 벌떡 일어나 절망적인 목소리로 "너의 조상이 누구인지 평소 늘 궁금했지?" 이제 때가 된 것 같다며 호흡을 가다듬었다.

병연아, "오늘 과장에서 질타한 김자 익자 순자, 그분이 바로 너의 할아버님이시다." 그 말을 들은 순간 병연은 철퇴를 얻어맞은 심정이었다. 침묵은 계속되었고, 어디선가 첫 닭울음소리가 들렸고, 잠시 후 황소울음 소리가 들렸다. 세 모자는 이렇게 새벽을 맞았다. 병연의 절규하는 울음소리는 계속되었다. 이때 찌그러진 방문이 열리고, 병연 어머님이 나왔다.

훈장 어른은 사태의 심각성을 깨닫고, 마을 사람들을 데리고 돌아갔다. 공교롭게 훈장 박기형 선생은 그날 밤 세상을 떠나고 말았다. 이 일이 있은 후 병연은 말을 잊어버리고, 죽기를 각오했으나, 모진 목숨, 고생하시는 어머님과 허약한 형과 무던한 아내 황여인을 두고 이 세상과 하직하기가 쉽지 않았다. 그래서 동강 후미진 곳에 미끼와 낚시가 없는 낚싯대를 담그고 몇 달 낮과 밤을 보내고 있었다. 물론 지극정성인 아내는 목석이 된 병연에게 주먹밥 등을 가져다주며, 혹 남편병연이 잘못될까 염려해 모든 면에서 최선을 다했다. 병연은 낚시를 하는 것이 아니라, 조상을 욕되게 한 죄인으로서 삶과 죽음의 고개를 수없이 넘나들며, 비통한 심정으로 스스로를 단죄하며 세월을 낚고 있었다.

결국 병연은 아내에게 말했다. 여기 있다 아무래도 제 명에 살지 못할 것 같아서, 어디 뿌리 내리고, 살 만한 곳이 없나 알아볼까 하오. 아내는 기다렸다는 듯이, 금강산金剛山에 가보세요 하자, 병연은 내 팔자에 무슨 금강산 구경을 하자, 아내는 구경이 아닙니다. 공부지요 하자, 병연은 공부 따위는 이제 더 하지 않을 거요. 아내는 알아요. 그런 공부 말고, "조선의 선비들에게 금강산에 길이 있다"라고 친정 할아버님이 생전에 말씀하셨습니다.

병연은「길」절벽을 만났을 때, 앞으로 나아갈 수도 돌아갈 수도 없을 때, 길이 있다는 말을 듣자 정신이 번쩍 들었다. 금강산에 가면 정말 길이 보일까에 대해 생각하며, 아내의 말대로 1차 목적지를 금강산으로 결정했다. 아내는 병연의 속마음을 보고 있는 것처럼, 저

자신 할아버님의 깊은 뜻은 알 길이 없지만, 서방님은 글을 읽었으니 아시겠지요. 하자 병연은 나도 잘 모르겠소. 당신의 말대로 금강산으로 가지요 했다.

어디로 떠나든, 언제 돌아오든 알고 계셔야 할 일이 있습니다. 돌아오시면 아버지가 되어 있을 것입니다. 아들인지 딸인지는 천지신명만 아시는 일이고요. 병연은 아내의 배를 보았다. 새 생명이 태어난다는 생각을 하며 많은 것을 생각했다. 「금강산에 길」이라는 말, 아내의 조부께서 해주셨다는 그 말을 실감한 것은 금강산 초입인 단발령에 올라섰을 때 새삼 실감을 했다.

영월을 떠날 때는 늦은 봄이었으나, 금강산에 도착했을 때는 여름이 한창이었다. 병연은 아내가 한 말을 가슴에 담고, 단발령 고개 위에 올라섰다가 병연은 컥 하고 숨이 막혀 옴을 느꼈다. 한마디로 "이승이라 할 수 없는 풍광風光들이 눈앞에 펼쳐지니, 절로 오늘 죽어도 좋다는 생각을 하며 스스로 감탄하며 놀랐다."

병연은 다시 한 번 아내의 말을 가슴 속에 음미하며 의미 있는 웃음을 지었다. 아내가 수준 높은 풍류風流의 경지에 있다는 사실을 뒤늦게나마 인정하지 않을 수 없었다.

금강산을 돌아 다시 속진으로 나갈 때는 이미 어제의 내가 아닐 것이라는 예감을 가슴에 간직하며 심호흡을 했다. 병연은 아내를 생각하며, 어쩌면 글재주가 좋다고 하는 자신보다 모든 면에서 세상이치를 꿰뚫고 있는 것은 아닐까를 생각하니 등에 식은땀이 났고, 아내의 따듯한 마음이 온몸에 파고들었다.

건봉사에서 며칠간 요사를 함께 썼던 지칭 땡초 서봉한이 병연에게 "혼자 웃다가 혼자 얼굴을 찡그리며, 무슨 생각을 그렇게 골똘히 하시오?"라며 말을 걸어왔다. 병연은 목소리를 듣고, 건봉사에서 무슨 도회를 연다고 했지요 하고 묻자, 땡초 서봉한은 금강산을 지척에 두고 건봉사에서 도회를 하다니 말이나 되는 소리요?

땡초는 말도 거칠고, 험상궂어 조심해야 한다는 병연의 속마음이었다. 땡초 서봉한과 많은 이야기를 나눴고, 땡초는 "장안사로 간다며, 노자가 떨어진 것 같은데, 금강산에 왔다고, 절로 배가 부르지 않소. 물 좋고, 산 좋으나, 밤이 되면 다섯 자 몸뚱이 의지할 곳이 필요하오. 생각이 있다면 장안사로 오시오.

그전에 한마디만 물어 봅시다. 양반이라는 작자들이 세상을 제 놈들 떡인 양 먹어치우는 것이 잘된 일이라 생각하오? 게다가 요사이 양반수가 엄청 늘어나 자기들끼리 잡아먹기를 하는데, 이것은 당쟁이 아니오? 그 등쌀에 상놈들은 태어날 때부터 죽을 팔자고, 이래도 됩니까?" 하고 격양된 어조로 물어 왔다.

병연은 "안되지요" 하며, 기다렸다는 듯이 단호히 대답했다. "안되면?" "엎어야지요." "땡초들이 화적질 하지 말고 한 번 엎어보시구려" 하자, 땡초 서봉한은 짐짓 무심한 표정으로 멀리 비로봉의 정상에 눈길을 멈추고 있었다. 그러면서, "당신을 왜 좋아하는지 알고 있소?" 땡초 서봉한은 바람 속에서 꼬깃꼬깃 접은 종이 한 장을 꺼내어 펼쳤다. 병연이 살펴보니, 이곳 금강산에서 땡초에게 어제 써준 글이었다.

四脚松盤粥一器 사각송반죽일기
네 다리 소나무 밥상에 올려놓은 죽 한 그릇
天光雲影共徘徊 천광운영공배회
하늘빛과 구름 그림자가 오락가락하는구나
主人莫道無顔色 주인막도무안색
주인 양반 무안해하지 마오
吾愛靑山倒水來 오애청산도수래
청산이 물에 비치니 그 아니 좋소

서봉한은 시를 잘 모른다면서도, 글자 하나하나를 곱씹으며 맛을 느꼈다. 그리고 "당신 같은 글쟁이가 꼭 필요하오. 장원했던 그 솜씨면, 세상을 뒤엎을 비상한 글이 나올 수 있을 것이오. 제발 세상을 바꾸는 일에 써보시오. 우리 동무들은 무식해서 머리와 가슴속에 품은 생각을 문장으로 표하지는 못하오. 그럼 금강산에 머무는 동안이나마, 우리는 쉽게 다시 만날 수 있을 것이요"라며 사라졌다.

장안사는 북적거렸다. 백천동百川洞 계곡 수水가 바위를 타고 넘어 솟구치며 내뿜은 소리에 귀가 멍할 지경인데, 만천교를 건너 산문으로 이어지는 숲길을 오가는 사람들의 발길이 저잣거리처럼 붐볐다. 일주문 기둥에는 "일도산문만사휴一到山門萬事休"라는 글이 보였고, 병연은 "한 번 산문에 들어서면 만사가 그친다"는 뜻으로 이해하면서 정말 만사가 정지될까에 의아스러워했다.

신라 법흥왕 때 창건된 이 고찰은 창건 당시부터 규모가 컸으나, 고려 충혜왕 때 원나라 순제順帝의 황후가 된 기奇씨가 황제와 태자의 복을 빌기 위해 거액의 내탕을 들여 중건함으로써 금강산의 대표적인 사찰은 물론 나라 안 불교의 사찰로 자리잡았다. 그러나 임란의

보덕굴도(겸재 정선 작품, 국립중앙박물관)

병화로 소실되고, 겨우 대웅보전, 지성지전 등의 당우 몇 채와 만세루 등 누각과 일주문이 남아있어 옛 영화의 몸체를 대부분 잃고, 날개 몇 개만 남아 있을 뿐인데도 장안사의 위용이 나그네를 압도해 옴을 느꼈다.

여름이지만 금강산의 밤은 일찍 찾아온다. 서둘러 잠자리를 허락받지 않으면, 고생하기 십상이다. 영월에서 금강산까지 1,000리 가까운 여정을 돌아오면서 깨달은 이치였다. 만세루를 지나 대웅전에 이르니 큰 행사가 벌어지고 있었다. 누군가의 천도제가 열렸고, 20여 명 넘은 스님들과 참여했던 많은 사람이 함께 하는 것을 볼 때 보통사람은 아닌 성 싶었다. 이때 누군가 옆구리를 찔러 쳐다보니, 땡초 서봉한이었다. 그러나 땡초는 옷을 벗고 도포에 갓을 쓴 선비차림이었다.

병연은 물었다. 누구십니까? 행사가 거창합니다. "홍문과 부제학 박학익의 부친 사십구재라 하오. 정3품이지. 시골 촌놈이 높으신 분 품계를 알기나 하오만, 홍문관은 청직이고, 옥당은 유학의 근본인데, 현재 비록 정3품이지만, 조만간 도승지에 직제학을 겸하는 직위를 오를 것이 분명한 세도가의 자식이나, 문전에 기름기가 번들하겠지요 하며, 여러 이야기도 함께 했다. 선비는 저녁 잠자리를 마련했느냐 묻자 아직이라고 하자, 너럭바위로 가 사정해 보시오" 했다.

땡초 말대로 너럭바위는 지척에 있었고, 법석을 갖는 자리라서 안성맞춤인 널찍한 바위가 백천의 급류를 가로막으면서 펑퍼짐하게 버티고 있었다. 서봉한이 말한 대로 바위에는 주지스님과 선비차림의 손님 일곱 명이 앉아있었다. 술상인지 차상인지 구분하기 어려운 음식상도 있었고, 지필묵을 마련 한가롭게 신선놀음을 즐겼다. 병연이 다가가자, 이맛살을 찌푸리며, 주지가 사방을 두리번거렸다. 그것은 거지차림인 병연을 내쫓은 사람행자, 수종배을 찾는 눈치였다.

주지는 붓을 꾹꾹 눌러 '황벽형의黃檗形儀'라 쓰고 설명을 했다. 황벽스님이 개원사에 있을 때 재상 배휴裵休가 와서 절간 벽에 그려진 조사스님들의 그림을 보고, 마침 지나가던 원주에게 물었다. "저건 누구의 초상이오." "원주가 큰스님들의 초상입니다"라 대답했다. 이에 배휴가 다시 물었다. 그럴듯한 그림인데, 큰스님들은 어디 계시오? 원주가 말문이 막혀 대답을 못하자, 배휴가 의미심장한 투로 말했다. 이곳에도 참선하는 스님이 있기나 하오? 희운希雲이라는 수좌가 있는데 만나보시지요. 이리하여 황벽과 배휴의 만남이 이루어졌다는 이야기였다.

내금강 벽하담(리정수 사진작품)

황벽과 배휴의 만남이 이야기가 끝나자 좌중에서 가장 늙은 선비가 병연을 가리키며, "저 젊은이는 대체 누구오?" 묻자, "예 금강산을 보고자 온 시골사람입니다. 날이 저물어 더 갈 수가 없기에 하룻밤 신세를 지고자 주지스님을 뵙고자 왔습니다." "불당을 객관으로 착가한 사람이 또 있습니다 그려" 주지는 병연의 남루한 행색을 보고, 고개를 돌리며 늙은 선비에게 말했다.

이때 병연과 비슷한 젊은 선비가 일어나 소매를 잡아끌었다. "자 이리로 와 앉으시오. 혹시 글을 아시면 이 범상치 않은 산천에서 솟구치는 것이 있을 것이오. 한 수 지어 보시지요?"

주지가 고개를 저으며, "하긴 개나 소나 풍월을 하는 세상이니…" 하고 뱉었다.

병연은 젊은 선비가 내밀어 준 붓을 받아들고, 돌아앉아 종이 위에 거침없이 써 내려갔다. 쓰기를 마치자 병연은 종이를 접어 주지스님 앞으로 밀어놓고, 휑하고 너럭바위에서 뛰어내렸다. 그리고는 뒤도 돌아보지 않고 빠른 걸음으로 그 자리를 피했다.

僧首團團汗馬閬 승수단단한마랑
둥글둥글한 중놈의 대가리는 땀 흘린 말 불알 같고
儒頭尖尖坐狗腎 유두첨첨좌구신
뾰족한 선비 대가리는 앉은 개 좆이로다
聲令銅鈴零銅鼎 성령동령영동정
목소리는 구리 방울 굴리는 소리 같고
目若黑椒落白粥 목약흑초낙백죽
눈알은 흰죽에 떨어진 산초알 같네

만천교를 건너 숲 속으로 몸을 숨겼다. 너럭바위는 폭탄이 터지는 꼴이 되었다.

너럭바위에서 젊은 선비가 터뜨리는 웃음소리가 병연의 뒤통수에 닿았다. "와핫, 말 불알과 개 좆이라, 말 불알과 개 좆이라."

금강산 12,000봉에는 봉우리마다 골짜기마다 암자가 있다는 말은 소문과 같았다. 만천교를 넘어 깊은 계곡으로 조금 들어가자 곧 '관음암'이라는 암자표시가 나왔다. 사람의 키 두 배나 되는 높이의 평퍼짐한 바위 표면에 새겨놓은 표지였다. 관음암은 관음봉 허리쯤에 있었다. 그림 같은 바위 병풍을 뒤로 하고, 눈 아래 장안사 본사를 내려다보는 자리였다. 주지스님은 70이 넘은 노스님이었다. 사정을 이야기하자 난색을 표하며, 천도제를 지내는 본사로 내려가면 좋겠다는 말을 했다.

병연은 "본사에서 쫓겨오는 길입니다. 만약 스님께서 쫓아내시면 산속 한 마리 짐승이 되는 수밖에 다른 도리가 없습니다. 채공간이나 해우소도 좋으니 하룻밤 머물게 해주십시오." 노스님은 행자들이 머무는 작은 골방으로 안내했다. 행자들은 초저녁인데 벌써 잠이 들었다. 병연 역시 행자들의 발밑에 쪼그리고 누웠다. 고단해 곧 잠이 들었다.

장안사 본사는 난리가 났다. 천도제를 마무리하고 스님들과 시주 그리고 종들이 잠든 사이 여남은 도적들이 시퍼런 칼을 들고 방마다 쳐들어가 모두 꽁꽁 묶어 마당에 동댕이 쳤다. 도적패들은 절간을 샅샅이 뒤지면서 재물을 끌어내는 동안 두목은 마당에서 감시하고 있었다. 도적패는 얼굴을 가리지도 않았고, 마치 맡겨놓은 재물을 찾으러 온 사람들처럼 당당해 보통 도둑들과는 달랐다.

낮에 병연에게 시를 지어보라고 권했던 젊은 선비가 도적의 두목에게 말을 걸었다. "당신들 패거리 이름은 무엇이오?" "그건 왜 묻소?" 하고 두목 서봉한이 칼날을 젊은 선비의 목에 갖다 대고 반문했다. 젊은 선비는 "들은 말이 있어 물었을 뿐이오. 금강산과 지리산에 큰 도적의 무리가 있다는 말을 들었는데, 당신들은 제법 세력이 있는 도적들인 것 같소." "아는 척하니 일러주지. 우린 금강산을 근거로 활약하는 목단설도, 지리산을 근거로 하는 추설도 아니오. 우린 한양에서 활약하는 살주계 활빈당이오. 홍길동 先生이 만든 후로 세상을 바로잡을 때까지 활약할 것이오. 하늘이 못다 한 일을 대신하는 것이니, 행여 한양에

총석정도(신묘년 동악도첩, 국립중앙박물관)

돌아가 우리를 도륙낼 생각일랑 하지 마시오. 세상을 뒤집어엎을 생각으로 나를 만나고 싶거든 한양 성문 밖 청파로 오시오. 그곳에 와 홍길동을 찾으시오. 오늘 빌려간 재물은 원래 임자가 없는 것이라 당신들 것도 아닙니다."

병연은 곤하게 잠들다가 새벽녘에 일찍 세상을 떠나신 아버지 김안근을 보았다. 아버님은 생전에 금강산을 유람하는 것이었다면, 이런 식의 거지 행세 말고, 많은 사람들을 거느리고, 스님들의 영접을 받으며, 유람하고 싶으셨겠지. 아버님, 그런 유람이라면 안하시길 잘한 일입니다. 그 순간 누군가 옆구리를 세차게 차는 바람에 숨이 컥 막혔다. 눈을 떠보니, 양반 노비들 같아 보이는 건장한 사내들이 병연을 내려다보고 서 있었다.

"선달님, 이놈 맞아요." "이놈이 바로 어제 저녁 너럭바위에서 이상한 시를 지어놓고 도망간 그놈이란 말이냐?" "예, 도둑패들과 내통하고 신호를 보낸 놈이야요." 도둑패라 병연은 의아하며, 무슨 사단이 났다는 것을 직감했다. 이때 병연은 서봉한이 말한 장안사 도회를 열기로 했다는 생각이 났다. "병연, 나는 적도가 아니오." 주먹이 명치에 날아왔다. 네놈이 적도인지 아닌지는 시간이 가면 알 것이다. 두 손을 뒤로 묶인 채 장안사 본사로 끌려 내려왔다.

"나리, 저놈을 족치면 일당을 알 수 있을 것입니다. 잡아 족치시죠." 이때 "안 됩니다." 어제 시를 지어 보라고 권했던 젊은 선비가 나섰다. "저 사람이 도적과 한패라면, 굳이 잠자리를 구걸하거나 청하지도 않았을 겁니다. 패거리라면 이곳을 떠났을 것이오, 엉뚱한 사람을 잡아와 분풀이를 하는 것은 온당치 못한 일입니다." 이에 늙은 선비가 컥 하고 기침을 하며 입을 열었다. "네놈이 적도가 아니라는 것이 아니라 적도의 증거가 없기에 일단 풀어주겠다"며, 부언하길 "어디서 배운 더러운 언어로 시궁창 같은 시를 만들어 내느냐? 그것도 죄는 아니니, 다그칠 까닭이야 있겠느냐. 네 혼백이 뒤숭숭하여, 제명에 죽지 못할 일이 생길지도 모르니, 앞으로는 그런 따위의 글을 쓰지 말아라, 에잇, 저자를 놔주어라."

병연은 고개를 들어보니 젊은 선비가 앞에 서 있었다. "정현덕이라고 합니다. 수모를 용서하시오. 어젯밤 적도들이 장안사를 털어갔습니다. 그 때문에 분해 저지른 일이니, 마음에 두지 마시오, 어제 시는 도무지 세상에 없던 파격이었소, 다시 뵐 날이 있었으면 합니다." 병연은 대꾸도 하지 않고 자리를 떴다. 그러나 젊은 선비는 일주문 앞에까지 뒤따랐다. 정현덕은 금강산을 빨리 떠나라는 말과 "한양에 오시면, 한양에서 저를 찾아주시오"라고 하였다. 그리고 내친김에 한 가지 더 말하리다.

"어제 법당 앞마당에서 당신이 수상한 장정과 이야기를 나눈 것을 보았소. 무심코 보고, 너럭바위로 갔는데, 잠시 후 당신이 그곳에 나타났소. 당신과 이야기를 나눈 그자가 도적의 괴수였소. 그러니 제발 이곳에서 머뭇거리지 말고, 한시도 지체하지 마시고, 떠나시오. 어때요, 한양에 오시겠소?"

젊은 선비는 범접하기 어려운 위엄을 지니고 있었다. "가리다." 병연은 대답했다. 병연은 정현덕과 굳게 약속을 하고 헤어졌다. 참으로 고마웠다.

금강산에서 본 한양 양반들의 거들먹거리는 꼴을 생각하면 소름이 끼쳤다. 긴 겨울이 왔다. 산골짜기는 흰눈이 소복이 쌓였다. 노루와 고라니들이 먹을 것을 찾아 가난에 찌든 병연의 집 오두막을 기웃거렸다. 사람이나 짐승이나 배고프기는 마찬가지였다. 아내가 화전을 일구어 거두어들인 곡식이라고는 감자 두 말과 옥수수가 전부였다.

병연이 집을 떠날 때, 행낭에는 엽전 두 냥 두 푼이 있었다. 큰돈은 아니지만, 찌든 가난한 산속 생활에서는 큰돈이었다. 삼옥리에 들렀으나, 남의 집일을 하러 나가고 아무도 없었다. 오직 4살된 아들이자 조카인 착균이 혼자 꼬챙이로 땅을 후벼파다가 아비를 보고 벌떡 일어나 가슴팍으로 파고들었다. "할머니와 어머님은?" 학균은 고개를 저었다. 병연은 남의 일 품팔이를 갔다는 사실을 이미 알고 있었다. "오시면 드리라며, 엽전을 손에 쥐어 주고, 잘 있거라, 할머니와 어머니 말씀 잘 들어라" 하며, 병연은 학균을 한 번 더 안아주고 발길을 재촉했다.

병연은 점심때가 지나 조상에 씻지 못할 죄를 지은 영월에 도착했고, 저잣거리를 지나다가, 가게에 쌓여있는 삿갓과 뭉툭한 대나무 작대기를 보고, 배낭에 남은 두 푼을 털어주고 샀다. 삿갓은 비바람과 부끄러운 자신의 모습을 가려줄 것이고, 작대기는 자꾸 허물어지는 몸을 지탱하기에 좋을 것으로 여겼다. 처음 삿갓을 쓰니 머리가 아팠으나, 시간이 가자 자연히 몸의 일부가 되었다.

병연의 비렁뱅이거지 유랑은 이번이 처음이 아니었다. 몇 해 전 영월백일장 장원 후 자신이 글로 단제한 분이 김익순 할아버님이라는 사실을 알고 나서, 숨을 쉴 수 없어 금강산 유람을 떠날 때부터 시작되었다. 금강산에서 한양을 오가며, 문전걸식은 김삿갓의 생활이 되었고, 그때는 돌아온다는 기약이 있었고, 지금은 돌아올 수 없는 길이었다. 처음부터 금강산으로 가려고 했던 것은 아니었다. 길을 나서자 자연스럽게 발길이 향했다. 스스로 조상의 뿌리를 뽑아버린 비참한 인생이 금강산 말고 마땅히 갈 곳이 없었다. 그동안 다 떨어진

향로봉(리정수 사진작품)

짚신을 버리고, 손수 짚신을 여섯 번이나 엮어 신었다. 이번에는 좀 느긋한 마음으로 왔기에 겨울의 초입에서야 양양 땅에 닿았다.

병연은 금강산을 향하며, 많은 것을 생각했다. 왜 사람들은 살기도 어렵고, 죽기는 더 어려운데 금강산을 그리워하며, 찾는 것일까에 의문했다. 만산萬山 홍엽의 불길이 녹아내려 물빛마저 붉게 타고 있는 금강천을 내려다보면서 병연은 망연했다. 마침내, 다시 오고 말았다는 생각에 스스로 처연한 기분이 들었다. 그리고 여기서 죽을 수도 있다는 생각을 하며, 그렇게 된다면, 행복한 죽음이 될 것이라는 상상도 해 보았다.

금강산은 12,000봉에 19,000암자라 하니 얼마나 많은 시와 문기와 스님이 있겠는가? 그리고 흔히 말하는 도인道人도 예외는 아니다. 병연이 금강산을 택한 것은 지팡이 하나와 삿갓만 있으면, 일단 굶어 죽거나 얼어 죽을 염려는 없었다. 그렇다고, 모든 사찰과 암자가 거렁뱅이 김삿갓에게 인심이 후한 것은 더더욱 아니었다. 금강산의 품속으로 가는 길은 수없이 많다. 병연이 금강산을 처음 찾았을 때와 같은 길로 온 것은 나그네의 습속이었다. 그러나 이번에는 장안사를 지나 표훈사에서 발길을 멈추었다.

장안사가 권문세도가들이 드나드는 화려한 사찰이라면, 표훈사는 선승들의 수행도량으로 더 알려졌다. 법기봉 아래, 돌로 빚은 예술품인 금강산 안에서는 드물게 평평한 흙살을 닦아 세운 사찰이었다. 이곳은 벌써 동안거冬安居가 거행되어, 경내는 적막이 내려앉았다. 병연은 해가 지기 전 며칠 묵을 자리를 찾기 위해 표훈사 말사에 해당하는 안양암을 찾았다.

안양암은 법기봉 정상을 향해 계곡을 따라 올라가면, 갑자기 병풍처럼 깎아지른 단애 아래 있었다. 수행도량이라 불상을 모시지 않았고, 요사채 둘만 있을 뿐이었다. 마침 해우소에서 허리춤을 올리면서, 스님 한 분이 나왔다. 행운이었다. 빌어먹으려면 사람을 만나야 하기 때문이었다. 스님은 걸음을 멈추고 병연을 기다렸다. 병연은 합장하자 스님도 합장했다. 병연은 "산에서 길을 잃은 중생입니다. 스님은 어딜 가려던 것입니까." 하고 묻자, 병연은 "그걸 모릅니다. 그래서 길을 잃었다는 것이지요?" 스님은 "정말 길을 잃으셨군요. 따라오시오."

안양암은 선방 한 채와 요사채 한 채로 된 암자였다. "산속에서 길을 잃었으면, 허기질 건데요?" 이에 병연은 "어떤 날은 아침부터 종일 곡기를 잊고 산 적도 많았습니다. 오늘은 아침에 배를 채웠으니, 그나마 호강한 날입니다." 스님은 법기라 했다. 금강산 전체가 법기보살의 영산으로 널리 알려져 있고, 그 중에 표훈사는 본당인 반야전에 법기보살을 주불로 모셔 놓은 데다 절 뒤편의 봉우리도 법기봉이라 명명했을 정도로 법기보살에 뿌리를 둔 사찰이다.

병연은 금강산 법기봉과 법기보살 그리고 법기스님, 어쩌면 저 스님은 이곳에서 태어나 이곳에서 자란 스님이 아닐까에 대해 생각했고, 만약 그러했다면 자연과 인간 그리고 종교가 하나가 된 의미심장한 조화라 느꼈다. 법기스님은 "혹 들어보셨나요? 회해화상懷海和尙 이름을?" 병연은 "석씨문중釋氏門中에 대해서는 아는 것이 없습니다. 그러나 해동불교의 정맥을 이어와 장차 유학이 침체될 때 다시 불교의 중흥을 이끌 거장으로 그 이름을 듣고 있지요. 화상이 표훈사에 머물고 계십니까?" 하고 물었다.

"법기스님은 옆방에 계십니다." 병연은 "그러고 보니 요사채의 맨 끝방 문설주에 당호를 적은 낡은 편액 하나를 보았습니다."라고 전하며, 불교라 하면 곧 회해를 연상케 할 정도로 법력이 높아 해동 불타로 신앙의 대상이 된 그 큰스님이 옆방에 계신다는 말에 온몸이 긴

어장전항(임무성 작품)

장됨을 느꼈다. 그러나 정작 옆방에 큰스님을 시봉하는 듯한 법기스님의 태도는 그와는 달랐다. 법기스님의 방은 사방 열 자 정도의 방이었다. 촛불에 벽과 천장은 새까맣게 물들어 있었다.

병연이 방 벽을 쳐다본 순간 놀랐다. 몇 년 전 장안사에서 자신이 써놓고 간 바로 그 시가 반토막만이 남아 걸려있었기 때문이었다.

僧首團團汗馬閬 승수단단한마랑
儒頭尖尖坐狗腎 유두첨첨좌구신

법기스님은 "저글은 나의 화두요. 어떻습니까?" 하고 물었다. 병연은 눈길을 따라 시선을 두던 법기스님을 보며 「화두」 하며 반문했다. 법기스님 "참선수행시 사문의 말뚝을 말입니다. 즉 마음을 한곳으로 모으는 말뚝말입니다. 병연은 "일천삼백공안公案에 대해서는 들은 바가 있습니다만 저런 화두는 처음입니다." 법기스님은 "큰스님으로부터 받은 화두는 무자無字였어요. 그러나 그 화두를 잡고 20년을 참구해도 깨달음은 열리지 않았고, 화두를 잡고 앉으면, 개처럼 달아나 버려요. 아, 그런데 3~4년 전에, 장안사에 어떤 미친놈이 와 계곡 너럭바위 법담을 하던 스님과 유학자들에게 저런 시를 던져놓고 달아나 버렸다는군요. 그 후 장안사 행자들이 입을 통해 전하고, 글로 옮겨 삽시간에 금강산 내의 사암에 은밀하게 돌고 있습니다. 지금은 저 시를 모르는 중은 금강산 중이 아니라는 소문이 파다해요." 했다.

법기스님은 "저 시를 처음 봤을 때, 벼락을 맞은 것 같은 충격을 받었어요. 중대가리가 늘어진 말 불알이라니, 폐부를 찌르는 비수 같았지요. 저 글을 지은 사람을 아십니까?" "모르지요." "그건 그렇고 처사님은 대체 누구십니까" 이때 병연은 벽에 붙어있는 시를 가리키며, "저 시를 쓴 사람이요." 하자, 법기스님은 놀라며, 한참 생각하다 엉뚱한 질문을 했다. "혹 금강산에 온 것은 출가 때문이 아니오?" "그럴 마음도 없지 않았으나, 중으로 한평생을 산다는 것이 얼마나 잘못인지 새삼 알게 되었습니다." 법기스님은 "맞습니다." 하며 무릎을 쳤다.

법기스님은 "불가에서는 흔히 속세의 인연을 끊는다고 하나, 실은 더 큰 인연으로 자신을 감옥에 가두고 있습니다. 자유롭게 사십시오." "배가 출출하시죠. 준비해둔 것이 있는데, 마치 처사님을 위한 것 같군요."

법기스님은 어둠 속으로 나가더니, 땅속에 묻어둔 작은 항아리 1개를 안고 들어왔다. 뚜껑을 여니 방안에 술향기가 가득했다. "처사님은 선방에서 술을 대접받을 수 있는 분입니다. 그러나 절에 살 생각은 마세요. 경각심을 주는 화두라 써 놓으면, 많은 스님들이 또 다른 깨달음을 얻을 것입니다." 주거니 받거니 금강산의 밤은 깊어만 갔다. "지금 이 방안에는 거지와 중이 있으니, 창기노래하는 기생만 있으면 구색을 갖추는 격이 되겠군요." 법기와 함께 항아리 1개를 비우며 밤을 보내니, 병연은 금강산으로부터 마냥 자유로워짐을 느꼈다.

병연은 평소 금강산 자체가 아니라 봉우리마다, 골짜기마다, 은거하고 있는 그 많은 도사들과 스님들, 그리고 유학자들의 생활과 철학들이 궁금했다. 즉 그들이 알고 있는 우주만물과 인생살이의 비밀을 자기만 모르고 살다가 세상을 떠나게 될지도 모른다는 생각을 가끔 했었다. 그러나 안양암 요사채에서 회해노장의 기침소리를 들으며, 달밤을 세우며, 곡차를 마시며, 느끼는 새벽은 뭔가 자신을 속박해 온 사슬이 풀리는 것 같아 자유로운 영혼을 얻은 것 같았다. 금강산은 더 이상 병연을 옭아매지 못했다.

병연이 해우소를 가기 위해 방문을 열고 나오자, 금강산이 온통 흰눈으로 덮여, 천하의 도사들과 선녀들이 다 모인 것 같은 신비로움에 취해 어리둥절해 아침 공양을 어떻게 했는지 모르고 있는데, 법기는 말했다. "금강산에서 살고 있는 금강산의 주인들만 금강산의 은밀한 몸을 볼 수 있는 때가 이 계절입니다. 그러해서 금강산도 산속에 살고 있는 우리들에게 시시각각 다른 모습을 선보이는 순간입니다. 그것이 개골산皆骨山의 모습을 긴 겨울 동안 음미해야 비로소 금강산을 이야기할 수 있습니다. 그렇지 않고 유람하기 좋은 계절에만 삐끔 보고, 절구를 읊고 기행문을 쓰고, 그림을 그리는 것은 다 헛것이에요."

법기는 "그나저나 발목이 잡혔습니다. 첫눈이 오고 나면, 며칠 계속 퍼부어 아예 기암들을 눈 속에 묻어버리고 나서 그치는 것이 이 산의 눈오는 풍광인데, 처사께서는 가지도 오

만물상 관광(리정수 사진작품)

지도 못하는 신세가 되고 말았습니다." "그래도 가야지요." 법기는 "어찌됐든 이 겨울에 금강산에 들어온 사람은 봄이 되기 전에는 나가지 못합니다. 어려움이 있으면, 안양암으로 오세요. 기다리겠습니다." 병연에게는 눈물나게 고마운 말이었다. 그러나 나그네는 떠나야 한다는 것을 알았고, 그것은 물이 흐르는 것과 같다는 것을 느꼈다.

법기는 "이른 아침에 시를 하나 지었습니다. 처사님을 언제 다시 뵐지 기약이 있는 것도 아니어서 계실 때 대구를 받고자 해서요."

百尺丹岩桂樹下 백척단암계수하
백척 붉은 절벽 계수나무 아래에
柴門久不向人開 시문구불향인개
오랜 세월 찾는 이 없어 사립문은 닫혀 있었는데,
今朝忽遇詩仙過 금조홀우시선과
오늘 아침 문득 지나가는 시선을 만났으니
喚鶴看庵乞句來 환학간암걸구래
암자로 학을 불러 시 한 수를 청하네.

병연이 시를 보자 법기는 지필묵을 갖다 놓았다. 병연은 거침없이 써 내려갔다.

矗矗尖尖怪怪奇 촉촉첨첨괴괴기
우뚝우뚝 뾰족뾰족 괴이하고 신기한 모습
人仙神佛共惺疑 인선신불공심의
사람도 신선도 부처님도 놀라겠네
平生詩爲金剛惜 평생시위금강석
평생 소원이 금강산을 읊으려 했더니
及到金剛不敢詩 급도금강불감시
이제 금강산에 이르고 보니 시는 막히고 탄식만 나오네

법기스님의 예상과는 달리 첫눈이 내린 다음 매서운 겨울이 금강산의 아름다움에 저만큼 밀려나간 훈훈함이 감도는 포근한 날씨여서, 햇볕이 들지 않는 후미진 곳을 제외하고는 눈이 모두 녹아버렸다. 덕택에 병연은 표훈사에서 마하연까지 어려움 없이 왔다. 마하연 본사를 그냥 지나 백운대를 바라보고, 올라가다가 관음봉 중턱의 만회암萬灰庵에 닿았다. 이곳은 편안하게 찾을 수 있고, 그래서 왕래가 잦고 기름져 보이는 암자보다 기왕이면 수행의 틀이 잡혀있는 곳에서 묵고 싶었다.

병연은 자신이 정한 암자의 주인 화상이 좀 넉넉한 마음씨를 갖기를 원했다. 그러나 화상을 보고 실망했다. "지나가는 나그네올시다." 합장하자. 눈길도 주지 않고, "지나가구려." "그 길을 알면 내가 가지, 왜 여기서 거지와 상대하고 있겠나." "아따, 그 거지 유식하네, 내 공덕지어 주려고 여기까지 오셨다고? 고마우나 사양하겠네, 오늘은 공덕지을 일 없네, 그리고 자네 삿갓이나 벗어보게."

병연이 삿갓을 벗자, 천찬히 뜯어보던 암주가 혀를 차며, "비럭질도 때와 장소가 있는 법, 자비 눈에는 중들이 할 일이 없이 깊은 산속에서 고행을 자초하고 있는 것으로 보이는가?" 병연은 "그건 모르겠습니다. 묵을 곳이 없으면, 남은 식은 밥 한 덩이라도 주시지요." 하자

수정봉 자라바위(리정수 사진작품)

암주는 기다렸다는 듯이, "묵을 것도 먹을 것도 없네, 아래쪽에 기름진 절에나 가보게." 병연은 심각한 상황임을 직감하고, 이미 밤은 저물었고, 군데군데 눈이 쌓여있어 미끄럽기 때문에 난감했다.

병연은 암주와 씨름을 포기하고, 돌계단을 올라 법당 앞에 섰다. 누렇게 금칠을 한 비로자나불이 태평하게 미소를 띠고 앉아있었다. 불상 앞 보료 위에는 금강경과 사주를 적기 위한 백지와 먹물도 남아있었다. 병연은 암주에게 이렇게 친절히 길을 가르쳐주시니, 뭐라 보답할 길이 없습니다. 다만 글을 지을 줄 아니 몇 자 적고 갈까 합니다. "암주는 마음대로 하시게, 거지가 글을 짓는다니 말세가 오기는 온 모양이구먼." 병연이 쓰는 글을 어깨 위에서 호기심을 갖고 살폈다.

> 榻上彼金佛 탑상피금불
> 단 위에 앉은 저 금부처는
> 何事坎重連 하사감중련
> 무슨 일로 무덤 속에 앉은 것처럼 시름겨운가?
> 此事僧風惡 차사승풍악
> 중의 나쁜 행실을 보다 못해
> 擇日欲西歸 택일욕서귀
> 날 잡아 서쪽으로 돌아가려고 하네

병연이 붓을 놓자, 암주가 멱살을 잡았다. 병연의 몸이 번쩍 들렸다. 그리고 법당 마루바닥에 동댕이쳐졌다. 암주는 "죽여버리기 전에 당장 꺼져, 난 거지들에게 지친 몸이야. 너희가 전생과 이승에서 절집에 먼지 한 톨이라도 보탠 거 있어? 뭐 부처님이 서쪽으로 돌아가고 싶어한다고? 부처님도 돌아가시라고 해, 그러고 보니 네놈은 정말 글 줄을 하는 놈이구먼, 그래 글은 어디서 배우고, 비럭질은 어디서 배운 게야? 거지만 보면 성질이 솟구쳐, 성질 건드리지 말고, 어서 꺼지"라며, 고함을 쳤다.

병연은 삿갓을 들고 만회암을 떠났다. 산山은 오를 때보다, 내려갈 때가 어렵고, 눈이 쌓인 곳은 더욱 힘들었다. 배고픈 호랑이나 살쾡이 같은 짐승이 장난을 칠 수도 있는 그런 무서운 밤 산길이었다. 그뿐 아니라 추위와 배고픔, 그리고 귀신과도 싸워야 하는 상황이었다. 캄캄한 계곡 산길 그것도 눈 아래 낙엽이 쌓인 미끄러운 상황이 두려웠다. 한 번 삐끗

하면 치명적인 상처를 입고 누우면 그것으로 인생은 끝나기 때문이다.

병연은 마음속으로 다짐했다. 아직 죽어서는 안된다며 조심조심 걸었으나, 삿갓이 나무에 걸린 탓에 그만 미끄러지고 말았다. 일어나려고 몸부림쳤으나, 기력이 떨어져 서지 못해, 이대로 죽을 수 없다는 각오로 엎드려 기어 마하연 본사에 도착했다. 도량송을 외며 경내를 돌던 행자스님이 보고 도반을 깨우기 위해 달려갔다. 그리고 편안해지는 자신을 느꼈다.

병연은 죽음의 고비를 넘어 사흘 만에 정신을 차렸으나, 꼼짝할 수 없어 살펴보니, 다리와 팔이 부러졌고, 늑골도 부러졌는데, 숨을 쉴 때마다 심한 통증을 느꼈다. 이곳은 마하연 원주스님 방이었다. 원주스님이 하루 두 번씩 죽을 갖다 주는 것 말고는 달리 어찌해 볼 방도가 없었기 때문에 절에서는 지켜볼 뿐이었다. 열흘째 되는 날 안양암 법기스님이 소식을 듣고 마하연으로 달려왔다. 상황을 점검한 법기는 요긴한 약재와 약탄관을 들고 왔다. 그날부터 약을 먹자 보름15일이 지나자 우선해졌다.

병연은 한 달이 조금 지나 지팡이를 짚고 부축을 받으며, 아예 안양암 법기스님 거처로 옮겼다. 이듬해 봄, 금강산 앙상한 바위마다 얼어붙은 눈과 얼음이 녹기 시작하자 회해노장께서 입적했다. 노장의 다비식이 있던 날 고마운 법기스님과 작별했다. 병연은 가슴속에 뜨거운 눈물이 복받치는 느낌을 갖고 정들었던 산사를 뒤로했다. 병연은 신계사에서 하루를 묵고, 아침 일찍 길을 떠나 온정리溫井里를 지나, 금강산을 뒤로하고 고성에 이르자 눈앞은 질푸른 바다가 펼쳐졌다. 그러나 시골은 보릿고개가 시작되고 있었다.

온정천溫井川과 함께 동해바다로 흘러 들어가는 어귀에 넓고 기름진 농토가 있었으나, 허기진 농민들은 새봄다운 활기라고는 눈을 씻고 봐도 찾을 수가 없었다. 양반들의 권세로 농토가 중인계급의 부농들에게 넘어가, 농토를 부쳐 먹고 산 농민들은 대부분 머슴으로 전락하거나, 아예 농촌을 떠나 유리걸식하는 유랑민으로 살 수밖에 없었기 때문에, 병연은 새참이나 못밥을 얻어먹지 못해, 신계사에서 이른 공양을 하고 고성에 올 때까지 물 한 모금 먹지 못했다. 바닷가도 마찬가지였다. 병연은 가뭄에 콩나듯 만난 사람을 보면, “마을에 사람이 보이지 않으니 다들 어디로 간 거요?” 하고 물었다.

어부는 “육지에 흉년凶年이 들면, 어촌은 한 발 앞서 기근이 생깁니다. 가뭄으로 강이 마르니 바다에도 물고기가 자취를 감춥니다. 명태는 겨울에, 오징어는 여름부터 가을에 잡히니, 봄에는 이렇다 할 물고기가 없어요. 일도 없고 입도 쉬고, 뱃가죽도 달라붙어 버립니

만물상 귀면암(필자 촬영)

다. 요 며칠 사이에 어린아이와 할매가 배가 고파서 죽었소." 병연은 마을 후미진 곳 상엿집에서 추위와 배고픔과 싸우며 잠을 잤고, 끝내 잠을 이룰 수 없어 새벽 전에 산마루에 걸린 그믐달을 보며, 짐을 꾸려 고성을 서둘러 떴다.

사람이 만 하루만 굶어도 눈앞이 캄캄해지고, 누울 자리만 보이고, 먹을 것만 아른거리기 마련인데 인재에서 묻어 주었던 시체를 떠올리며, 굳이 이 나이에 죽을 요량이면 강물이나 벼랑에 몸을 던질지언정 생명부지의 사람들에게 시체를 맡겨 놓고, 저 세상으로 갈 수 없다는 생각을 강하게 하고, 동천에서 점심으로 겨우 개떡 한 개를 얻어먹고, 잠은 극락사 천왕문에서 잤다. 중들은 거지를 산문 안으로 들여놓지 못하게 했고, 스님들은 한결같이 "법당의 부처님은 사흘을 굶었다"며 병연을 내쫓았다.

금강산을 떠날 때는 춘삼월이었으나, 통천을 지나 회양을 돌아 철령鐵嶺 아랫마을에 닿자 5월에 접어들었다. 철령을 넘자 함경도 안변 땅이었다. 누가 오라고 하지 않았지만, 가파른 보릿고개에 떠도는 나그네를 반겨줄 사람은 함경도땅에는 눈을 부릅뜨고 봐도 없었다. 철령의 관문은 이제 터만 남았다. 관문 부근에서 한나절을 걸었으나, 인가는 보이지 않았다. 해가 질 무렵 함경도 땅 첫 마을에 닿았다. 마을은 고작 대여섯 채 초가집뿐이었다. 마을 첫집은 대문이 없었고, 강냉이대를 엮어 만든 울타리가 오래되어 썩어 내려앉았다.

병연은 "목청을 높여 이리 오너라" 하자, 남자 주인이 방문을 열고 얼굴을 내밀었다. 농사꾼이라기보다 사냥꾼 같은 분위기가 풍기는 사내였다. "누구요?" "과객이오. 날이 저물어

장전항과 천불산(리정수 사진작품)

하룻밤 신세질까 해서요.” 집주인은 병연을 유심히 살피며, “당신 거지요?” “과객입니다.” 사내는 묻지도 않고 마당구석에서 작대기를 들고 와 치려고 했다. 병연은 급히 자리를 떴다. 작대기에 두들겨 맞으면, 떠도는 사람은 곧장 죽음으로 갈 수밖에 없기 때문이다.

어느 집도 병연이 쉴 곳이 없었다. 세 번째 집에서 쫓겨났을 때, 숲속 두견새가 피나게 울부짖었다.

병연은 고달픈 몸과 마음을 주변을 살피자, 마을 구석에 디딜방아가 있었다. 방아틀 위는 엉성하지만 지붕이 있고, 벽체는 수수깡으로 벽을 감아놓았다. 축축한 땅바닥을 피해 몸을 의탁했으나, 등짝에 붙은 뱃가죽 속에서 격심한 통증을 느꼈다. 디딜방아의 벽 사이로 창백한 달빛이 비집고 들어왔다. 병연은 위장을 쥐어뜯는 고통을 잊기 위해 등짐에서 벼루와 종이를 꺼내 한 조각 달빛에 시 한 수를 써 내려갔다.

斜陽叩立兩柴扉 사양고립양시비
석양에 지친 나그네 두세 집 문을 두드리니
三被主人手却揮 삼피주인수각휘
주인들 한결같이 손을 저어 쫓는구나
杜宇亦知風俗薄 두우역지풍속박
두견새도 야박한 인심을 아는지
隔林啼送不如歸 격림제송불여귀
숲 속에서 돌아가는 것이 좋다고 울어대네

병연은 늘 그랬듯이 ‘길’이 있다는 금강산에 몸과 마음을 의탁하기로 했다. 금강산은 볼 때마다 새로운 느낌으로 가슴에 불을 지르는 여인과도 같았다. 멀리서 보기만 해도 새로운 느낌으로 가슴에 불을 지르는 여인과도 같았다. 멀리서 아름다움을 간직한 여인, 그런 여인이 세상에는 존재하지 않았으므로 금강산은 더 큰 매력으로 사람을 끌어안았다. 김삿갓, 김병연에게 금강산은 마음속에 그러던 여인이었고, 용화세계였고, 진정한 자유로운 평화平和 그 자체였다.

그래서 병연은 금강산이 그리웠고, 금강산에 오기만 하면, 그토록이나 편했다. 그러나 병연은 금강산이 골짜기마다, 봉우리마다 붙어살고 있는 사람들은 금강산과 너무 다르다는 사실을 알게 되었고, 금강산은 원래 주인이 없는데 주인처럼 행세하고 있는 중들이 그런 사람들이라는 사실을 뒤늦게서야 알았다. 이젠 금강산 중들은 김삿갓에 대한 이야기를 어느 정도 알고 있었다. 중들의 반응은 크게 두 갈래였다. 환영하는 쪽과 쫓아버리려는 쪽이었다. 신계사神溪寺에서 먼저 그 꼴을 당했다. 금강산 사대사찰이라고 하나 불에 타고 퇴락하여 대웅전을 중심으로 용선전龍船殿, 설선당說禪堂만 현란한 단풍의 색조 속에 그림처럼 파묻혀 있을 뿐 허물어져가는 이름뿐인 절간인데, 살고 있는 중들의 형태는 스님들의 고아한 맛은 간데 없고 자못 거칠기만 했다.

원주스님은 "날씨가 이렇게 좋은데 삿갓은 왜 쓰고 다니시오?" 하고 물었다. 병연은 "나그네이다 보면 날씨가 좋은 날도 있고, 궂은 날도 있습니다. 이미 내 몸의 일부가 되었으니, 좋거나 궂거나 가리지 않고 머리에 붙이고 다닙니다." "부처님을 아시오?" "모릅니다." "난 또 아는 이가 있어 만나러 온 줄 알았소. 부처님을 모르니, 용무도 없을 터인즉 그만 가보시오." "병연이 부처님께 물어보고 가라시면 가겠습니다." 원주스님은 "처사께서는 김삿갓 맞지요." "내 이름까지 아는 스님이 이리 박대하십니까?" "보면 알 것 아닙니까. 고찰이라고는 하나 이름뿐입니다. 그보다 처사님을 기다리는 분이 금강산에 많습니다. 왜 여기서만 계시려고 합니까?" "원주스님은 보광암普光庵이 여기서 멀지 않으니, 거기 가시면 시를 잘하기로 유명한 경운耕雲 스님이 있습니다." 그 스님이 김삿갓이라는 자가 금강산 선풍禪風을 조롱하고 갔다고 하며, 김삿갓이 오면 혼쭐을 내겠다며 벼르며 기다리고 있다고 설명했다.

보광암은 퇴락한 신계사보다는 암자의 위세가 당당했고, 젊은 스님들의 눈빛이 살아 있었다. 젊은 스님에게 경운스님을 찾자 아, 수좌스님 말이지요? 시를 겨루러 오셨습니까? 경운스님은 김삿갓을 알아보고, "이제야 오셨소" 했다. 병연은 경운스님의 범상치 않은 문기를 느꼈다. 차를 권하며, 경운이 말했다. "금강산 내에 처사의 이야기가 자자한데, 할 일 없는 중들이 과장해 꾸미고 있다고 믿고 있소. 처사의 재주가 허명인지 아닌지 시험해도 되겠소. 내가 먼저 한 구句를 부를 테니, 대구對句 적으시오, 적지 못하거나 격이 떨어지면, 당신 이빨을 하나 뽑을까 하오. 그럴 리는 없겠지만, 처사의 재주가 나를 능가하거나 대등하면, 이 암자에서 언제까지라도 머물 수 있도록 허락할까 하오."

병연은 "이빨을 뽑아요." 하고 반문하자, 경운스님은 "그럼 몸 속의 다른 뼈다귀를 추려낼까요?" 했다. 지필묵이 준비되었다. 나이든 중과 젊은 중 한 사람이 방 안에 들어와 흥미있게 지켜보고 있었다. 젊은 중은 병연이 질 경우 이빨을 뽑기 위해 집게를 들고 있었다.

집선봉(리정수 사진작품)

경운스님이 먼저 한 구를 적어 내려갔다.

朝登立石雲生足 조등입석운생족
아침에 입석대에 오르니 구름이 발 밑에서 일고

병연이 조금도 망설이지 않고 곧장 대구對句를 적었다.

暮飮黃泉月掛脣 모음황천월괘순
저녁에 황천의 물을 마시니 달이 입술에 걸렸도다

경운이 입가에 미소를 지었다.

潤松南臥知北風 윤송남와지북풍
소나무가 남쪽으로 누우니 북풍을 알겠고

병연이 기다렸다는 듯이 이어나갔다.

軒竹東傾覺日西 헌죽동경각일서
대나무 그림자 동쪽으로 기우니 해가 서산으로 기우는 줄 알겠도다

경운스님은 붓을 멈추고 병연을 쳐다보았다. 서로가 만만치 않은 상대를 만났다는 사실을 인정했다. 금강산의 절경을 소재로 세 번을 더 문답한 후 경운은 작심한 듯 다음 구句를 내놓았다.

影浸綠水衣無濕 영침녹수의무습
그림자가 물에 잠겼으나 옷이 젖지 않고

경운스님은 회심의 미소를 지으며, 병연의 대구를 기다리고 있었다. 병연도 기다렸다는 듯이 대구를 적어 내려갔다.

夢踏靑山脚不苦 몽답청산각불고
꿈에 청산을 거닐어도 다리가 아프지 않네

두 사람의 만남은 금강산에서 마침내 시를 지을 줄 아는 사람을 만난 것이었다. 두 사람은 이빨도, 해골바가지도 모두 잊고 흥에 겨워 시에 취했다. 일곱 구절을 더 읊은 다음 경운은 대미大尾를 그릴 때가 되었음을 알았다.

月白雪白天地白 월백설백천지백
달도 희고 눈도 희고 천지가 희고

금강산의 겨울풍광으로 옮겨가자, 병연은 그 풍경의 내면을 드러냈다.

山深夜深客愁深 산심야심객수심
산은 깊고 밤도 깊으니 나그네의 시름도 깊더라

경운스님이 붓을 놓고 멍하니 앉아있었다. 그들을 지켜보던 두 중이 넋을 잃고 있었다. "우리가 이런 시를 지었소?" 한참만에 경운이 한숨을 쉬며 말했다. "금강산이 지었지요." 병연이 대답하자 경운은 무릎을 쳤다. "맞소 금강산이 이 시를 지었지, 사람이 한 일은 아닐 거요." 불연佛緣에 이런 곡차를 마시지 않을 수 없었다. 사흘 낮밤 동안 시를 지었다. 이틀째 되는 날 산주에서 통문을 들은 법기스님이 술 항아리를 안고 달려와 통음대작은 계속됐다.

금강산에서 보낸 세월 중 최고의 날들이었다. 많은 시를 지었다. 경운과 법기 두 스님의 덕분으로 산중에서 얼어 죽거나, 굶어 죽을 염려는 없었지만, 다른 사암들은 달랐다. 어디를 가든 냉랭한 거절이었고, 거지취급이었다. 그럴 때마다 특유의 비아냥으로 시 한 수를

집선봉(리정수 사진작품)

던져놓고 나왔다. 병연은 암자들의 푸대접에 지난날과는 달리 분노와 비아냥 대신 연민을 담은 글을 써놓았다,

병연은 세월이 약이라고, 병연의 시어들이 품격을 갖고 조합되어 자연스럽게 흘러 나왔다. 병연은 자주 술을 마셨다. 금강산에는 봉우리도 많았고, 골짜기도 많았고, 절도 암자도 많았다. 더불어 중도 많았고, 도사들도 많았다. 그리고 무엇보다도 그리도 좋아하는 술도 많았다. 어느 날 밤 법기스님과 함께 술을 마시다가 병연은 문득 깨달았다. 속인인 자신보다 법기스님이 더 술에 젖어 있다는 사실을…

법기스님은 마른 입술을 술로 축이면서 시비를 걸었다. "왜 그런 눈으로 보시오." "그만하면 알 만큼 알았을 텐데, 무엇이 부족해서 금강산을 기웃거리는가? 이 거지 양반아." "병연은 내일 떠나려 하네." 어디로? 모르지…

3. 금강산과 성철스님

성철스님은 운부암 선방 하안거가 끝날 시기를 맞아 자나 깨나 향곡스님과 함께 화두에 매달렸다. 이때 큰스님의 마음은 '무'자 화두를 남긴 조주의 법문만 스승처럼 의지하며, 약 10~20여 년 말하지 않고 공부하여라. 그래도 너희를 벙어리라 하지 않으리라 했다.

그렇게 공부하여도 성취하지 못하거든 노스님의 머리를 베어가라. 그리고 노자의 다음과 같은 말도 성철스님은 수행에 참고했다. "배움의 길은 날마다 더하고, 도의 길은 날마다 멀어 간다. 멀고 또 멀어 아주 멀 것이 없는 곳에 이르면 참다운 자유를 얻는다"는 말을 마음에 간직했다.

성철스님은 도반이 된 향곡을 남겨 두고 걸

망을 등에 메었다. 하안거가 끝나면서 운부암의 음식이라 해봐야 아침에 시래기죽도 먹지 못할 만큼 곤궁했지만, 그보다는 금강산으로 떠나기 위해서였다. 금강산은 절도 많고, 암자도 많고, 도인道人도 많기 때문에 항상 마음속에 두고 살아왔고, 언젠가 꼭 가봐야겠다는 마음이 가득했던 것이다.

성철스님은 모든 것을 직접 체험해보고 싶었을 뿐 아니라, 성철스님에게 출가 전 '중도가'를 준 큰스님도 금강산에서 왔다고 했으며, 그 '중도가'야말로 캄캄한 밤중에도 횃불을 만난 듯하였고, 밤중에도 해가 뜬 것처럼 밝았다.

그 책을 주신 스님이 바로 금강산 마하연에서 수도중이라 들었기에 성철스님의 금강산에 대한 관심은 더해갔다. 한마디로 금강산에 가기 위해 안달이 날 정도였다. 성철스님은 고무신을 걸망에 넣고, 지난 겨울에 삼은 짚신을 신고, 가슴 벅찬 심정으로 운부암을 떠났다.

마침, 운부암에는 금강산에서 수행하다 오신 노스님 때문에 성철스님은 눈에 선할 정도로 금강산 이야기를 많이 들어 훤하게 알 수 있을 것 같았다. 금강산의 고찰은 장안사, 표

채화봉 금강산(백남식 사진작품)

훈사, 정양사, 유점사, 신계사를 비롯해 대표적인 산사들이 많았다. 그뿐 아니었다. 금강산에는 팔만구암자 중에 가장 특이하게 보이는 보덕굴은 금강의 심장부에서 '선풍'을 들어 다 외웠고, 마하연 등의 이야기도 틈틈이 들어 잘 알고 있었다. 운부암 노스님의 기억력은 매우 뛰어나 금강산 안팎의 풍광을 실제로 본 것처럼 설명해 주었다.

원산에서 왔든 철원에서 왔든 장안사로 가는 모든 산길이 합쳐지는 말휘리, 여기서 장안사까지는 약 25리 그리 먼 길이 아니었다. 말휘리에서 고개 하나를 넘어 만폭동에서 흘러오는 동금감천을 따라가다 보면, 이태조李太祖가 왜구를 토벌하고 쉬어간 곳이다. 태조는 이곳을 지나다 나뭇가지에 잠시 활을 걸어두었다는 괘중정이라는 적은 정자에서 잠시 쉬었다 한다. 조금 더 가면 거탑리가 나오고, 비로소 금강산 관음봉이 또렷하게 보이고, 연이어 신령스런 산봉우리들이 들어오라 하며, 시간가는 줄 모르고 풀어나간다.

운부암 노스님은 다리 이름 하나하나까지 똑똑히 기억하며, 한자로 정확히 써가며 설명을 해주기도 했다. 거탑리 향선교向仙橋를 건너 솔향기가 녹아 흐르는 남천교南川橋를 건너면 만수정이 바로 나오고, 또한 누문에 금강산 장안사 편액이 보인다.

편액 옆에는 임제종 제일가람臨濟宗 第一伽藍이라는 힘찬 글씨가 보이고, 그런가 하면, 사찰에 전해 내려오는 이야기와 금강산에 얼킨 시인묵객들의 시조까지 하나도 빠짐없이 달달 외웠고, 뜻풀이까지 서슴지 않았다.

특히, 청학봉을 등진 채 법기보살이 놔두었다는 법기봉을 옆에 두고, 태상동, 만폭동의 절경들을 아우르는 표훈사를 지나 뒷산 길로 한 5리쯤 떨어진 곳에 있는 정양사의 헐성루 등에서 지어진 시들을 줄줄이 외우기도 했다.

헐성루에 서면 내금강의 일만이천 봉을 다 볼 수 있었지. 절 이름인 정양은 금강산의 정맥이라는 뜻인데, 과연 헐성루에서 보면 그런 기분이 든다며, 그래서 이곳은 많은 시인 묵객들이 시 한 수를 지어 남기고 싶은 곳이기도 했다고 전했다.

직제直齊 이기홍 先生은 금강산의 풍광風光에 압도되어 정양사를 떠나지 못했다고 한다.

> 가마를 재촉하여 정양루에 오르니,
> 일만이천봉이 눈아래 떠도네.
> 온 종일 난간에 비껴 진경을 대하니
> 내몸이 이첫되어 떠나지 않을꾸나.

종산鐘山 조존집도 아홉 번 죽을지언정 결코 못 잊을 헐성루라며, 드러난 풍광에 자신의 생각마저 놓아버린다. 일만이천 봉의 장관에 어느새 넋을 잃어버렸다며…

인생에 한번 정양사에 머무르니
아홉 번 죽어도 못 잊을 헐성루여
더 높이 올라 무엇을 바라보랴.
금강의 진면목이 여기에 다 있는데
형용도 할 수 없고, 생각도 떠났네
모여선 뭇부리 이름따라 족하도다.

정말이지 노스님의 금강산 이야기는 끝이 없단다. 하루에 암자와 봉우리 하나씩만 이야기한다 해도 일만이천 봉에다 8만 9개 암자이니, 몇 년을 해도 다 하기 힘들 정도였다. 청학봉 밑 금강문에서부터 시작되는 만폭동에 있는 물줄기가 모아져 장관을 이룬다고 해서 붙여진 만폭동이고 보면, 가히 짐작이 간다고 설명했다.

만폭동이란 만10,000 개의 폭담이 있고, 만 개의 암岩이 있고, 또 만 개의 담潭이 있다. 그래서 만성萬聲이 있다며 계속 설명을 했다. 그러니 만폭동의 못담소을 하나씩만 이야기를 해도 족히 몇 년은 걸릴 거라며 열변을 토했다.

대략 큰 못담소 이야기를 한다 해도 비로봉 남쪽에서 출발하여 법기봉의 암벽에 부딪치며 내달리다가 여덟 개의 큰 못을 이루는데, 이름하여 검은 룡龍 같다 해 흑룡담, 비파의 선율을 내는 비파암, 푸른 파도 덩어리 같다는 벽파담, 흰눈을 토해내고 있다는 분설담이 있다.

그런가 하면, 보석처럼 아름답다 해 붙여진 진주담, 거북모양의 귀담, 배모양의 선담, 화룡이 꿈틀대는 것 같다 해 붙여진 화룡담 등등이다. 만폭동을 지나 마하연에 다다르면, 비로소 금강산 봉우리들에 엎드려 절을 하지, 뒤에는 향적불이 산다는 중향성과 늘 흰구름이 오락가락하는 백운대가 있다고 했다.

앞에서는 법기봉, 혈망봉, 관음봉, 왼쪽에는 칠성봉, 석가봉이 엎드려 절을 하는 것 같고, 신기한 것은 마하연의 촛대봉, 동남쪽 석대 뒤에 있어 더욱 그러한 기분이 들었던 것이다. 금강산은 글이 필요 없고, 말이 필요하지 않은 산山이라 해도 조금도 지나치지 않다고 했

금강산 벚꽃(리정수 사진작품)

다.

마하연 신라 문무왕 원년에 의상대사가 창건한 고찰이다. 금강산의 심장이 되어온 산山에다 청정한 기운을 퍼뜨려주는 선찰禪刹 금강산의 정수라는 비로봉을 가려면, 반드시 거쳐야 하는 길목의 도량. 따라서 시인묵객보다는 금강산의 맥박소리를 듣고자 예부터 나옹선사 등 선객들이 끊이지 않았고, 해발 약 846m의 석대 위에 새둥지처럼 자리한 사찰이라고 했다.

금강산의 사찰 중에서 최고로 창건된 유점사를 가려면, 내금강의 내부재령을 넘어야 하고, 다시 고성 온정리까지 가서 10여 리쯤 더 오르면, 바위들이 온갖 형상을 한 외금강의 만물상이 가까이 나타나고, 또 극락현을 넘으면 4대사찰 중에 하나인 신계사가 있다.

노승은 운부암 선객들에게 금강산 이야기를 영화를 보는 것처럼 선명하게 설명했는데, 이때가 하안거 해제날인 백중절기가 다가오고 있을 때였다. 성철스님을 비롯해 함께한 선객들은 노스님 금강산 이야기에 마냥 좋아하며 푹 빠져들었다.

성철스님이 금강산에 도착한 것은 1940년이었고, 나이 29세 때였다. 특히 성철스님이 마하연에 도착한 것은 9월 초였고, 노스님의 말씀을 따라 운부암을 떠난 지 꼭 12일 만이었다. 탁발을 하면서, 마하연에는 동안거 결제날 이전에 도착하기만 하면 되었다.

그래서 성철스님은 쉬엄쉬엄 금강산을 찾았던 것이다. 이곳에 오는 도중에 스님들을 만났다가 헤어지기도 했고, 금강산을 찾은 관광객들을 만나 동행했지만, 역시 여행은 혼자일 때가 홀가분했다. 성철스님은 마음껏 금강산의 빼어난 운치를 가슴에 쓸어 담았다.

성철스님은 마하연에 도착하자마자 결제기간이 아닌데도 선방인 만회암萬灰庵을 찾아갔다. 물론 이곳에는 성철스님 출가 전 '증도가'를 주었던 노스님은 없었다. 수소문을 했지만 1년 전 마하연을 떠나 금강산 깊은 암자로 들어가셨다는 소문뿐이라 했다.

이에 성철스님은 자신이 율성을 시봉할 때 범어사 선방에서 잠시 수행을 한 젊은 자운스님을 만나게 되었다. 두 사람은 두 번째 만남이었지만, 어느새 허물없는 사이가 되었다. 따지고 보면 자운스님이 성철스님의 은사인 동산과 불법의 형제간이므로, 사숙지간이라 할 수 있다.

두 사람은 그러한 격식을 무시한 채 도반처럼 지내기로 하였다. 마하연에 스님들이 얼마나 있느냐며, 성철스님이 묻자, 선방의 만회암 저쪽의 선암, 수미암의 스님들까지 합하면 80여 명쯤 될 것이라며 설명해 주었다.

도인들은 어떤 분들인가? 성철스님이 묻자, 만승스님, 석두스님이 계시다가 떠나셨고, 지금은 만회암에 계시는 수월스님의 제자인 묵언스님 정도라 했다. 성철스님은 10월말부터 퍼붓는 눈 때문에 고생을 많이 했다.

내금강 눈은 한 번 내리면 무릎까지 쌓였고, 그 눈을 치우려면, 한나절씩이나 씨름을 해야만 했다. 더구나 마하연에서 선방인 만회암까지의 거리는 한마장약 500m 정도이기에 젊은 스님들이 며칠씩 눈을 치워야 계곡 산길이 열렸다.

눈을 치울 때마다 성철스님은 자운스님에게 넋두리를 하며, 눈치우다 세월다 보내겠다. 금강산 한철공부가 다른 곳 몇 철 공부보다 낫다는 자운스님은 성철스님을 다독거리며 조언했다. 꾹 참고 있다가 여름을 나보소, 동안거 공부는 망치겠지만, 내년 하안거가 있으니 참아보라는 것이었다.

성철스님 어머님강상봉은 성철스님을 만나기 위해 금강산까지 오셔 자운스님에게 하소연했다. 아들성철스님을 한번 만나게 해달라는 것이었다. 이에 자운스님은 이보소 철수좌 어무

천화대 기암(리정수 사진작품)

이 보살께 돌맹이를 던졌다는데, 그것이 사실인교…

이런 불효가 세상천지에 어딨는고. 선방수좌한테 이야기를 전해들은 자운스님은 차분히 묻고 있었다. 그 수좌의 말은 결코 거짓말이 아니었다. 그때 성철스님은 만회암에서 4마장 약 3.2km쯤 떨어진 백운대에서 좌선을 하고 있는데, 어머님강상봉이 그곳에 오르고 있었다.

성철스님은 구름자락들이 걸려 있는 낭떠러지 쪽으로 물러서며 소리쳐도 막무가내였다. 그래서 급한 나머지 손에 잡힌 돌맹이를 어무이어머님에게 던진 것이다. 이에 자운스님은 "세속은 윤회의 길이요, 출가는 해탈의 길"이란 말을 들었을 것이라 조언했다.

자운스님 역시 황벽산 희운선사의 어머니 이야기를 잘 알고 있었다. 중국의 희운선사가 수천 명의 대중을 거느리고 황벽산에서 수행을 하고 있을 때 의지할 곳 없이 떠돌아 다니던 그의 노모가 고승의 아들을 찾아왔다가 생긴 일화이다.

희운선사는 물어물어 겨우 찾아온 노모에게 물 한 모금도 주지 말라고, 대중들에게 언명을 내려, 이에 노모는 기가 막혀 아무 말도 못하고 돌아가다가 대의강가에서 배고파 쓰러져 죽었다고 한다. 그날 밤 희운선사의 꿈에 나타난 노모가 말한 애절한 사연이다.

내가 너에게 물 한 모금이라도 얻어먹었더라면, 다생多生으로 내려오던 모자의 정을 끊지 못해서 지옥에 떨어졌을 것이다. 너에게 쫓겨나올 때 모자간의 깊은 애정이 다 끊어졌기에, 그 공덕으로 죽어 천상으로 가게 되어, 너의 은혜는 이루 다 말할 수 없단다.

그럼에도 자운스님은 성철스님의 마음을 움직여 성철스님 어머님강상봉을 만나게 해주었다. 선방 조실스님의 간곡한 법문도 자운스님의 간곡한 청에 의해 이루어졌다. 철수가 자기를 낳아 길러준 가장 은혜로운 부모가 굶어서 길바닥에 죽더라도 눈 한번 거들떠보지 않은 무서운 마음, 이것이 수행자의 결심이라고 했다.

하지만 이러한 마음도 방편일 뿐, 즉 방편을 걸려서는 견성見性을 이룰 수 없는 법이야, 그러니 좋은 기회라 생각하고, 장애를 시험해 보시게, 어머님 보살을 업고서도 화두가 순일한지를. 만약 화두가 순일하지 않거든 아직 공부가 덜 된 줄 알게나…

성철스님은 비로소 선방수좌들이 떠미는 상황에서 어머니강상봉을 일주일 동안이나 업고 마하연 부근을 서성대며 즐거워했다. 어머니를 업고, 맨 먼저 간 곳은 백운대 금강수金剛水 샘이었다. 이 샘은 온갖 병에도 영험이 있다 하여 약수 중 약수로 알려진 샘이다. 그 다음에는 다 쓰러져가는 선암, 수미암을 올랐다가 내려왔고, 금강산 일만이천봉 중 으뜸인 비로봉을 오르다가 갑자기 비구름을 만나 되돌아오고 말았다. 안타까웠지만 어쩔 수 없었다.

성철스님이 어머님을 업고 다닌 나날들은 성철스님에게 수행승으로서 자신감을 갖게 했다. 비밀이었지만 화두가 순일하였으므로 또 다른 경지를 체험하게 되었으리라는 짐작을 했으나, 필자의 견해이지만, 모정을 중요하게 여기는 것은 수행자일지라도 범인들과 같았으리라 믿는다.

그토록 완고한 성철스님이었지만 모정에 대한 심경의 변화는 하늘과 자연 그리고 인간이 일체되는 자연스러운 것이었기에 더욱 그러했으리라 믿는다. 어머님을 업고 지상의 낙원 금강산에서 생生에 처음이고 마지막인 부모자식간의 뜨거운 사랑을 체험하는 터였기 때문이다.

어머님과의 정을 나눌 수 있었으니, 이것은 성철스님에게 많은 것을 생각하게 하는 계기였을 것이고, 또 다른 체험이었을 것이다. 성철스님은 자운스님에게 스님 아무래도 마하연의 겨울은 내게 맞지 않는 것 같다고 하자, 자운스님은 알아서 하라고 했다. 자운스님은 성철스님에게 금강산에서 한철 공부했으니. 이제 알아서 하라는 것은 성철스님의 공부가 잘

금강산 기암(백남식 사진작품)

익어가고 있다고 판단했기 때문이었다. 그래서 성철스님은 행랑을 차려 정들었던 금강산을 뒤로하고 떠나 속세로 되돌아왔다.

성철스님께서 입적 전 유명한 화두는 "산은 산이요, 물은 물이로다" 함도 숭고한 자연의 이치를 깨닫는 데서 비롯되지 않았나 싶다.

4. 금강산의 종교적 의미意味

과거도 그러했고 지금까지 종교계나 학계에서 산山에 대한 연구들은 미약했고, 특히 종교적 문제와 관련해 체계적인 연구는 더욱 미미했다고 하지 않을 수 없다. 단 원시신앙·정령신앙·산신신앙·산신제 등에 관해서는 어느 정도 언급된 바 있었으나, 자연적인 산山의 의미를 초월해 인간 삶과 조화된 신앙에 대해서는 그 연구 성과가 미약했다고 하지 않을 수 없다.

여기서는 성스러운 공간으로서의 산山의 의미와 종교적 의미와 관련해 살펴보고자 했다. 그리고 금강산이 신앙대상으로 받아들여지게 된 과거 편력을 살펴 우리 민족의 삶과 역사에 어떤 유형으로 생활화되었는지에 대해 살펴보고자 했으며, 특히 금강산과 불교·증산교·민간신앙과 관련해 알아보고자 했다.

특히, 한반도처럼 산山이 국토의 약 70%를 차지하는 지리적 특성을 지닌 나라에서 생존生存을 영위한 민족과 산山의 의미는 생활공간, 즉 세속과는 다른 공간이라는 인식을 지속적으로 해왔고, 어떤 의미에서는 성聖스러운 곳이라는 공통된 감정을 갖고 살아왔다고 해도 과언이 아니라 본다.

물론, 산山과 바다는 한반도에서 생존해 온 우리 민족에게는 생명을 영위케 하는 식량의 보고寶庫로서 손색이 없었던 자원이었으나, 또 다른 면에서 보면, 정신적인 면과 정서적 역량이라는 측면에서 많은 영향을 준 것이 사실이었고, 이런 의미에서 산山은 성스러운 곳으로 인식되고 각인되면서 역사와 함께 해왔다 하지 않을 수 없다.

그래서 앞에서 말한 종교적 의미와 직간접적으로 긴밀히 관련되어 정령신앙·산신신앙·산신제 등 많은 민간신앙과 연계되어 성스러운 공간으로 산山은 숭배의 대상으로 여기며, 인간의 정서와 인품人品 등으로 상징되어 나라를 다스릴 큰 인물들이 태어나는 성스러운

장전항(리정수 사진작품)

곳으로 인식되기도 했다.

사전적브리태니커 백과사전 의미에서 산山은 산지지형山地地形 중에서 구릉이나 재嶺·峙를 제외한 정상부가 있는 돌출지형을 지칭하고 있다. 숭산崇山 사상思想은 산山에는 반드시 신령神靈이 있다고 믿는 일종의 원시신앙에서 기인되고 있기에, 중국中國의 오악五岳, 티베트의 카일라스, 네팔의 히말라야, 그리스 올림포스산 등이 이에 속하고, 우리의 금강산도 이 점에 있어 예외는 아니라 본다.

때문에 산山은 세계 여러 나라들도 종교적 의미에서 중요한 의미를 차지하고 있다. 자연적 현상에서 보면 인간이 생명을 다할 때 산山에 묻히게 되고, 신비스럽고 성스러운 산山에서 하늘로 오를 수 있다는 생각을 믿으며 생존해 왔던 것이다. 또 산山들은 전설의 근원지였고, 나아가 순례와 경배의 대상이 되는 성스러운 곳으로서 인류 역사와 함께 해왔다.

그리고 산山은 인간과 지상의 모든 것을 지배하는 하늘과 가장 가깝고 높은 곳이라는 것과, 시시각각 변하는 안개 등의 신비로움 때문에 산山은 생명력의 근원임과 동시에 하늘을 떠받치는 신비로운 곳이기에 어떤 산山들은 인간의 생활에 절대적 존재로 인식되어 민족의 삶의 일부로 간주되어 오늘날까지 지속되어 왔던 것이다.

특히, 우리 민족의 선량성은 우리 민족의 삶의 본질로 존속되어온 요인要因 중에서 가장 두드러진 특징이었다는 사실인데, 그것은 다름 아닌 건국정신인 홍익인간弘益人間인 단군이념이며, 이러한 발상은 삼천리금수강산에서 비롯되었다는 사실에 유념하지 않으면 안 된다. 이런 점을 감안해 보면 우리 민족의 산山 숭배정신은 그 기원이 매우 오래되었음을 알려주는 것이 아닌가 한다.

금강산은 개골산, 풍악산 등으로 불리다 불교가 유입된 후 화엄경 소재의 금강산이 자주 논의되었으며, 마침내 불교가 성행했던 고려 중기 이후에는 금강산이라 했다. 이러한 관점에서 보면, 단순한 금강산이 아니라 불교적인 의미에서 상징되는 성스러운 신앙적 대상으로서 금강산이라 하지 않았을까 한다.

물론, 불교인의 관점에서 보면, 성스러운 금강산은 사실여부와는 관계없이 1만 2천 봉峯 자체가 항상 설법하고 있다는 의미를 부여하고 있기 때문에, 또 다른 불교적 신비함과 생명력을 갖고 있다고 강조하기도 한다. 그러나 일부에서는 불교인들에 의해 왜곡되고 조작

합수목폭포(리정수 사진작품)

되었다는 판단을 하기도 한다.

금강산은 신라 말까지는 불교신앙의 성지聖地로서 활발하지는 못했지만, 고려 전기에도 금강산을 신앙 대상으로 중요시한 약간의 기록이 있어 주목할 필요가 있다. 그러나 남南오대산五臺山보다 중요시되지 못했으나, 고려 명종明宗 때 진표眞表의 유적지로 비碑가 세워지고, 원元의 압제 시기에는 오대산을 대신해 성지로 주목되었다.許興植 指空의 遊歷과 定着, 伽山學報 창간호, 가산불교문화진흥원, 1991

5. 금강산과 신앙의 의미意味

금강산을 신앙적 의미에서 밀도 있게 이해하게 된 것은 고려말엽에 본격적으로 나타났고, 이것은 금강산이 불교식 이름으로 구체화된 때부터 유래되었다. 고려말엽에는 금강산이 화엄경의 기록에 빗대어 불교신앙적인 면으로 굳어졌다. 때문에 금강산은 인간정토人間淨土로 인식되어 산山에 대한 진정한 숭배보다는 부처와 중스님에게 치우치는 경우가 많았다.

그 단적인 예로 우리나라의 산수가 천하天下에 이름이 높다. 그리고 금강산의 기절함은 또 그 중의 으뜸이 된다. 그런가 하면 불경에 담무갈보살曇無竭菩薩이 금강산에 머물렀다는 이야기가 널리 있다고 하여, 세상에서는 드디어 인간정토라 일컫는다. 향香과 폐백을 내리는 천자天子의 사자使者가 길에 잇달았으며, 사방에서 사여士女들이 천리를 멀다 하지 않고, 소와 말에 바리바리 싣고 등짐을 지고 와 부처와 중을 공양하는 자가 발을 서로 이었다국역 신증동국여지승람, 6 민족문화추진위원회고 전하고 있다.

이것은 분명 금강산이 불교의 성지로 여겨진 이후에 나타난 징후들이고, 불교를 반대했던 조선시대에 와서는 노골적인 비판이 유학자들에 의해 발표되기도 했다. 앞에서도 언급했지만 고려중기 무렵 산山 이름이 불교식 성격을 강하게 여겨질 때부터였고, 고려말경 금강산이 화엄경과 연관되어 구체화되어 오는 과정에서 금강산은 신앙의 의미를 깊게 갖게 되었다.

최해崔瀣 ; 1287~1340 중스님을 떠나보내는 서문序文에서

세상에서 부르는 이름은 풍악風樂이나

중의 무리는 금강산金剛山이라고 한다.

그 설說은 화엄경에서 근본根本한 것이다.

…사람을 속여 유인하여 말하길…

한 번 이 산을 보면 죽어서 악도惡道;지옥에 떨어지지 않는다 하니, 위로는 공경公卿으로부터 아래로는 사士, 서인庶人에 이르기까지 처자식을 데리고 다투어 가 예배를 한다.

혹독하게 추운 때와 여름 장마가 오래되어 홍수가 들어 길이 막힐 때를 제외하고는 금강산을 찾은 무리가 길어 늘어서게 되었다.

……혹은 왕명王名을 받들고 역마를 달려 향香을 내리는 일이 1년 사계절에 끊이지 않으

니……

머리를 깎은 자들이 이 산山을 속여 팔아서 스스로 따뜻하게 배부르기를 도모하여 백성들이 그 피해를 입으니 더 무슨 말을 하겠는가, …국역 신증동국여지승람, 6 민족문화추진위원회 1967라고 적고 있다.

한편, 이곡李穀 先生이 지은 비문에는,

……금강산……의 뛰어남은 홀로 천하에 이름이 났을 뿐만 아니라, 실로 불경佛經에 실려 있다.

그 화엄경華嚴經에 말하길 "동북방의 바다 가운데에 금강산이 있으니, 남무갈보살南無竭菩

합수목의 집선연봉(리정수 사진작품)

薩이 1만 2천의 보살들과 더불어 항상 반야심경般若心經을 설법하는 곳이라고 하였다.

옛날에는 우리나라 사람들이 아직 이것을 알지 못하고 신선神仙의 산山이라고만 알고 있었다. 이에 신라 때부터 탑과 절을 증축하고 장식하게 되어 이제는 사찰이 언덕과 골짜기에 가득하다국역 신증동국여지승람, 6 민족문화추진위원회, 1967는 기록도 보인다.

그런가 하면 권근權近; 1352~1409의 중을 보내는 서문에서…

금강산은 우리나라 동해 위에 있다. 그 지형의 아름다움이 천하에 높이 뛰어났다. 그런 까닭에 그 이름이 천하天下에 드러난 것이다. 나는 어릴 때 들으니, 천하의 사람들이 와 보기를 원하지 않는 이가 없으나, 그렇게 되지 못함을 한탄하여 그 그림을 걸어 놓고 예배하는 자가 있었다고 하니, 그 사모함과 간절함이 이러하였다.

……병자년 가을에 내가 중국中國에 들어가 천자天子를 뵈었더니, 황제가 친히 글제를 내시어 시詩 20여 수를 짓게 하였다.

그 가운데 하나가 금강산이라는 제목이었다.

이에 산山의 이름이 과연 온 천하天下에 높아서 내가 어릴 때 들은 것이 헛말이 아닌 것임을 알았다국역 신증동국여지승람, 6 민족문화추진위원회, 1967고 밝히고 있다.

이외에도 금강산에 대한 신앙의 정신이 여러 곳에서 발견되고 있을 뿐 아니라 고려 말에 구체적 모습으로 들어나고 있다. 그리고 그것은 불교적 의미나 믿음만이 아니라 도교적 성향도 곳곳에서 확인되고 있다. 물론 유교나 성리학 분야에서는 불교를 배척하는 양상을 내지만 상당부분 그 당시 현실을 인식하는 사려 깊은 글도 적지 않다는 사실도 알았으면 한다.

고려말 금강산에 관한 시인들이 시詩는 원나라 황제의 강향降香과 불사佛事에 대해 자주 언급해 금강산의 신성神聖에 대한 믿음을 반영하고 있다.

조선조에 와 불교적 의미보다는 신선神仙, 학鶴 등의 선적仙的 의미에서 보았고, 선계仙界로서 금강산 모습을 강조하고 있다. 이러한 사실은 유학의 풍류에 따른 결과가 아닌가 한다.

이들의 시詩에서 금강산 실제 경관이 어떠한지는 관심의 대상이 되지 않고 있고, 대부분 금강산 유람을 통해 얻은 마음의 깨달음을 표현한 것이고, 그 대표적인 것은 이황李滉 先生의 금강산 시詩다.

先生은 금강산이 품고 있는 초속성, 마음의 여유, 텅 빈 마음 등을 통해 하나의 구체적 사물事物로서보다는 도道의 본원本으로 파악했다.동양고전연구 1, 동양고전학회, 김택, 1993

그런가 하면, 금강산이 있는 그대로의 경치가 관심의 대상이 된 것은 조선조 중기에 들어와서이다.

……금강산의 구체적 실경에 대한 관심을 가지게 된 것은 조선후기에 들어와서이고, 특히 금강산의 내외의 명소 하나하나에 관심을 쏟고 있다.……

……조선조 후기문학과 예술은 자국주의적 특색이 부각되었던 시기였다.……

……특히 문학과 예술에서 똑같이 나타난 금강산 테마의 부각은 우리의 관심을 끈다.

이는 우리 국토에 대한 자각과 애정을 반영한 것으로 평가된다.

각 분야에서 민족문화에 대한 재인식이 이루어지고 있었던 시대적 분위기에 의해 촉진되었을 것이다.이혜순, 18세기 韓日文士의 金剛山 富士山의 우열논쟁과 그 의미, 한국한문학연구, 14, 1992

조선조의 유명한 승려인 휴정休靜 ; 1520~1604은 금강산에 대한 신앙을 강조하기 위해, 왕조의 최고통치권자들의 행적에 얽힌 설화들을 적극 반영함으로써 그 믿음을 확고히 하고 있다. 아울러 금강산의 신성성을 강조하기 위해 산山의 뿌리가 일본日本 땅까지 뻗어 있고, 물의 근원이 천축까지 접해 있다고 말한다. 이제 금강산은 단순한 산山이 아니라 천축과 일본과 연관되는 불교적 성산聖山으로 확정되는 경향을 갖게 되었던 것이다.

조선 인조대1623~1648 인물인 권별 先生은 금강산에 대한 지나친 신앙화를 비판했는데,

금강산…… 산山에 유람하는 사람들이 연락부절하고 近侍들은 어명御命으로 오고, 관리들은 그들을 대접하는데 분주하여 비용이 걸핏하면 수만이나 되어 산山 근처 주민들이 그들을 응접하는 것이 어려워 심지어 눈을 흘기며 욕을 하기를 "이놈의 산山이 어찌하여 다른 곳에 있지 않았던고, 중놈들이 과장하여 이 산山을 팔아 자신들의 안락을 꾀하고 있으니 백성들만 그 해를 입는다고 하였다.권별 海東雜錄 4, 국역 대동야승 5, 민족문화추진위원회, 1971

성호星湖 이익李瀷; 1681~1763 先生은 금강산의 봉우리 1만 2천 봉峯 숫자가 보살의 숫자와 일치한다는 불교적 믿음에 대해 절대적으로 부정하고 있다. 봉우리 숫자가 1만 2천이라는 주장 자체가 터무니없다는 것이다. 그리고 산山의 본本 이름은 풍악楓嶽이라고 주장한다.

그런가 하면, 이익 先生은 만국전도를 통해서 불교의 믿음에 잘못임을 입증하고 있다. 유학자들의 이러한 비판은 불교에 대한 강한 저항감을 기초로 해 조성되어 유포되기로 해, 현실과는 괴리가 느껴지는 비판도 없지 않았다. 결국, 금강산은 여러 신앙대상으로 성화聖化되었을 뿐 아니라, 현실적으로 유학자들의 비판이 냉혹했음에도 여전히 신앙대상으로 생명력生命力을 유지해 오늘에 이른 것이다.

만물상 귀면암(필자 촬영)

6. 금강산과 여러 종교적 의미意味

1) 금강산과 불교佛敎

금강산은 누가 뭐라 해도 불교적 의미를 떠나서는 생각할 수 없다. 때문에 모든 산山 봉우리가 불교식으로 명명되어 오늘날까지 전개되어 왔다. 속칭 1만 2천 봉, 8만 9암자라는 말이 있듯이, 금강산은 산山 봉우리마다 골짜기마다 불교적 의미가 스며든 곳이다. 골짜기마다 넓은 지역이 있으면, 사찰이 들어섰고 봉우리마다 보살의 명호名號가 붙여졌다. 그 첫 번째가 비로봉毘盧峯이고 법기봉法起峯, 석가봉釋迦峯, 관음봉觀音峯 등 불교식으로 명명된 봉우리가 수없이 많다.

때문에 금강산은 불교인佛敎人들에게는 수많은 보살이 거쳐가는 성聖스러운 산山이기도 하다. 따라서 수도하기에 알맞은 곳으로 인식되었기에 많은 사찰과 암자가 세워지고 생겨났던 것이다. 결과적으로 불교의 금강산 신앙은 불국토사상佛國土思想으로 간주되어 왔던 것이다. 그런 점을 감안해 보면 금강산은 새로운 이상사회理想士會가 구현되고 있다는 현실을 인식하지 않을 수 없다. 따라서 금강산 유역은 수많은 보살이 거쳐가고 있고, 항상 설법하고 있는 성聖스러운 산山이라 하지 않을 수 없다.

2) 금강산과 증산교甑山敎

증산교는 증산 강일순姜一淳 ; 1871~1909 先生은 신앙대상으로 하는 대표적 한국 신흥종교 중 하나이다. 특히 증산교와 금강산과는 특별한 관계이기에 다음 경전을 살펴 이해를 돕고자 했다.

천사天師께서 그곳에 머무사 공사公事를 행行하실새 김형렬을 불러 명하사대 금강산 1만 2천 봉의 겁기劫氣를 제거하리니 네가 김광찬, 신원일로 더불어 백지白紙를 일방촌一方寸씩 오려 시자侍字를 써서 사벽四壁에 붙이되 한 사람이 하로 사백자씩 열흘에 쓰라. 그리고 그 동안 조석朝夕으로 청수淸水 일분一盆씩 질어 이십사기二十四器로 나우아 노코 밤에 칠성경七星經 삼칠편三七遍을 염송念誦하라.

…… 일의 마침을 천사께 고한대 천자께서 양일수羊一首를 사주시면서 나의 도라가기를 기달니라 명命 하시더라. 그 후 십일월十一月에 천사께서 동곡銅谷에 이르사 명하야 양을 居하사 그 피를 지두指頭에 뭇처 1만 2천의 시자侍字에 발으시니 양의 피가 다한지라. 천사 가라사대 아기는 금제金堤로 옮겨야 하리라 하시더니, 마침 김재수각金堤水閣 임상목이 이르거늘 청수淸水 담던 사기沙器를 구탕拘湯에 써서 주신지라, 그 후 상옥이의 용처用處를 뭇거늘 천사 가라사대 인부人夫를 만히 회집會集하야 노작勞作할 때에 쓰라 하시더라.증산천사공사기, 상생사, 1926

위에서 살펴본 것처럼 증산교에서도 금강산을 중요시하는 신앙양식이 있음을 보여주고 있고, 여기서 우리는 증산교의 천지공사天地公事에 대해 살펴볼 필요를 느끼지 않을 수 없다. 천지공사란 강증산이 1901년 깨달음을 얻은 후 1909년 화천化天하기까지 행한 종교적 행위를 말한다. 그 의미는 절대권능자의 입장에서 세계와 인간을 구현하기 위해 구체화한 사건 교리이다. 따라서 천지공사는 증산교의 중심적 교리체계인 것이다.

결국 증산교의 이러한 교리는 천지공사의 일부에 해당하는 금강산에 대한 종교적 행위가 이루어졌던 것이다. 그러므로 증산교인들에게 금강산은 신앙대상인 강증산이 특정한 목적으로 종교적 행위를 한 성스러운 산山이다. 나아가 앞으로 진행될 종교적 의미에서 불교적 측면과 달리 접목되리라 전망해 본다.

증산교는 1만 2천 봉에 겁살劫殺이 끼어 있나니 이제 그 겁살을 벗겨야 한다는 기록이 계속 반복되고 있음을 봐도 짐작되리라 믿는다.

특히, 증산교단은 무신론자들에 의해 금강산에 있은 불교의 기운을 제거하기 위한 공사公事로 해석하고 있다고 해도 과언이 아니다. 그리고 공산주의共產主義에 의해 행해졌던 금강산에 있던 불교사찰을 폐쇄시킨 사건도 새로운 이상 사회가 건설되기 위한 과정으로 보고 있었던 것으로 짐작이 된다. 금강산은 불교신앙에 의해 그 본질적本質的인 생명력生命力이 오히려 훼손되고 있었다는 징후를 보고, 이를 제거하기 위해서 노력한 사실을 여러 곳에서 발견할 수 있었다.

위에서 살펴보았듯이 증산교에서 금강산은 단순한 산山이 아니라 1만 2천 봉에 응기하여 장차 도용군자 1만 2천 명이 나타날 것이라 믿고 있다. 따라서 금강산은 깨달음의 상징으

설봉호 출항모습

로서의 성聖스러운 산山이자, 각 봉우리마다 한 명씩 깨달은 자가 나타나리라는 믿음의 중심적 공간인 것이다. 22선 도통군자도 후천이 가지는 특성과 실제의 금강산이 내금강 쪽에 더 많은 봉우리가 있다는 사실에 기초하여, 여자로서 도통군자가 남자보다 많다는 믿음을 갖고 있었던 것으로 확인되고 있다.김택, 동양고전연구 1, 동양고전연구학회, 1993

증산교의 경우에 있어서 성스러운 공간으로서 금강산은 현실세계의 중심이 아니라, 다가올 이상세계理想世界의 상징적 중심이라는 점에서 불교와 많은 차이가 있다. 그뿐 아니라 단순한 지형적인 면모가 신앙이 되는 것이 아니라, 그 성聖스러운 공간에 내재內在한 기운을 현세의 인간이 직접 이용해야 한다는 점에서 신앙되었다는 점을 확인할 수 있다. 결론적으로 증산교는 한국종교 가운데 상당부분 금강산 신앙을 구체적으로 보여주는 교회라 할 수 있다. 다시 말해 불교를 제외한 나머지 종교에서는 두드러진 현상이 아닌가 한다.

3) 금강산과 원불교圓佛敎

원불교는 소태산少太山 박중체1891~1943에 의해 탄생된 신흥종교 중 하나이고, 불교와 증산교의 영향을 많이 받은 종교이다. 먼저 원불교의 금강산 신앙에 대한 진면목들을 살펴 이해를 돕고자 한다.

소태산 先生은 금강산을 우리 민족의 큰 보물이라고 생각했다. 그리고 우리나라는 금강산으로 인해 이 세상에 드러날 것이라고 주장하기도 하고, 세계구원의 중심이자 상징이 금강산이라고 믿고 있다. 물론 이런 역할을 준비하기 위한 노력이 있어야 합당한 자격이 갖추어짐도 잊지 않고 있다. 원불교 신앙의 목표가 '금강산의 참 주인'이 되는 것이라 해도 과언이 아니고, 그러한 갖추기 위한 공부가 바로 신앙의 본래 목적임을 인식하고 있다.

원불교 신앙과 증산교 신앙을 비교해 보면, 증산교가 방법론의 제시 없이 믿어지고 있는 점에서 원불교의 신앙은 증산교보다 한걸음 앞서 수행론을 제시했다는 점이 다르다 할 수 있지 않나 싶다. 두드러진 공통점은 조선이 새롭게 다시 태어난다는 믿음이 같고, 장차 한반도가 세계사의 중심이 될 것이라는 희망을 제시했다는 점을 들지 않을 수 없다.

최남선1890~1957 先生은 한국 신종교의 이상理想사회관을 남조선신앙으로 요약하여 정리하고 있다. 그 내용인즉 "언제 어디를 막론하고 현실의 국토와 인생은 불만족과 고치로 충만되어 있어 생명의 의욕을 현실계에서 충족하게 하는 수는 절대로 없으므로 허다한 국민과 사상가들이 다투어 관련 위에 이상理想사회를 만들어 내어 우선 위안을 얻고 또 희망을 거는 일이 많습니다.

…… 대저 남조선南朝鮮이란 것은 본대 조선민족의 현실고에 대한 정신적 반발력으로부터 만들어낸 일 이상사회의 표상이니 이것을 어의상으로 살피면, 조선어에 남南을 「앒」 곧 전방前方으로 새기니 남조선이라 함은 곧 전방에 있는 조선朝鮮, 미래 영원의 조선을 나타낸 것에 불과합니다. 언제까지고 희망으로 품는 조선이 곧 남조선입니다최남선, 조선상식문답, 삼성문화재단, 1972라 했음도 퍽 의미 깊은 일이 아닌가 한다.

한편 원불교 교단은 해방직후 전무출신 청년들이 중심이 되어 「금강단金剛團」을 조직했고, 이것은 "청년들이 금강金剛같이 단결하고, 친화親和하여 세계를 밝히고, 교법을 널리 세계에 선양하자는 취지에서 1946년에 발족해 그 해 기관지(「금강지金剛誌」), 창간호를 발간했다.원불교사전, 원광대학교출판국, 1974 다시 말해 원불교 신앙은 결코 믿음으로 그치지 않고 실제적인 신앙심을 조직화해 확고히 하는 중심 이념理念으로 삼았던 점을 이해했으면 한다.

그렇다면, 한국 신흥종교인 원불교가 지향하는 이상理想 세계관에 대해 이해가 선행되어야 할 것 같아 다음을 살펴본다.

모름지기 인류가 지구촌에서 생존해 오는 과정에서 쉴 사이 없이 지속해 오는 삶의 중요 전철은 다름 아닌 전쟁과 평화 속에서 생존을 영위해 왔고 이 가운데 빼놓을 수 없는 요인要因이 있다면, 그것은 이상사회에 대한 동경이 아닐 수 없다. 이러한 요인이야말로 인류문화를 형성해 가는 것이 인류의 원초적 발상임과 동시에 원동력이라 하지 않을 수 없다. 때문에 인간과 인류는 완전한 공동사회의 추구와 건설을 위해 현실세계를 개선하려는 강한 목적으로 하는 이상적理想的 가치실현, 구체적 행위 등을 통해 전면적으로 변혁하려는 본능本能을 적용해 오늘에 이르고 있다.

한마디로 원불교의 이상사회理想社會는 '광대무량한 낙원세계'라고 소태산 先生은 「개교동기」에서 다음과 같이 밝히고 있다.

광대무량한 낙원이란 "천계天啓는 곧 정신문명, 도덕문명이 크게 융창하여 사람의 마음이 개조됨을 이름이요, 지벽地闢은 곧 과학문명, 물질문명의 발달로 육식의 생활의식주이 개선됨을 이름이다.정전대, 원불교법무식, 원불교출판사, 1977

결과적으로 원불교의 이상사회는 미륵불의 교화로 이루어지는 용화세계龍華世界로 규정되는데, 소태산 박중빈은 "미륵불의 참뜻을 먼저 깨닫고, 미륵불이 하는 일만 하고 있으면

봉래풍악원화동천(리정수 사진작품)

자연 용화회상이 될 것이요, 미륵불을 친견할 수 있다대중경, 전망품 17장라고 말했다. 여기서 말하는 미륵불상이란 불교의 미륵불상에 기초하고 있기는 하지만, 본질적으로는 실답다[勤實]는 뜻으로, 앞으로는 자각적으로 종교를 신앙하고 정신, 육신, 물질 3방면으로 남에게 유익有益을 주려는 정신으로 살게 되리라는 것이다.

나아가 실답다는 형식을 버리고 실질을 주장하는 생활자세로서 과거에는 종교의 경전 내용이나 의식에 장엄이 많았고, 세간에도 허장성세 살아가게 되리라는 것송천은, 종교와 원불교, 원광대출판국, 1979을 설파하고 있다. 앞에서 언급한 용화회상은 크게 밝은 세상이 되는 것을 뜻한다. 이런 점을 감안해 보면, 원불교의 이상 사회관의 특징은 인간중심주의로서, 실천적 행위는 전제조건으로 지향되는 바람직한 방향에서 이루어졌기에 금강산 신앙도 이러한 실상에서 이해되었으면 한다.

4) 금강산과 민간신앙民間信仰

한반도 금수강산 가운데 우뚝 솟은 금강산은 민족의 자랑임과 동시에 표상이다. 한편, 산山이 많은 국토에서 생존生存해 온 우리 민족은 산山을 범연한 하나의 자연으로 보지 않고, 산山을 무척이나 신성시했다. 그러한 마음은 산山에 따라 많이 달랐고, 산山이 웅장하거나 빼어날수록 더 했다. 즉 금강산은 많은 사람이 보고 싶어 동경하는 마음으로 가득했을 뿐 아니라 신앙적인 입장에서 이해되었다. 얼마나 그 마음이 지극하면 금강산을 한번 보거나 오르면, 지옥에 떨어지지 않는다고 예찬했을까?

특히 금강산 1만 2천 봉은 우리 민족의 자연사랑과 국토애의 원천으로서 간주되기도 하고 심지어 민족의 명산으로 각인되어 한번 가보기를 동경하며 살아왔던 것이다. 일반적으로 해동海東의 삼신산三神山을 봉래산금강산, 방장산지리산, 영주산한라산이라고 하지 않았던가? 물론 이렇게 칭하게 된 것은 도교적道教的인 믿음과 연관된 점이 없지 않지만 지금은 널리 알려진 사실인 것은 틀림이 없다. 나아가 한 국가나 지역을 보호하고 있는 것으로 믿어진 신령스러운 산山들을 진산鎭山이라고 부른 것은 이런 연유 때문이었다.

진산의 개념과 의식 그리고 믿음은 후일 풍수지리설과 연관되기도 하고, 나아가 국가나라의 의례와 밀접하게 연관되어 왔다. 「세종실록지리진」에 의하면, 명산明山에 사당이나 재단을 세워 제사를 모시는 풍습이 널리 행해지기도 했다 고려시대 달관회의 명산대천에 제사 지냈다는 점, 조선조의 오악五岳으로 금강산東岳, 묘향산西岳, 백두산北岳, 지리산南岳, 삼각산中岳에 산제를 지내고, 나라의 안녕을 기원했다는 점에서 우리나라의 진산사상을 엿볼 수 있다.

이러한 산악신앙은 애초의 고전적, 경제지리적 욕구에서 차차 신앙처럼 굳어져 좋은 집터, 살기 좋은 곳, 그리고 사후죽어서의 명당자리를 믿는 풍수도 참사상으로 점차 변해 정착되었던 것이다. 나아가 민속적 전승에서 볼 수 있듯이 산山은 길흉의 예언과 소원성취의 근원지로 간주되고 믿어 왔었고, 심마니산삼을 캐는 사람들의 산신山神의 신조神助나 호랑이가 산신山神이라는 전설적인 민간 토착신앙의 대상이 되었던 것이다. 진산사상은 산신에 대한 신앙심과도 관련이 있는데, 산신山神은 수호신으로서 생활에 직접적인 영향을 준다고 믿어지기도 했다.

때문에 고개나 큰 나무 그리고, 높고 평평한 곳 등은 뭔가 기氣가 서려있다고 간주해 모든 행동을 조심하고 삼가는 생활태도를 취하며 살았으며, 이러한 구체적 모습은 성황과 서낭신 등도 수호신으로서 마을의 진산에 산신山神으로 모셔지고,

-중략-

고유한 민간신앙인 숭산崇山사상과 무속巫俗이 가미되어 각종 향토신제로 마을의 수호와 질병이나 흉액을 막는다 하여 민간신앙의 대상이 되었다. 금강산도 나라에서 제사를 지낸 사실과 함께 각종산 신제가 올려졌던 곳이다.동양고전연구 1, 김택, 1993

묘길상(리정수 사진작품)

동석동 다리(리정수 사진작품)

내금강 화룡담(리정수 사진작품)

부록 1

남북기본합의서 및 북한 각종 자료

1. 남북기본합의서

한국과 북한은 분단 이후 남북한 간의 자주적 노력에 의해 불신과 대결을 청산하고 평화와 통일을 이루어 나갈 수 있는 토대를 마련하기 위해 1992년 2월 19일 평양에서 개최된 제6차 남북 고위급회담에서 「남북 사이의 화해와 불가침 및 교류·협력에 관한 합의서」(약칭 : 남북기본합의서)와 이의 구체적 이행과 실천대책을 협의하기 위한 「남북 고위급회담 분과위원회 구성·운영에 관한 합의서」를 발효시켰다. 남북기본합의서는 서문과 함께 제1장 남북화해, 제2장 남북불가침, 제3장 남북교류·협력, 제4장 수정 및 발효 등 4장 25개조로 구성되어 있다.

제1장에서는 ① 상대방체제의 인정·존중(1조), ② 내부문제 불간섭(2조), ③ 비방·중상 중지(3조), ④ 파괴·전복행위 금지(4조), ⑤ 정전상태를 남북 사이의 평화상태로 전환(5조) 등 남북 사이의 화해와 신뢰를 쌓아 나가기 위한 실천과제 등을 제시하고 있다.

제2장에서는 불가침에 대한 쌍방의 확고한 약속을 내외에 선언하면서 그 이행을 위한 구체적인 실천조치로서 ① 무력불사용과 무력침략 포기(9조), ② 분쟁문제의 평화적 해결(10조), ③ 쌍방 군사당국자 간 직통전화 설치(13조) 등을 규정하고 있다.

제3장에서는 남북 간의 교류와 협력을 통해 민족전체의 복리향상과 민족공동체의 회복·발전을 촉진하기 위한 실천적 조치로서 ① 경제교류·협력(15조), ② 자유로운 인적 왕래·접촉(17조), ③ 서신거래·상봉 등 인도적 문제 해결대책 강구(18조), ④ 우편·전기통신교류(20조) 등에 관한 규정을 두고 있다.

이 밖에도 합의내용의 이행을 보장하고 실행해 나갈 협의·실천기구인 분과위원회, 공동위원회 및 남북연락사무소에 관한 조항들을 두고 있다.

이상과 같이 남북기본합의서는 남북한 관계를 통일과정의 「잠정적 특수관계」라고 규정하고 한국과 북한이 당장 통일할 수 없는 현실을 감안하여 서로 상대방의 체제를 인정하고, 군사적으로 침범하거나 파괴·전복하지 않으며, 교류·협력을 통해 민족동질성을 회복함으로써 단계적으로 통일을 이룩해 나가야 한다는 약속을 내외에 천명하고 있다.

그러나 북한은 한국 측의 일상적인 군사훈련인 팀스피리트 훈련에 대해 중지를 요구하는 등 각종 합의사항을 이행치 않다가 1993년 1월 29일 남북 고위급회담 대표단 명의의 성명을 통해 남북당국 사이의 대화를 재개할 의사가 없다고 선언하면서 모든 대화를 중단시켰다.

이에 따라 한국은 남북당국자간의 공식적인 합의사항은 어떠한 경우라도 지켜져야 한다는 입장에서 북한 측에 남북 합의사항의 성실한 이행을 촉구하였으나 북한의 계속적인 이행거부로 남북기본합의서는 본격적인 실천단계로 들어가지도 못한 채 사문화되고 있는 실정이다.

구룡연옥류동무대바위(리정수 사진작품)

남북 사이의 화해와 불가침 및 교류·협력에 관한 합의서

(발효 1992. 2.19)

남과 북은 분단된 조국의 평화적 통일을 염원하는 온 겨레의 뜻에 따라 7·4 남북공동성명에서 천명된 조국통일 3대 원칙을 재확인하고, 정치·군사적 대결상태를 해소하여 민족적 화해를 이룩하고, 무력에 의한 침략과 충돌을 막고 긴장완화와 평화를 보장하며, 다각적인 교류, 협력을 실현하여 민족공동의 이익과 번영을 도모하며, 쌍방 사이의 관계가 나라와 나라 사이의 관계가 아닌 통일을 지향하는 과정에서 잠정적으로 형성되는 특수관계라는 것을 인정하고 평화통일을 성취하기 위한 공동의 노력을 경주할 것을 다짐하면서 다음과 같이 합의하였다.

제1장 남북화해

제1조 남과 북은 서로 상대방의 체제를 인정하고 존중한다.

제2조 남과 북은 상대방의 내부 문제에 간섭하지 아니한다.

제3조 남과 북은 상대방에 대한 비방·중상을 하지 아니한다.

제4조 남과 북은 상대방을 파괴·전복하려는 일체행위를 하지 아니한다.

제5조 남과 북은 현 정전상태를 남북 사이의 공고한 평화상태로 전환시키기 위하여 공동으로 노력하며, 이러한 평화상태가 이룩될 때까지 현 군사정전협정을 준수한다.

제6조 남과 북은 국제무대에서 대결과 경쟁을 중지하고 서로 협력하며 민족의 존엄과 이익을 위하여 공동으로 노력한다.

제7조 남과 북은 서로의 긴밀한 연락과 협의를 위하여 이 합의서 발효 후 3개월 안에 판문점에 남북연락 사무소를 설치·운영한다.

제8조 남과 북은 이 합의서 발표 후 1개월 안에 본회담 테두리 안에서 남북정치분과위원회를 구성하여 남북화해에 관한 합의의 이행과 준수를 위한 구체적 대책을 협의한다.

제2장 남북 불가침

제9조 남과 북은 상대방에 대하여 무력을 사용하지 않으며 상대방을 무력으로 침략하지 아니한다.

제10조 남과 북은 의견대립과 분쟁 문제들을 대화와 협상을 통하여 평화적으로 해결한다.

제11조 남과 북의 불가침 경계선과 구역은 1953년 7월 27일자 군사정전에 관한 협정에 규정된 군사분계선과 지금까지 쌍방이 관할하여 온 구역으로 한다.

제12조 남과 북은 불가침의 이행과 보장을 위하여 이 합의서 발효 후 3개월 안에 남북군사공동위원회를 구성 운영한다. 남북군사공동위원회에서는 대규모 부대이동과 군사연습의 통보 및 통제 문제, 비무장 지대의 평화적 이용문제, 군인사 교류 및 정보교환문제, 대량살상 무기와 공격능력의 제거를 비롯한 단계적 군축실현문제, 검증문제 등 군사적 신뢰 조성과 군축을 실현하기 위한 문제를 협의·추진한다.

제13조 남과 북은 우발적인 무력충돌과 그 확대를 방지하기 위하여 쌍방 군사당국자 사이에 직통전화를 설치·운영한다.

제14조 남과 북은 이 합의서 발표 후 1개월 안에 본회담 테두리 안에서 남북군사분과위원회를 구성하여 불가침에 관한 합의의 이행과 준수 및 군사적 대결상태를 해소하기 위한 구체적 대책을 협의한다.

제3장 남북교류·협력

제15조 남과 북은 민족경제의 통일적이며 균형적인 발전과 민족 전체의 복리향상을 도모하기 위하여 자원의 공동개발, 민족내부교류로서의 물자교류, 합작투자 등 경제교류와 협력을 실시한다.

제16조 남과 북은 과학·기술, 교육, 문학·예술, 보건, 체육, 환경과 신문, 라디오, 텔레비전 및 출판물을 비롯한 출판·보도 등 여러 분야에서 교류와 협력을 실시한다.

제17조 남과 북은 민족구성원들의 자유로운 왕래와 접촉을 실현한다.

2. 남북공동선언전문

조국의 평화적 통일을 염원하는 온 겨레의 숭고한 뜻에 따라 대한민국 故 김대중 대통령과 조선민주주의인민공화국 김정일 국방위원장은 2000년 6월 13일부터 6월 15일까지 평양에서 역사적인 상봉을 하였으며 정상회담을 가졌다.

남북정상들은 분단 역사상 처음으로 열린 이번 상봉과 회담이 서로 이해를 증진시키고 남북관계를 발전시키며 평화통일을 실현하는데 중대한 의의를 가진다고 평가하고 다음과 같이 선언한다.

1. 남과 북은 나라의 통일문제를 그 주인인 우리 민족끼리 서로 힘을 합쳐 자주적으로 해결해 나가기로 하였다.
2. 남과 북은 나라의 통일을 위한 남측의 연합제안과 북측의 낮은 단계의 연방제안이 서로 공통성이 있다고 인정하고, 앞으로 이 방향에서 통일을 지향시켜 나가기로 하였다.
3. 남과 북은 올해 8·15에 즈음하여 흩어진 가족, 친척 방문단을 교환하며, 비전향장기수 문제를 해결하는 등 인도적 문제를 조속히 풀어 나가기로 하였다.
4. 남과 북은 경제협력을 통하여 민족경제를 균형적으로 발전시키고, 사회, 문화, 체육, 보건, 환경 등 제반분야의 협력과 교류를 활성화하여 서로의 신뢰를 다져 나가기로 하였다.
5. 남과 북은 이상과 같은 합의사항을 조속히 실천에 옮기기 위하여 빠른 시일 안에 당국 사이의 대화를 개최하기로 하였다.

김대중 대통령은 김정일 국방위원장이 서울을 방문하도록 정중히 초청하였으며, 김정일 국방위원장은 앞으로 적절한 시기에 서울을 방문하기로 하였다.

2000년 6월 15일

대 한 민 국	조선민주주의인민공화국
대 통 령	국 방 위 원 장
김 대 중	김 정 일

삼일포 흔들다리(리정수 사진작품)

3. 남북교류협력에 관한 법률

제1조(목적) 이 법은 군사분계선 이남지역(이하 "남한"이라 한다)과 그 이북지역(이하 "북한"이라 한다) 간의 상호교류와 협력을 촉진하기 위하여 필요한 사항을 규정함을 목적으로 한다.

제2조(정의) 이 법에서 사용하는 용어의 정의는 다음과 같다.

1. "출입장소"라 함은 북한으로 가거나 북한으로부터 들어올 수 있는 남한의 항구·비행장 기타 장소로서 대통령령이 정하는 곳을 말한다.
2. "교역"이라 함은 남한과 북한간의 물품의 반출·반입을 말한다.
3. "반출·반입"이라 함은 매매·교환·임대차·사용대차·증여 등을 원인으로 하는 남한과 북한 간의 물품의 이동(단순히 제3국을 경유하는 물품의 이동을 포함한다. 이하 같다)을 말한다.
4. "협력사업"이라 함은 남한과 북한의 주민(법인·단체를 포함한다)이 공동으로 행하는 문화·체육·학술·경제 등에 관한 제반활동을 말한다.

제3조(다른 법률과의 관계) 남한과 북한과의 왕래·교역·협력사업 및 통신역무의 제공 등 남북교류와 협력을 목적으로 하는 행위에 관하여는 정당하다고 인정되는 범위 안에서 다른 법률에 우선하여 이 법을 적용한다.

제4조(남북교류협력추진협의회의 설치) 남한과 북한 간의 상호교류 및 협력(이하 "남북교류·협력"이라 한다)에 관한 정책을 협의·조정하고, 남북교류·협력에 관한 중요사항을 심의·의결하기 위하여 통일부에 남북교류협력추진협의회(이하 "협의회"라 한다)를 둔다.

제5조(협의회의 구성) ① 협의회는 위원장 1인을 포함한 15인 이내의 위원으로 구성한다.

② 위원장은 통일부장관이 되며, 협의회의 업무를 통할한다.

③ 위원은 차관 및 차관급 공무원 중에서 국무총리가 지명하는 자가 된다.

④ 위원장이 사고가 있을 때에는 위원장이 미리 지정한 위원이 위원장의 직무를 대행한다.

⑤ 협의회에 간사 1인을 두되, 간사는 통일부 소속 공무원 중에서 위원장이 지명하는 자가 된다.

제6조(협의회의 기능) 협의회는 다음 각호의 사항을 심의·의결한다.

1. 남북교류·협력에 관한 정책의 협의·조정 및 기본원칙의 수립
2. 남북교류·협력에 관한 각종 허가·승인 등에 관한 중요사항의 조정
3. 교역대상품목의 범위 결정
4. 협력사업에 대한 총괄·조정
5. 남북교류·협력의 촉진을 위한 지원

6. 남북교류·협력과 관련된 중요사항에 대한 관계부처 간의 협조 추진

7. 기타 위원장이 부의하는 사항

제7조(협의회의 의사) ① 협의회의 회의는 위원장이 소집한다.

② 협의회의 회의는 재적위원 과반수의 출석과 출석위원 과반수의 찬성으로 의결한다.

③ 협의회의 운영에 관하여 필요한 사항은 대통령령으로 정한다.

제8조(실무위원회) ① 협의회에 상정할 의안을 준비하고, 협의회의 위임을 받은 사무를 처리하게 하기 위하여 협의회에 실무위원회를 둘 수 있다.

② 실무위원회의 구성·운영 등에 관하여 필요한 사항은 대통령령으로 정한다.

제9조(남·북한 왕래) ① 남한과 북한의 주민이 남한과 북한을 왕래하고자 할 때에는 대통령령이 정하는 바에 의하여 통일부장관이 발급한 증명서를 소지하여야 한다.

② 재외국민이 외국에서 북한을 왕래하는 때에는 재외공관의 장에게 신고하여야 한다.

③ 남한의 주민이 북한의 주민 등과 회합·통신의 기타의 방법으로 접촉하고자 할 때에는 통일부장관의 승인을 얻어야 한다.

④ 제1항의 규정에 의한 증명서의 발급절차, 제2항의 규정에 의한 재외국민의 범위와 신고절차 및 제3항의 규정에 의한 승인절차 등에 관하여 필요한 사항은 대통령령으로 정한다.

제10조(해외동포 등의 출입보장) 외국국적을 보유하지 아니하고 대한민국의 여권을 소지하지 아니한 해외거주 동포가 남한에 왕래하고자 할 때에는 여권법에 의한 여행증명서를 소지하여야 한다.

제11조(남·북한 왕래에 대한 심사) 출입장소에서 남한과 북한을 직접 왕래하는 남한과 북한의 주민은 대통령령이 정하는 바에 의하여 심사를 받아야 한다.

제12조(교역당사자) 교역(북한과 제3국간에 물품의 중계무역을 포함한다. 이하 이 조에서 같다)을 할 수 있는 자는 국가기관·지방자치단체·정부투자기관 또는 대외무역법에 의하여 무역업의 등록을 한 자(이하 "교역당사자"라 한다)로 하되, 통일부장관은 특히 필요하다고 인정할 때에는 협의회의 의결을 거쳐 교역당사자 중 특정한 자를 지정하여 교역을 하게 할 수 있다.

제13조(반출·반입의 승인) 교역당사자가 물품의 반출·반입을 하고자 할 때에는 대통령령이 정하는 바에 의하여 당해 물품 또는 거래형태·대금결제방법에 관하여 통일부장관의 승인을 얻어야 한다. 승인을 얻은 사항 중 대통령령이 정하는 주요 내용을 변경하고자 할 때에도 또한 같다.

제14조(교역대상물품의 공고) 통일부장관은 물품의 반출·반입에 관하여 협의회 의결을 거쳐 다음 각호의 사항을 미리 공고하여야 한다. 공고한 사항을 변경하고자 할 때에도 또한 같다.

1. 물품의 반출·반입에 관한 승인을 요하는 품목 또는 금지품목의 구분

2. 승인을 요하는 품목에 관한 제한 내용 및 승인절차

제15조(교역에 관한 조정 명령 등) ① 통일부장관은 교역에 관한 협정의 준수나 물품의 반출·반입의 질서유지 등을 위하여 필요하다고 인정할 때에는 교역당사자에게 반출·반입하는 물품의 가격·수량·품질 기타 거래조건에 관하여 필요한 조정을 명할 수 있다.

② 통일부장관은 필요하다고 인정할 때에는 교역당사자에게 교역에 관한 사항을 보고하게 할 수 있다.

제16조(협력사업자) ① 협력사업을 하고자 하는 자는 대통령령이 정하는 바에 의하여 통일부장관의 승인을 얻어야 한다.

② 제1항의 규정에 의한 승인의 요건과 승인취소사유 및 그 절차에 관하여 필요한 사항은 대통령령으로 정한다.

제17조(협력사업의 승인) ① 제16조 규정에 의하여 협력사업의 승인을 얻은 자(이하 "협력사업자"라 한다)가 협력사업을 시행하고자 할 때에는 매 사업마다 통일부장관의 승인을 얻어야 한다.

② 제1항의 규정에 의한 협력사업의 승인요건과 그 절차에 관하여 필요한 사항은 대통령령으로 정한다.

제18조(협력사업에 관한 조정명령등) ① 통일부장관은 협력사업이 남북교류·협력의 촉진에 이바지할 수 있도록 협력사업자에게 그가 시행하는 협력사업에 대하여 필요한 조정을 명할 수 있다.

② 통일부장관은 대통령령이 정하는 바에 의하여 협력사업자에게 협력사업의 시행내용을 보고하게 할 수 있다.

제19조(결제업무의 취급기관) ① 통일부장관은 남북교류·협력에 있어서 필요하다고 인정할 때에는 재정경제부장관과 협의하여 결제업무를 취급할 기관을 지정할 수 있다.

② 제1항의 규정에 의한 결제업무취급기관이 행하는 결제의 범위·방법 및 절차 등에 관하여 필요한 사항은 대통령령으로 정한다.

제20조(수송장비의 운행) ① 남한과 북한 간에 선박·항공기·철도차량 또는 자동차 등을 운행하고자 하는 자는 통일부장관의 승인을 얻어야 한다.

② 제1항의 규정에 의한 승인의 기준 및 절차 등에 관하여 필요한 사항은 대통령령으로 정한다.

제21조(수송장비 등의 출입관리) 선박·항공기·철도차량 또는 자동차 등과 그 승무원이 출입 장소에 출입하는 때에는 출입국관리법 제69조 내지 제76조의 규정을 준용한다.

제22조(통신역무의 제공) ① 남북교류·협력의 촉진을 위하여 우편역무 및 전기통신역무를 제공

할 수 있다.

② 남한과 북한 간에 제공되는 우편역무 및 전기통신역무의 제공자·종류·요금·취급절차 등에 관하여 필요한 사항은 대통령령으로 정한다.

제23조(검역등) ① 북한으로부터 내항하는 선박·항공기·하물은 검역조사를 받아야 한다.

② 제1항의 규정에 의한 검역조사에는 검역법 제6조 내지 제28조 및 제33조 내지 제35조의2의 규정을 준용한다. 다만, 검역법 제19조 및 제20조의 규정에 의한 검역증 또는 가검역증의 교부는 이를 생략할 수 있다.

③ 북한으로부터 남한으로 오는 자 중 전염병에 감염되었거나 감염이 의심되는 자는 국립검역소장 또는 보건소장에게 신고하여야 한다.

제24조(남북교류·협력의 지원) 정부는 남북교류·협력을 증진시키기 위하여 필요하다고 인정할 때에는 이 법에 따라 행하는 남북교류·협력을 위한 사업을 시행하는 자에게 보조금을 지급하거나 기타 필요한 지원을 할 수 있다.

제25조(협조요청) 통일부장관은 남북교류·협력을 증진시키고 관련 정책수립을 위하여 필요하다고 인정할 때에는 관계전문가 및 남북교류·협력의 경험이 있는 자에게 의견의 진술 등 필요한 협조를 요청할 수 있다. 이 경우 협조를 요청받는 자는 정당한 사유가 없는 한 이에 응하여야 한다.

제26조(다른 법률의 준용) ① 교역에 관하여 이 법에 특별히 규정되지 아니한 사항에 대하여는 대통령령이 정하는 바에 의하여 대외무역법 등 무역에 관한 법률을 준용한다.

② 물품의 반출·반입에 대하여는 대통령령이 정하는 바에 의한 조세의 부과·징수·감면 및 환급 등에 관한 법률을 준용한다. 다만, 물품의 반입에 있어서는 관세법에 의한 과세규정 및 다른 법률에 의한 수입부과금에 관한 규정은 이를 준용하지 아니한다.

③ 남한과 북한 간의 투자, 물품의 반출·반입 기타 경제에 관한 협력사업 및 이에 수반되는 거래에 대하여는 대통령령이 정하는 바에 의하여 다음 각호의 법률을 준용한다.

1. 외국환관리법
2. 외국인투자촉진법
3. 한국수출입은행법
4. 수출보험법
5. 대외경제협력기금법
6. 법인세법
7. 소득세법
8. 조세감면구제법

9. 수출용원재료에대한과세등환급에관한특례법

10. 기타 대통령령이 정하는 법률

④ 제1항 내지 제3항의 규정에 의하여 다른 법률을 준용함에 있어서는 대통령령으로 그에 대한 특례를 정할 수 있다.

제27조(벌칙) ① 다음 각호의 1에 해당하는 자는 3년 이하의 징역 또는 1,000만원 이하의 벌금에 처한다.

1. 제9조 제1항의 규정에 의한 증명서를 발급받지 아니하고 남한과 북한을 왕래하거나 동조 제3항의 규정에 의한 승인을 얻지 아니하고 회합·통신 기타의 방법으로 북한의 주민과 접촉한 자
2. 제13조위 규정에 의한 승인을 얻지 아니하고 물품을 반출 또는 반입한 자
3. 제17조제1항의 규정에 의한 승인을 얻지 아니하고 협력사업을 시행한 자
4. 사위 기타 부정한 방법으로 제9조제1항의 규정에 의한 승인을 얻은 자
5. 제20조제1항의 규정에 의한 승인을 얻지 아니하고 남한과 북한 간에 선박·항공기·철도 차량 또는 자동차 등을 운행한 자

② 다음 각호의 1에 해당하는 자는 1년 이하의 징역 또는 500만원 이하의 벌금에 처한다.

1. 제9조제2항의 규정에 의한 신고를 하지 아니하고 북한을 왕래한 재외국민
2. 제15조제1항의 규정에 의한 조정명령을 따르지 아니하거나 제15조제2항의 규정에 의한 보고를 하지 아니한 자
3. 제18조제1항의 규정에 의한 조정명령을 따르지 아니하거나 제18조제2항의 규정에 의한 보고를 하지 아니한 자

③ 제1항제1호 내지 제3호의 미수범은 처벌한다.

제28조(양벌규정) 법인의 대표자, 법인 또는 개인의 대리인, 사용인 기타 종업원이 그 법인 또는 개인의 업무에 관하여 제27조의 규정에 해당하는 행위를 한 때에는 행위자를 벌하는 외에 그 법인 또는 개인에 대하여도 동주의 규정에 의한 벌금형을 과한다.

제29조(형의 감경등) 제27조제1항 및 제2항제1호의 죄를 범한 자가 자수한 때에는 그 형을 감경 또는 면제할 수 있다.

제30조(북한주민의제) 이 법(제9조제1항 및 제11조를 제외한다)의 적용에 있어서 북한 노선에 따라 활동하는 국외단체의 구성원은 이를 북한의 주민으로 본다.

구룡연옥류동(리정수 사진작품)

4. 남북협력기금법

제1조(목적) 이 법은 남북교류 협력에 관한 법률에 의한 남북간의 상호교류와 협력을 지원하기 위하여 남북협력기금을 설치하고 그 운용·관리에 관하여 필요한 사항을 정함을 목적으로 한다.

제2조(정의) 이 법에서 사용하는 용어의 정의는 다음과 같다.

1. "교역" 및 "협력사업"이라 함은 남북교류협력에 관한 법률 제2조 제2호 및 제4호에 규정된 교역 및 협력사업을 말한다.
2. "금융기관"이라 함은 은행법 기타 법률에 의한 은행인 금융기관을 말한다.

제3조(기금의 재원) 기금은 다음의 재원으로 조성한다.

1. 정부 및 정부 외의 자의 출연금
2. 제5조의 규정에 의한 장기차입금
3. 국채관리기금으로부터의 예수금
4. 기금의 운용수익금
5. 기타 대통령령이 정하는 수입금

제4조 삭 제

제5조(장기차입) ① 통일부장관은 기금의 재원을 마련하기 위하여 필요한 때에는 기금의 부담으로 재정융자특별회계, 다른 기금, 금융기관 등으로부터 자금을 장기 차입할 수 있다.

② 통일부장관은 제1항의 규정에 의하여 자금을 차입할 때에는 미리 재정경제부장관과 협의하여야 한다.

제6조 삭 제 〈93.12.31〉

제7조(기금의 운용·관리) ① 기금은 통일부장관이 운용·관리한다.

② 통일부장관은 대통령령이 정하는 바에 따라 기금의 운용·관리에 관한 사무를 금융기관에 위탁할 수 있다.

③ 통일부장관이 기금운용계획을 수립할 때에는 기금운용계획 중 경제 및 재정·금융정책과 관련되는 중요사항에 대하여는 미리 재정경제부장관과 협의하여야 한다.

④ 기금의 운용·관리에 관한 다음의 사항에 대하여는 남북교류협력에 관한 법률 제4조의

규정에 의한 남북고유협력추진협의회의 심의를 거쳐야 한다.

1. 기금의 운용·관리에 관한 기본정책
2. 기금운용계획
3. 결산보고사항
4. 기타 통일부장관이 필요하다고 인정하는 사항

제8조(기금의 용도) 기금은 다음 각호의 1에 해당하는 용도에 사용한다.

1. 남북의 주민의 남북간 왕래에 필요한 비용의 전부 또는 일부의 지원
2. 문화·학술·체육분야 협력사업에 소요되는 자금의 전부 또는 일부의 지원
3. 교역 및 경제분야 협력사업을 촉진하기 위하여 소요되는 자금의 남한 주민(법인·단체를 포함한다)에 대한 지원 또는 융자
4. 남북교류·협력을 촉진하기 위하여 환전 등 대금결제의 편의를 제공해 주거나 자금을 융자해 주는 금융기관에 대한 자금지원 및 손실 보전과 금융기관으로부터 대통령령이 정하는 비지정통화의 인수
5. 기타 민족의 신뢰와 민족공동체 회복에 이바지하는 남북교류·협력에 필요한 자금의 융자·지원 및 남북교류·협력을 증진하기 위한 사업의 지원
6. 차입금 및 국채관리기금으로부터의 예수금의 원리금 상환 〈개정 93.12.31〉
7. 기금의 조성·운용 및 관리를 위한 경비의 지출

제9조(기금의 회계기관) ① 통일부장관은 기금의 수입과 지출에 관한 사무를 행하게 하기 위하여 소속공무원 중에서 기금출납명령관과 기금출납공무원을 임명한다.

② 제7조제2항의 규정에 의하여 기금의 운용·관리에 관한 사무를 위탁한 경우에는 통일부장관은 위탁받은 운행의 이사 중에서 기금출납담당이사를, 그 직원에서 기금출납직원을 각각 임명할 수 있다. 이 경우 기금출납담당이사는 기금출납명령관의 직무를, 기금출납직원은 기금출납공무원의 직무를 각각 수행한다.

③ 회계과계직원 등의 책임에 관한 법률 중 세입징수관과 재무관에 관한 규정은 기금출납명령관과 기금출납담당이사에게, 지출관과 출납공무원에 관한 규정은 기금출납공무원과 기금출납직원에게 각각 이를 준용한다.

제10조(일시차입) ① 통일부장관은 기금의 운용상 필요한 때에는 기금의 부담으로 한국은행 기타 금융기관으로부터 자금을 일시 차입할 수 있다.

② 제1항의 규정에 의한 일시차입금은 당해 회계연도에 상환하여야 한다.

제11조(보고 및 환수) ① 통일부장관은 대통령령이 정하는 바에 의하여 기금을 사용하는 자에게 그 사용계획 및 사용결과를 보고하게 할 수 있다.

② 통일부장관은 기금을 사용하는 자가 당해 기금지출목적 외에 사용한 때에는 지출된 기금의 전부를 환수할 수 있다.

③ 제2항 규정에 의한 기금의 환수에 대하여는 국세체납처분의 예에 의한다.

제12조(여유자금의 운용) 통일부장관은 기금에 여유자금이 있을 때에는 다음 각호의 방법으로 이를 운용할 수 있다.

1. 국채·공채의 매입
2. 재정융자특별회계에의 예탁
3. 금융기관에의 단기예치
4. 기타 대통령령이 정하는 방법

제13조(이익 및 결손의 처리) ① 기금의 결산상 이익금이 생긴 때에는 이를 전액 적립하여야 한다.

② 기금의 결산상 손실금이 생긴 때에는 제1항의 규정에 의한 적립금으로 보전하고, 그 적립금으로 부족한 때에는 정부가 예산의 범위 안에서 이를 보존할 수 있다.

제14조(감독 및 명령) 통일부장관은 제7조제2항의 규정에 의하여 기금의 운용·관리에 관한 사무를 위탁한 경우에는 그 위탁사무를 감독하며, 이에 필요한 명령을 할 수 있다.

세존봉에서 본 금강산(리정수 사진작품)

내금강 선담(리정수 사진작품)

금강산 벚꽃(리정수 사진작품)

5. 북한 외국인투자 관련법

(1) 외국인투자법※ 1992. 10. 5. 최고인민회의 상설회의 결정

제1조 세계 여러 나라들과의 경제협조를 확대 발전시키는 것은 조선민주주의인민공화국의 일관한 정책이다. 국가는 완전한 평등과 호혜의 원칙에서 외국투자가들이 공화국 령역 안에 투자하는 것을 장려한다.

제2조 이 법은 외국투자가들이 외국인 투자기업을 창설 운영하는 일반원칙과 질서를 포괄적으로 규제한다.

외국투자가란 공화국 령역 안에 투자하는 다른 나라의 법인과 개인을 말한다.

외국투자기업이란 공화국 령역 안에 설립한 합작기업, 합영기업, 외국인기업을 말한다.

합작기업이란 우리측 투자가와 외국측 투자가가 공동으로 투자하고, 우리측이 운영하며, 계약조건에 따라 상대측에 투자 몫을 상환하거나 리윤을 분배하는 기업을 말한다.

합영기업이란 우리측 투자가와 외국측 투자가가 공동으로 투자하고, 공동으로 운영하며, 투자몫에 따라 리윤을 분배하는 기업을 말한다.

외국인기업이란 외국투자가가 단독으로 투자하여 경영하는 기업을 말한다.

제3조 외국투자가는 공화국 령역 안에 합작기업, 합영기업을 설립할 수 있으며, 자유경제무역지대 안에 외국인기업을 창설, 운영할 수 있다.

제4조 국가는 공화국의 법에 따라 외국투자가와 외국인투자기업의 합법적 권리와 리익을 보장한다.

제5조 다른 나라의 기관, 회사, 기업체들과 개인 및 기타 경제 조직들은 공화국 령역 안에 투자할 수 있다. 공화국 령역 밖에 거주하고 있는 조선동포들도 이 법에 따라 투자할 수 있다.

제6조 외국투자가는 공업, 농업, 건설, 운수, 체신, 과학기술, 관광, 류통, 금융을 비롯한 여러 부문에 투자할 수 있다.

제7조 국가는 첨단기술을 비롯한 현대적 기술과 국제시장에서 경쟁력이 높은 제품을 생산하는 부문, 자원개발 및 하부구조 건설부문, 과학연구 및 기술개발부문에 대한 투자를 특별히 장려한다.

제8조 장려하는 부문에 투자하여 설립한 외국인투지기업은 소득세를 비롯한 여러 가지 세금의 감면, 유리한 토지사용 조건의 보장, 은행대부의 우선적 제공과 같은 우대를 받는다.

제9조 자유경제무역지대 안에 설립된 외국인투자기업은 다음과 같은 특혜적인 경영활동조건을 보장받는다.

1. 국가가 따로 정한 품목을 내놓고는 수출입물자에 대하여 관세를 적용하지 않는다.
2. 리윤이 나는 해로부터 3년까지 소득세를 물지 않으며, 그 다음 2년까지 소득세를 50%범위에서 덜어 줄 수 있다. 소득세율은 다른 지역보다 낮추어 결산리윤의 14%로 한다.

제10조 국가는 자유경제무역지대 안에 기업을 창설하거나 그 운영을 위하여 입출국하는 외국투자가들의 수속 절차와 방법을 편리하게 정하도록 한다.

제11조 민족경제 발전과 나라의 안전에 지장을 주거나 경제기술적으로 뒤떨어지고 환경보호의 요구에 저촉되는 대상의 투자는 금지하거나 제한한다.

제12조 외국투자가는 화폐재산, 현물재산, 공업소유권, 기술비결을 비롯한 재산과 재산권으로 투자할 수 있다. 이 경우 투자하는 재산과 재산권의 가치는 해당 시기 국제시장 가격에 기초하여 당사자들 사이의 합의에 따라 평가한다.

제13조 외국인 투자기업은 우리나라나 다른 나라에 지사, 대표부, 출장소를 내오거나 새끼회사를 설립할 수 있으며, 우리나라 또는 다른 나라의 회사들과 기업을 련합할 수도 있다.

제14조 공화국 령역 안에 설립한 합작기업, 합영기업, 외국인기업은 우리나라의 법인으로 되지 않는다. 공화국 령역 안에 있는 외국인 투자기업의 지사, 대표부, 출장소는 우리나라의 법인으로 되지 않는다.

제15조 국가는 외국투자가와 외국인투자기업 설립에 필요한 토지를 최고 50년까지 임대하여 준다. 임대하여 준 토지는 임대받은 기간 안에 해당 기관의 승인 밑에 양도하거나 상속할 수 있다.

제16조 외국인 투자기업은 우리나라 로력을 채용하여야 한다.
능공은 정무원 대외경제기관과의 합의 밑에 다른나라 사람을 채용할 수 있다. 우리나라 로력은 해당 로동기관과 계약을 맺고, 그에 따라 채용하거나 해고하여야 한다.

제17조 외국투자가와 외국인 투자기업은 공화국의 해당 법에 따라 소득세, 기업운영세, 재산세를 비롯한 세금을 물어야 한다.

제18조 외국투자가는 리윤의 일부 또는 전부를 공화국 령역 안에 재투자할 수 있다. 이 경우 재투자분에 대하여 이미 납부한 소득세의 일부 또는 전부를 되돌려받을 수 있다.

제19조 외국인투자기업과 외국투자가가 투자한 재산은 국유화하거나 거두어들이지 않는다. 불가피한 사정으로 국유화하거나 거두어들일 경우에는 해당한 보상을 한다.

제20조 외국 투자가가 기업운영에서 얻은 합법적 리윤과 기타수입, 기업을 청산하고 남은 자금은 공화국의 외화관리와 관련한 법과 규정에 따라 국외로 송금할 수 있다.

제21조 국가는 외국인투자기업의 경영 비밀을 법적으로 보장하며 외국투자가와의 합의 없이 공개하지 않는다.

제22조 외국인 투자와 관련한 의견 상이는 협의의 방법으로 해결한다.

분쟁사건은 조선민주주의인민공화국의 재판기관 또는 중재기관에서 해당 절차에 따라 심의 해결하며, 합의에 따라 다른 나라의 중재기관에 제기하여 해결할 수도 있다.

(2) 합작법※ 1992. 10. 5. 최고인민회의 상설회의 결정

제1조 조선민주주의인민공화국 합작법은 우리나라와 세계 여러 나라들 사이의 경제협력과 기술교류를 확대 발전시키는데 이바지한다.

제2조 합작기업은 우리측 투자가와 외국측 투자가가 공동으로 투자하고 우리측이 생산과 경영을 하며, 합작계약 조건에 따라 상대측의 투자몫을 상환하거나 리윤을 분배하는 기업을 말한다.

제3조 합작기업은 수출할 수 있는 제품, 선진기술이 도입된 제품을 생산하는 부문에 조직하는 것을 기본으로 하면서 관광, 봉사부문에도 조직할 수 있다.

제4조 국가는 외국투자가가 현대적인 설비와 첨단기술을 투자하거나, 국제시장에서 경쟁력이 높은 제품을 생산하는 부문에 투자하는 것을 장려한다.

제5조 공화국 령역 밖에 거주하고 있는 조선동포들도 이 법에 따라 합작을 할 수 있다.

제6조 합작을 하려는 기관, 기업소, 단체는 해당 상급기관과 협의하고 외국 투자가와 합작계약을 맺은 다음, 정무원 대외 경제기관에 합작신청서를 내야 한다. 이때 신청서는 계약서, 경제기술타산서를 비롯한 해당한 문건을 첨부하여야 한다.

제7조 정무원 대외경제기관은 합작신청서를 접수한 날부터 50일 안으로 그에 대하여 승인하거나 부결하는 결정을 하여야 한다.

제8조 합작기업은 합작이 승인된 후 30일 안에 해당기업 소재지의 도(직할시) 행정경제위원회에 등록하여야 한다. 등록한 날이 합작기업 창설일로 된다.

제9조 합작기업은 승인된 합작 업종을 마음대로 변경시킬 수 없다. 승인된 업종을 변경시키려고 할 경우에는 정무원 대외경제기관의 승인을 받아야 한다.

제10조 합작을 하는 일방이 자기의 권리와 의무를 제3자에게 전부 또는 일부를 양도하려고 할 경우에는 상대방의 동의를 받은 다음 정무원 대외결제기관의 승인을 받아야 한다.

제11조 합작기업은 계약에 따라 외국투자가 측의 기술자를 받아쓰거나, 정무원 대외결제기관과의 합의 밑에 제3국의 기술자를 채용하여 쓸 수 있다.

제12조 합작기업은 국가가 승인한데 따라 생산 및 경영에 쓸 물자를 수입할 수 있으며, 생산한 제품을 수출할 수 있다.

제13조 외국투자가의 투자에 대한 상환과 리윤분배는 합작제품으로 하는 것을 기본으로 하며, 쌍방의 합의에 따라 다른 방법으로도 할 수 있다.

제14조 합작기업에서 생산된 제품과 얻은 수입은 합작계약에 따라 상환 또는 분배의무를 리행하는데 먼저 쓸 수 있다.

제15조 외국투자가가 합작기업에서 얻은 합법적 리윤, 기타 수입은 공화국의 외화관리와 관련한 법과 규정에 따라 국외로 송금할 수 있다.

제16조 합작 당사자들은 비상설적인 공동협의 기구를 조직할 수 있다. 공동협의 기구에서는 새기술 도입과 제품의 질제고, 재투자를 비롯한 합작경영에서 제기되는 중요한 문제들을 협의한다.

제17조 합작기업은 경영활동에 대한 결산을 월별, 분기별, 년별로 한다. 합작기업은 규정에 따라 재정부기결산서를 해당기관에 제출하며 재정은행 기관의 감독을 받아야 한다.

제18조 합작기업은 계약에 따라 리윤을 분배하는 경우 법이 정한데 따라 세금을 물어야 한다.

제19조 합작 당사자들 가운데서 어느 일방이 합작계약 의무를 리행하지 않아 기업을 운영할 수 없게 된 경우, 정무원 대외경제기관의 승인 밑에 합작기업을 해산할 수 있다. 이 경우 생긴 손해에 대한 책임은 계약의무를 리행하지 않은 당사자가 진다.

제20조 합작은 합작기간이 다 되면 끝난다. 합작기업은 합작기간이 끝나거나 기한 전에 해산하는 경우 법이 정한데 따라 채권 채무관계를 청산하며, 등록취소 수속을 하여야 한다. 합작 당사자들이 합작기간이 끝난 후에도 합작을 계속하려고 할 경우에는, 그 기간이 끝나기 6개월 전에 정무원 대외경제기관의 승인을 받아야 한다.

제21조 합작과 관련한 의견 상이는 협의의 방법으로 해결한다. 분쟁 사건은 조선민주주의인민공화국의 재판기관 또는 중재기관에서 해당절차에 따라 심의 해결한다.

(3) 합영법※ 1984. 9. 8 최고인민회의 상설회의 결정

제1장 합영의 기본

제1조 세계의 여러 나라들과의 경제기술 교류와 협조를 확대 발전시키는 것은 조선로동당과

공화국 정부의 일관한 대외경제정책이다. 조선민주주의인민공화국은 공화국의 령역 안에서 우리나라의 회사, 기업소와 다른 나라의 회사, 기업소, 개인 사이에 평등과 호혜의 원칙에서 합영하는 것을 장려한다.

제2조 조선민주주의인민공화국에서의 합영은 공업, 건설, 운수과학기술, 관광업을 비롯한 여러 분야에서 할 수 있다.

제3조 조선민주주의인민공화국은 다른 나라 합영 당사자가 출자한 재산과 기업운영에서 얻은 소득을 법적으로 보호한다.

제4조 조선민주주의인민공화국은 합영 당사자들의 경영활동과 관련하여 공화국법이 규정한 모든 합법적 권리를 보장한다. 합영회사는 모든 활동에서 조선민주주의인민공화국의 법 규범과 규정을 존중하며, 그것을 철저히 지켜야 한다.

제5조 재일조선상공인들을 비롯하여 해외에 거주하는 조선동포들도 이 법에 근거하여 우리나라의 회사, 기업소와 합영할 수 있다.

제2장 합영회사의 조직

제6조 합영회사는 당사자들이 회사조직에 관한 계약을 맺고 조선민주주의인민공화국 대외경제기관의 승인을 받은 다음 해당 기관에 등록하였을 때 조직된다.

제7조 합영회사의 출자하는 몫은 합영 당사자들의 합의에 따라 정한다. 합영 당사자들은 화폐대상, 현물재산과 발명권, 기술문헌 등으로 출자할 수 있다. 현물재산, 발명권, 기술문헌 등으로 출자하는 경우에는, 그 값을 국제시장 가격에 준하여 합영 당사자들이 평가한다.

제8조 합영회사를 운영하는 과정에 생기는 회사의 빚에 대하여 합영 당사자들은 출자 몫 안에서만 책임진다. 합영회사의 한편 당사자가 자기의 출자 몫을 제3자에게 넘겨주려고 할 때에는 상대편 당사자들의 동의를 받아야 한다.

제9조 합영회사는 등록된 자금을 줄일 수 없다.

제3장 리사회와 경영활동

제10조 합영회사는 리사회를 둔다. 리사회는 합영회사의 최고결의기관이다. 합영회사는 규약을 가지며 그에 따라 경영활동을 한다.

제11조 리사회는 합영회사 규약의 채택 및 수정 보충, 합영회사의 발전대책, 경영활동계획, 결

산과 분배, 관리 성원의 임명 및 해임, 재정검열원의 임명 등 합영회사의 중요한 문제를 토의 결정한다.

제12조 회사 사장은 합영회사 조직에 관한 계약, 합영회사 규약 및 리사회의 결정에 따라 회사의 경영활동을 조직, 진행하며 자기사업에 대하여 리사회 앞에 책임진다.

제13조 합영회사는 조선민주주의인민공화국 은행에 돈자리를 두며, 합영 당사자들의 합의에 따라 다른 나라 은행에도 돈자리를 둘 수 있다. 합영활동에 필요한 자금을 다른 나라 은행에서 대부받을 수 있다.

제14조 합영회사가 생산에 필요한 원료, 자료, 반제품들을 조선민주주의인민공화국 안에서 사쓸 때, 그 가격은 국제시장 가격을 기준으로 한다. 합영회사가 대외시장에서 물자를 수입할 때는 관세를 물리지 않는다.

제15조 합영회사는 자기의 생산제품을 대외시장에 수출할 수 있다.

제16조 합영회사가 종업원을 받아들이고 내보내는 것은 조선민주주의인민공화국법과 합영 쌍방의 계약에 따라 로력을 관리하며 리용한다.

제17조 합영회사에서 일하는 다른 나라 사람은 자기가 받은 로임에 대하여 조선민주주의 인민공화국 외국인소득세법에 따라 소득세를 물어야 한다. 합영회사에서 일하는 다른 나라 사람은 로임의 일부를 국외로 송금할 수 있다.

제4장 결산과 배분

제18조 합영회사는 해마다 한 번씩 정기적으로 경영활동을 결산하여야 한다. 결산은 총수입에서 원가를 보상하고 소득세를 바친 다음, 예비기금, 생산확대 및 기술발전기금을 비롯한 필요한 자금을 공제한 나머지 기금을 합영 쌍방의 출자몫에 따라 배분하는 방법으로 한다.

제19조 합영회사 예비기금을 조성하여야 한다. 예비기금의 규모와 해마다 조성하는데 쓴다.

제20조 합영회사의 결산문건은 재정검열원의 검열과 리사회의 비준을 받아야 한다.

제21조 합영회사는 결산기마다 순소득에 대하여 조선민주주의인민공화국을 합영회사소득세법에 따라 소득세를 물어야 한다. 합영회사는 순소득이 적은 경우 소득세의 감면을 청원할 수 있다. 합영회사는 토지를 사용할 때 토지사용료를 물어야 한다.

제22조 다른 나라 합영 당사자는 분배받은 돈을 국외로 송금할 수 있다.

제5장 합영회사의 해산과 분쟁해결

제23조 합영회사는 계약에 규정된 존속기간이 끝나면 해산된다. 합영회사를 계속 운영하려면 존속기간이 끝나기 6개월 전에 해당기관에 제기하여야 한다.

제24조 합영회사는 계속하여 결손을 내거나 합영회사의 한편 당사자가 자기의 의무를 위반하거나 불가피한 사정으로 회사를 운영할 수 없게 되었을 때에는, 리회사의 결정에 따라 존속기간이 끝나기 전에 해산할 수 있다.

제25조 합영회사를 해산할 때에는 현행업무를 결속하고 남은 재산을 출자몫에 따라 합영 당사자들 사이에 분배한다.

제26조 합영회사를 운영하는 과정에 생기는 의견 상이는 협의의 방법으로 해결한다. 협의의 방법으로 해결할 수 없는 분쟁문제는 조선민주주의인문공화국의 재판기관 또는 중재기관에서 심의한다. 쌍방의 합의에 따라 제3국의 중재기관에 분쟁문제의 심의를 제기할 수 있다.

해금강(리정수 사진작품)

구룡연 상팔담 가을(리정수 사진작품)

6. 북한의 지리와 기후

(1) 위치와 면적

❑ 위 치

구 분	지 명	극 점
극 동	경상북도 울릉군 독도 동단	동경 131° 52′ 42″
극 서	평안북도 용천군 비단섬 서단	동경 124° 10′ 47″
극 남	제주도 남제주군 마라도 남단	북위 33° 06′ 40″
극 북	함경북도 온성군 풍서리 북단	북위 43° 00′ 36″

❑ 면 적

국토면적(222,035,70㎢)	남 : 92,273.70㎢	북 : 122,762.00㎢
국토길이	남북 : 1,000㎞	동서 : 360㎞

(2) 지 형

- 산지지형이 전국토 면적의 80%
- 평균고도 440m이고, 1,000m 이상 지역은 12.8%이며 2,000m 이상 지역 0.26%로 저산성 산지
- 북한지형의 특징 : 북부와 동부가 높고 서부와 남부로 오면서 점차로 낮아짐
- 북부서-남남동으로 백두산맥, 랑림산맥, 북수백산맥, 현화산맥 등
- 동북동-서남서로 함경산맥, 부전령산맥 등이 위치

❑ 평 야

- 북한의 동쪽은 급경사이고 서쪽은 완만한 경사 : 대부분 평야 서해안에 입지. 충적평야가 적고 침식평야 많음
- 동해안의 평야 : 수성평야, 어창평야, 길주평야, 함흥평야 등
- 서해안의 평야 : 재령평야(5만ha), 평양준평원(5만ha), 연백평야(5만ha), 운전평야, 정주평야, 안주평야, 온천평야

❑ 하 천

- **전장 400㎞ 이상 강** : 압록강, 두만강, 대동강 등
- 상류는 유속이 빠르고 수량이 비교적 풍부. 동력자원으로서 가치 큼
- 북한의 하천은 두만강을 제외하고 거의 서해로 흐름

❑ 호 수

- 북한의 호수는 자연호수 79개, 인공호수 100여 개
- **인공호수** : 수풍호(180㎢), 장진호(54㎢), 부전호(24㎢), 독로호, 운봉호, 랑림호, 석암호 등 → 전력발전과 공업 및 농업용수로 이용
- **저수지** : 만풍, 대어, 매봉, 장수, 구암, 예의어지돈, 시흥, 태성, 연풍 등
- **자연호수로** : 천지, 서번포, 만포, 동번포, 장연호, 광포, 동정호, 천아포 등
- 북한의 자연호수는 지형과 지질조건, 강수조건 등으로 집수면적이 작고 규모 또한 크지 못하며 자연호의 대부분은 석호로 동해안에 많이 분포

❑ 해 안

- **동해안** : 단조로운 강기해안, 사주·석호·사구의 발달 현저, 함흥평야 외에는 좁은 해안평야, 조석간만의 차가 적고 해저가 갑자기 깊어지며 북쪽의 함경도 해안은 한류인 북한해류, 남쪽은 난류인 대한해류가 울릉도 근해에서 교류
- **서해안** : 침강해안, 복잡한 리아스식 해안, 평야와 하천 발달, 조석간만의 차가 심하며 바다의 수심이 얕고 간석지 넓음, 황해해류가 제주도에서 북상, 동해안 해류보다 한랭

(3) 기 후

- 온대성 기후, 대륙성 기후의 특징
- 연평균 강우량 1,000㎜ 정도, 세계평균 강우량 840㎜ 상회, 6~8월에 전체 강우량의 50-60%
- **다우지대** : 청천강 중류
- **소우지대** : 량강도와 함경북도 내륙지방, 대동강 하류

집선봉 가을(리성수 사진작품)

7. 북한의 행정구역과 인구

(1) 행정구역

- 1945년 해방 당시 : 6도, 9시, 89군
- 1952년 12월 행정체계와 행정구역 개편 : 도(특별시), 시·군(구), 읍·면, 리(동)의 4단계 →도(특별시, 직할시), 시·군(구역), 읍·리(동·노동자구)의 3단계
- 1999년 현재 : 9도, 1특별시, 2직할시, 25시, 38구역, 147군, 2구, 3311리, 896동, 251노동자구

● 행정구역 현황

구 분	시(구역)	군(읍)	구	리(동)	노동자구	도소재지
평양특별시	(19)	4(4)		131(251)	6	–
남포직할시	(5)	1(1)		35(64)	–	–
개성직할시	1	3(3)		62(24)	–	–
평안남도	5	15(16)		370(34)	36	평성시
평안북도	3	22(22)		493(69)	38	신의주시
자 강 도	3	15(15)	1	242(61)	22	강계시
량 강 도	1	11(11)		152(23)	60	혜산시
황해남도	1	19(19)		408(25)	9	해주시
황해북도	2	14(14)		277(44)	6	사리원시
함경남도	3(6)	15(16)	1	475(133)	30	함흥시
함경북도	4(8)	13(13)		274(120)	37	청진시
강 원 도	2	15(15)		392(48)	7	원산시
합 계	25(38)	147(149)	2	3,311(896)	251	–

※ 출처 : 통일부 정보분석국

● 북한의 행정구역도

(2) 인구

- 1999년 현재 : 2,208만 명, 남한(4,686만 명)의 절반(47%) 수준
- 평균수명 : 99년 남자 62.4세, 여자 66.9세(남한에 비해 남자가 8세, 여자가 11세 낮음)
- 인구증가율 : 1995~2000년간 연평균 0.58%, 1990~95년 평균증가율(1.27%)의 절반 이하 수준으로 급감
- 식량난 아사자 : 95~97년 연간 7~8만 명 정도, 98년에는 국제사회의 식량지원으로 절반수준인 4만 명 정도로 총 27만 명이 발생, 95~98년 기간 총사망자 102만 명의 26%를 차지

※ 남북한 경제성장률 비교 : 98년 북한 GNP 추계결과(한국은행)

- 경제성장률은 -1.1%로 90년 이래 9년 연속 마이너스 성장
- 98년 북한의 경제규모(명목 GNP)는 126억 불로서 한국의 1/25, 1인당 GNP(573불)는 한국의 1/12 수준

남북한 경제성장률 비교

구분	89	90	91	92	93	94	95	96	97	98
북한	2.4	−3.7	−3.5	−5.1	−7.7	−4.2	−1.8	−3.7	−6.8	−1.1
한국	6.4	9.5	9.1	9.1	5.1	5.8	8.6	7.1	5.5	−5.8

남북한 경제규모 비교

구 분	GNP(억 달러)			1인당 GNP(달러)		
	한국	북한	한국/북한	한국	북한	한국/북한
1990	2,523	231	10.9	5,886	1,146	5.1
1991	2,949	229	12.9	6,810	1,115	6.1
1992	3,143	211	14.9	7,183	1,013	7.1
1993	3,452	205	16.8	7,811	969	8.1
1994	4,017	212	18.9	8,998	992	9.1
1995	4,881	223	21.9	10,823	1,034	10.5
1996	5,183	214	24.2	11,380	989	11.5
1997	4,740	177	26.8	10,307	811	12.7
1998	3,168	126	25.1	6,823	573	11.9

은사류(리정수 사진작품)

8. 북한의 교육제도

(1) 교육제도

❑ 교육체계

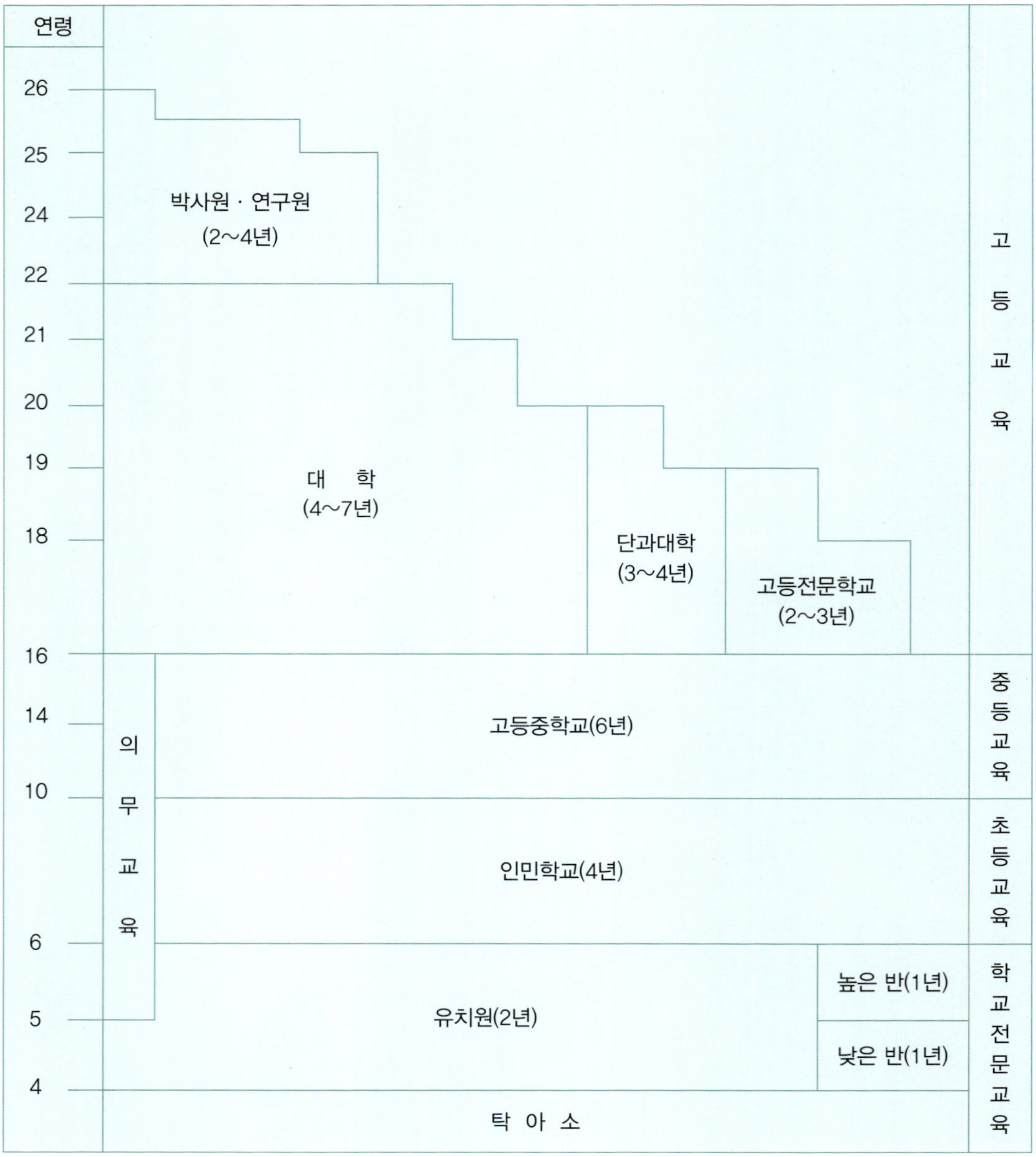

북한의 교육행정체계

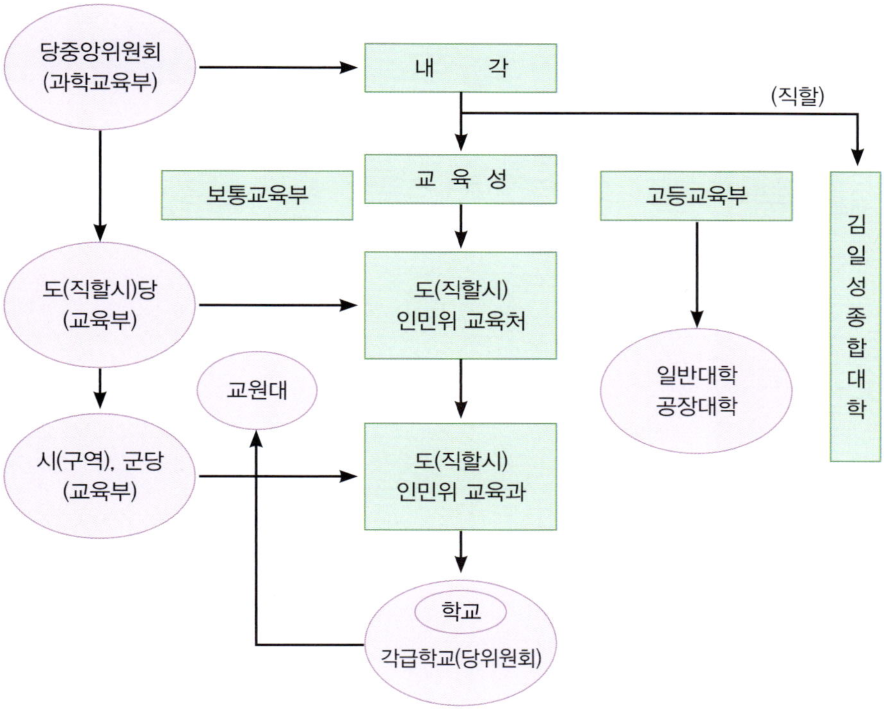

인민학교 교육과정

번호	교 과 명	1학년	2학년	3학년	4학년	시간수(%)
1	경애하는 수령 김일성 대원수님 어린시절	1	1	1	1	152(4.2)
2	위대한 령도자 김정일 원수님 어린시절	1	1	1	1	152(4.2)
3	공산주의 도덕	1	1	1	1	152(4.2)
4	국 어	8	8	7	7	1,142(31.7)
5	수 학	5	5	6	6	834(23.1)
6	력 사				1	37(1.0)
7	자 연			3	3	222(6.7)
8	체 육	2	2	2	2	304(8.4)
9	음 악	2	2	2	2	304(8.4)
10	도화 · 공작	2	2	2	2	304(8.4)

※ 출처 : 『과정안』, 평양 : 교육위원회 보통교육부, 1996. 3.

❑ 고등중학교 교육과정

번호	교 과 명	학 년						시간수 (%)
		1	2	3	4	5	6	
1	경애하는 수령 김일성대원수님 혁명활동	2	1	1	2	2	3	323(5.1)
2	위대한 령도자 김정일 원수님 혁명활동	1	1	1	1	1	2	210(3.3)
3	현행당정책				1주	1주	1주	77(1.2)
4	공산주의 도덕	1	1	1	1	1	1	185(2.9)
5	국 어 문 학	5	5	4	4	3	2	742(11.7)
6	한 문	2	2	1	1	1	1	257(4.1)
7	외 국 어	4	3	3	3	3	3	591(9.3)
8	력 사	1	1	2	2	2	2	298(4.7)
9	지 리	2	2	2	2	2		320(5.0)
10	수 학	7	7	6	6	6	6	1,182(18.6)
11	물 리		2	3	4	4	4	488(7.7)
12	화 학			2	3	3	4	328(5.2)
13	생 물		2	2	2	3	3	343(5.4)
14	천 문 학							
15	체 육	2	2	2	1	1	1	293(4.6)
16	음 악	1	1	1	1			140(2.2)
17	미 술	1	1					72(1.1)
18	제 도				1	1		52(0.8)
19	전자공학기초				1	2		72(1.1)
20	여학생실습	1주	1주	1주	1주	1주	1주	185(2.9)
21	공 작 실 습	1주	1주	1주	1주	1주	1주	185(2.9)

※ 출처: 『과정안』, 평양: 교육위원회 보통교육부, 1996. 3.

양지대(리정수 사진작품)

장전항과 천불산(리정수 사진작품)

9. 북한의 운송 및 숙박시설

(1) 철 도

- 관광객 수송을 전담하는 철도 노선은 없으나 관광객의 지방여행시 주로 철도를 이용한다. 북한은 도로사정이 좋지 않고, 항공기 이용도 여의치 않은 점을 감안한다면 철도여행을 선택하는 경우가 보편적이다. 북한의 철도는 광궤와 협궤가 병존하고 있으며 협궤는 주로 산간지역에 부설되어 있으며, 전체 철도의 98%가 단선이기 때문에 역에서 대기하는 시간이 많고 시설이 노후화되어 효율성이 떨어진다.

● 철도총연장(단위 : km)

구 분	남 한	북 한	남북한	남/북(배)	구 분	남 한	북 한	남북한	남/북(배)
1970	5,500	4,043	9,543	1.4	1996	6,559	5,112	11,671	1.3
1990	6,435	5,045	11,480	1.3	1997	6,580	5,214	11,794	1.3
1995	6,559	5,112	11,671	1.3	1998	6,683	5,214	11,897	1.3

자료 : 「남북한 경제사회상 비교」, 통계청, 1999.

※ 관광지별 주이용 철도노선

- **묘향산 관광** : 평양-묘향산 구간에는 현재 도로와 철도(만포선)를 이용하며, 철도는 평양-구양-향산 구간까지 관광 노선이라 할 수 있다. 구양과 향산 사이에 유명한 관광명소, 즉 묘향산, 보현사, 자연동굴, 온천 등이 있다.
- **개성관광** : 평양-개성 간에는 철도와 고속도로를 이용할 수 있다. 고속도로 개통으로 개성관광은 평양에서 3시간 이내에 가능하며, 신의주-평양-개성구간의 철도운행을 외국관광객이 이용한다.
- **원산관광** : 평양에서 원산까지 철도와 고속도로를 이용하며 고속도로는 경사가 심하여 3시간 30분 정도 소요된다. 고속도로 개통으로 관광버스 이용이 쉬워지고 철도 이용이 상대적으로 낮아지고 있다. 원산 관광객은 주로 여름철 피서여행(해수욕, 휴양)을 하기 위한 외국관광객, 북한체류 외국인, 일부 북한주민이다. 금강산 관광을 위한 경유객 역시 원산을 지나가고 있다.
- **금강산 관광** : 금강산 개발과 개방을 위하여 기존의 동해북부선 철도(원산-고성)를 복구하였는데, 이로써 금강산지역 관광은 평양-원산 간의 고속도로와 함께 다소 편리해졌다.

- **백두산 관광** : 평양에서 여행시 가장 먼 내륙에 위치한 백두산으로의 관광은 쉽지 않다. 기차 여행을 한다면 평양기점으로 할 때 만포선과 북부철도를 이용할 수 있으며, 혜산에서는 백두산 관광을 위하여 철도와 도로를 이용할 수 있다.

❑ 국제철도

- 외부세계로 연결되는 국제철도는 중국 만주와 러시아 연해주를 잇는다. 이들 국가와 북한과의 철도로의 접속은 2개 철도 노선이 가능하다. 하나는 중국과 북한 간을 잇는 북경-단동-신의주-평양(1,347Km, 운행시간 23시간) 구간으로 주 4회 운행한다.
- 러시아-북한 간을 잇는 모스크바-이르크츠크-하바로프스크-滿洲里(중국)-단동-평양(8,666km, 운행시간 156시간) 및 TSR-Khasan-두만강역-홍의-청진-평양(10,214km) 노선이 있다. 러시아와 북한 간의 열차 운행은 주 1-2편이다. 외국인 관광객이 이들 철도노선을 이용하는 예는 드물고, 북경과 평양 간의 노선에만 중국인과 서구인이 다소 이용한다.

❑ 지하철

- 도시관광은 주로 도보를 통하여 이루어지나 자전거와 전차, 시내버스, 지하철도 이용되고 있다. 지하철 노선은 천리마선(봉황-승리-통일-개선-전우-붉은별), 혁신선(광복-건국-황금별-건설-혁신-전승-삼홍-공명-낙원) 및 만경대선(봉화-영광-부홍)이 있다.

(2) 도 로

- 도로는 군사전용도로를 제외하고 고속도로, 1급도로, 2급도로, 3급도로, 지방도로로 구분된다. 1급도로는 남한의 국도 수준에 미치지 못하며 2급도로 이하는 비포장도로가 대부분이다. 북한의 도로 포장률은 약 8%에 지나지 않으며, 포장도로는 동서로 평양-남포 간 약 43km의 왕복 4차선 고속도로와 평양-원산 간 205km의 왕복 4차선 고속도로가 있다. 남북으로는 평양-신의주(200km, 왕복 2차선 1급도로), 평양-개성(170km, 왕복 4차선 고속도로) 구간이 있다. 그 외 원산-함흥 간 왕복 2차선 120km의 1급도로와 함흥-청진 간 왕복 2차선 300km 구간이 있다.
- 남한의 도로 총 연장은 1998년 86,990km로 1970년 40,244km에 비해 2.2배 증가하였으나, 북한은 1998년 23,407km로 1970년 20,000km에 비해 1.2배 소폭 증가하는데 그쳤다. 남북한 간의 도로 총연장을 비교하면, 남한이 북한에 비해 1970년 2.0배, 1998년에는 3.7배 긴 것으로 나타났다.

● 도로총연장(단위 : km)

년 도	남 한	북 한	남북한	남/북(배)	년 도	남 한	북 한	남북한	남/북(배)
1970	40,244	20,000	60,244	2.0	1996	82,342	23,369	105,711	3.5
1990	56,715	23,000	79,715	2.5	1997	84,968	23,337	108,345	3.6
1995	74,237	23,339	97,576	3.2	1998	86,990	23,407	110,397	3.7

자료 : 「남북한 경제사회상 비교」, 통계청, 1999.

(3) 항공노선

❑ 국제선 운항

- 북한은 비동맹 국가와의 외교활동을 강화하면서 현재 38개국과 항공협정을 체결하고 있으나, 정기노선으로 취항하고 있는 지역은 모스크바, 블라디보스톡, 하바롭스크, 북경, 베를린, 소피아, 방콕 등 5개국 6개 도시 정도이다. 북한 국적 항공사로는 고려항공(Air Koryo)이 있는데, 이는 1992년 북한이 항공 근대화라는 취지로 종래 조선민항을 분리·독립시킨 것이다. 북한에 취항하고 있는 외국항공사는 러시아의 아에로플로트 항공과 중국 북방항공사 등이 있었으나, 북방항공은 1999년 4월 이후 승객부족으로 북경-평양 간 운항을 잠정 중단하였다.
- 일본과는 1992년 항공협약을 체결한 이래 매년 이를 갱신하는 형태로 상호 부정기 노선이 취항하고 있다. 일본 주민의 북한관광은 중국을 경유하여 이루어지고 있으나 여행시간이 길어 큰 호응을 얻지 못하고 있다. 대만과 북한은 아직 쌍방 간 항공협정이 체결되어 있지 않기 때문에 정기노선 취항이 이루어지지 않고 있다.

❑ 국내선 운항

- 국내항공은 수송 수요 및 연료 부족과 빈약한 공항 사정으로 운항이 제대로 되지 않고 있으며, 평양(순안)-함흥(선덕)-청진 구간이 하루 1회 정기 혹은 부정기적으로 운항되고 있는 정도이다. 백두산 관광객의 수용을 위해 순안-혜산시 간의 부정기 노선이 운항되고 있으며, 지방공항으로는 신의주, 청진, 원산, 삼지연, 혜산, 어랑, 개천 등 총 33개가 있으나 대부분 군·민 겸용 소형 비행장이다. 제트기 이착륙이 가능한 곳은 8개에 불과하며 국제공항으로는 평양의 순안비행장이 유일하다.

(4) 해상운송

- 해상수송은 철도운송의 보조적 역할을 감당하는 정도이며, 항만시설과 선박의 노후화로 무역량의 처리에도 미흡한 실정이다. 해상을 통한 관광객 수송은 연안지역을 제외하고는 제대로 이루어지지 않고 있으며, 유람선이 일부 구간(압록강 하류, 대동강 하류, 해주, 원산-고성)에 운항되고 있기는 하나 중국 및 러시아 간에 운항되는 것은 없다. 국외로 취항하는 선박은 북한-일본 구간의 만경봉호(3,573톤), 만경봉 92호(9,300톤), 삼지연호(8,818톤)가 있으며, 모두 월 3, 4회 부정기적으로 운항되고 있다.

북한의 여객선 운항현황

구 분	노 선	비 고
연안 여객선	원산–고성(외금강 입구), 해주–형제도(황해도) 신의주–용천(압록강 하류)	금강산 관광객 이용
내수면 여객선	대동강(평양–남포), 대동강 하구(서해갑문) 압록강 하구(대평만), 수풍호, 두만강 하류	
해외 화객선	만경봉호(원산–니가타), 삼지연호(원산–니가타) 만경봉92호(원산–니가타)	1971년 취항

자료 : 김영윤, 「북한의 관광실태와 남북한 관광분야교류·협력방안」, 민족통일연구원, 1998, p. 109.

(5) 숙박분야

- 주민들의 여행이나 지역 간 이동이 활발하지 않기 때문에 국내 여행자를 위한 숙박시설은 빈약하며, 1980년대에 들어 해외 관광사업을 추진하면서 평양과 일부 대도시 관광지를 중심으로 외국인을 위한 고급호텔을 건설하였다.
- 숙박시설은 주요도시와 관광명소에 호텔, 여관(등급이 낮은 호텔), 야영각이 있으나 시설이 열악하여 특급호텔이라 하는 것도 남한의 2급호텔 정도의 시설로 평가된다. 외국인 방문이 많은 평양과 묘향산은 수용시설이 좋은 편이다. 1980년대 후반에 건설한 고급호텔은 평양고려호텔(500실), 향산호텔(228실), 청년호텔(465실), 서산호텔(513실), 양강호텔(330실), 개성민속여관(100실) 등이다. 음식점은 평양에 옥류관, 청류관, 청춘관 등 20여 개가 있고, 개성에 통일관, 원산에 송도각이 있다.

관광지별 숙박시설 현황

관광지	숙박시설
평 양	평양고려호텔(500실), 양각도국제호텔(1,001실), 서산호텔(513실), 청년호텔(465실), 양강호텔(330실), 창광산여관(420실), 평양여관(170실), 보통강여관(162실), 해방산여관(113실), 대동강여관(60실)
묘향산	향산호텔(228실), 청천여관(63실), 청병여관(42실)
개 성	개성민속여관(100실), 자남산여관(43실)
백두산	베개봉여관(47실), 혜산여관(49실), 온수평여관(21실), 신삼지여관(42실), 삼지연여관(23실)
금강산	금강산여관(213실)
남 포	항구여관(109실)
나 진	나진국제호텔(106실), 비파여관(46실)
청 진	천마산여관(36실), 청진외국인숙소(37실)
원 산	송도원여관(164실), 동명여관(52실), 송도원관광호텔(83실)
신의주	압록강여관(53실)

※ 자료 : 한국관광공사, 남북 관광교류협력 실무안내, 2000.

망양대에서 본 동해바다(리정수 사진작품)

평양지역

평양고려호텔

등급	특급(Delux)
개장	1985년
객실	총 500실(45층)
	1등실 : 54, 2등실 : 222, 3등실 : 224
전화	38106
팩스	38027, 38028
위치	평양시 중구역 동흥동 창광로
특징	– 쌍둥이형 45층 빌딩
	– 전망 좋은 회전형 레스토랑 구비
	– 호텔 인근에 유명 음식점 밀집

보통강여관

등급	1급(First Class)
개장	1973년
객실	총 162실(9층)
	특등실 1 : 1등실 : 14, 2등실 : 56, 3등실 : 91
전화	48301
팩스	81–4428
위치	평양시 평천구역 안산동 보통강변
특징	– 강변산책, 보트놀이 등 위락시설 이용 가능
	– 잉어, 숭어 낚시 및 회를 즐길 수 있음
	– 호텔 인근에 유명 음식점 밀집

양강호텔

등급	1급(First Class)
개장	1989년
객실	총 33실(6개동으로 이루어진 11층 계단식 건물)
	1등실 : 11, 2등실 : 13, 3등실 : 306
전화	71896, 7–38–25
위치	평양시 만경대구역 청춘로 대동강변
특징	– 대동강과 보통강의 합류지점, 소나무숲에 위치
	– 전망이 좋고, 최상층에 회전식 레스토랑 구비
	– 인근에 많은 스포츠시설 및 서산축구장 소재

양각도국제호텔

등급	특급(Delux Class)
개장	1995년
객실	총 1001실(48층)
	특등실 : 10, 1등실 : 23, 2등실 : 90, 3등실 : 878
위치	평양시 대동강 양각도

청년호텔

등급	1급(First Class)
개장	1989년
객실	총 465실(30층)
	1등실 : 16, 2등실 : 33, 3등실 : 416
전화	71193, 7-23-40
위치	평양시 만경대구역 축전동 광복거리
특징	- 실내수영장, 당구장 등 오락시설 구비 - 인근에 만경대학생소년궁전, 서커스장 위치

창광산여관

등급	2급(Second Class)
개장	1975년
객실	총 326실(18층)
	1등실 : 10, 2등실 : 92, 3등실 : 224
전화	48366, 4-20-07
위치	평양시 중구 동성동 천리마로
특징	- 인근에 평양실내체육관, 아이스링크, 인민문화궁전, 낙원백화점 등이 있음 - 구내에 항공사 지점 입주

대동강여관

등급	2급(Second Class)
개장	1956년
객실	총 49실(5층)
	1등실 : 4, 2등실 : 11, 3등실 : 34
전화	38346, 3-67-47
팩스	81-4424
위치	평양시 중구 경림동 승리로 대동강변
특징	- 평양 최초의 호텔, 산책과 보트놀이 가능 - 다양한 외국음식 서빙

평양여관

등급	2급(Second Class)
개장	1961년
객실	총 170실(5층)
	1등실 : 10, 2등실 : 41, 3등실 : 119
전화	38161, 3-34-28
팩스	81-4426
위치	평양시 중구 오탄동 승리로 대동강변
특징	- 장방형 구조 - 주변에 평양대극장이 있고, 대동강이 흐름

서산호텔

등급	1급(First Class)
개장	1989년
객실	총 513실(30층)
	1등실 : 11, 2등실 : 46, 3등실 : 456
전화	74155, 7-11-97
위치	평양시 만경대구역 청춘로
특징	- 삼각형 타워식 건물로서, 야외풀장 구비 - 주변에 축구장과 체육시설이 있음

● 해방산여관

등급	3급(Third Class)
개장	1961년
객실	총 113실(5층)
	2등실 : 33, 3등실 : 50, 4등실 : 30
전화	37037, 3-37-97
위치	평양시 중구역 춘성동 해방산로
특징	구내에서 국제철도승차권 예약 가능

❑ 백두산지역 : 배개봉여관

등급	2급(Second Class)
개장	1986년
객실	총 47실(3층)
	1등실 : 2, 2등실 : 4, 3등실 : 41
위치	양강도 삼지연군 삼지연읍
특징	– 삼지연읍에서 서쪽으로 2Km 떨어진 숲에 위치

❑ 개성지역

● 개성민속여관

등급	2급(Second Class)
개장	1989년
객실	총 50실(단층)
	1등실 : 2, 2등실 : 4, 3등실 : 44
위치	개성시 자남동 남문
특징	– 조선말기의 한옥을 개조 – 전통음식, 온돌방, 전통침구 등 구비

진에서 남쪽으로 35km 내려오면 경승이 있고 경승에서 남쪽으로 65km 내려오면 칠보산에 이른다. 경승(주을)은 온천이 많고 자연풍경이 아름다울 뿐만 아니라 오랜 역사를 가지고 있는 도자기 공업으로 유명하다.

- 칠보산은 금강산과 마찬가지로 내칠보, 외칠보, 해칠보로 나뉘며 예로부터 신비로운 자연미로 널리 알려졌지만 교통이 불편해 관광지로 많이 이용되지 못하였다. 그런데 최근에 김정일이 이 지역에 특별한 관심을 갖고 세계적 관광지로 개발하려는 의욕을 보이고 있다.

❑ 나진-선봉지구

- 이 지구는 북한이 1991년 12월에 '자유경제무역지대'로 선포하여 외국으로부터의 투자 유치에 힘쓰고 있다. '황금의 삼각주'라 부르는 이 지역은 북쪽에 두만강 하류를 경계로 중국과 러시아와 접하고 있다. 지하자원과 산림자원, 수산자원이 풍부하고, 100만 년 전의 원시유적을 비롯하여 구석기, 청동기 시대 문화 발굴지로 유명하다. 이 지역의 80%를 덮고 있는 울창한 숲과 천연호수(만포, 서번포), 해안절경(21개 섬, 8개 만, 10개 곶, 바닷새, 바다표범) 등의 관광자원이 풍부하다.

삼일포 와우도와 사선정(리정수 사진작품)

장전항(리정수 사진작품)

(2) 북한의 관광자원 및 주요 관광개발 지역

관광지	소재지 및 개발내역
금전지구	• 함경북도 경성군 일원 • 우리나라에서 경성지역에 가장 많은 온천이 있으며 현재 25개 온천이 있다. 대표적 온천은 주을, 온보, 생기령, 추봉, 운가위, 보상 온천 등이다. 온천지구에는 각종 휴양시설, 휴양각, 체육시설, 영화관, 온천장, 해수욕장, 숙박시설을 구비하고 있으며 인근지역에 용현해수욕장, 농포유원지가 있다.
백두산지구	• 양강도 삼지연군(종전 함경북도 무상군) • 백두산을 중심으로 하여 남쪽 삼지연을 포함하는 지구이다. 고산지대의 경승, 산을 내용으로 한 관광자원을 대상으로 1967년 개발에 착수하여 산간휴양지로 조성하고 있다. 고산지대 특유의 희귀동식물이 자생, 서식하며 희귀동식물은 600여 종에 이른다. 현재 백두산 일대를 자연보호지구, 조선범 보호지구로 지정하였다. 백두산지구의 대표적 관광자원은 백두산 연봉, 천지, 광활한 숲, 폭포, 자연동식물, 온천, 삼지연 (0.46㎢) 등이다. 관광관련시설은 다음과 같다. • 접근교통편 • 혜산시 – 삼지연 못가에 이르는 철도와 도로가 있고 간이 비행장이 삼지연에 있으며 백두산 등반에는 백두산 아래까지 도로로 접근하고 도보 또는 삭도케이블카를 이용하여 백두산에 오르고 천지까지 접근한다(삼지연읍–못가–백두역–정상). • 숙박시설 : 고급 숙박시설은 없고 근로자, 대학생, 소년을 위한 집단 숙박시설(3동), 휴양소, 야영장이 있다. 호텔은 삼지연호텔 (32실)이 있다. • 위락시설 : 스키장, 스케이트장, 삼지연호반 보트 놀이시설이 있으며 동계 스포츠시설 지구로 개발하였다. • 온천시설 : 백두산 천지에 온천수가 두 곳에서 용출하고 있으나 미개발 상태이며 삼지연읍 내에 온천이 있다. 백두산 너머 만주방면에 백약온천, 백두온천, 노천온천이 있다.
칠보산지구	• 함경북도 명천군 • 칠보산은 금강산에 이어 제2의 명산으로 불리며 면적은 250㎢에 이른다. 칠보산지구는 내칠보, 외칠보, 해칠보구역으로 나뉘며 자연경승이 빼어나며 희귀식물이 많이 서식하여 자연보호구로 지정하였다. 전반적 산세가 금강산을 닮았고 골이 깊고 기암괴석으로 이루어진 경관이 특징이다. 동해안에 면한 해칠보에는 홍문(무지개바위), 월문, 촛대바위, 송도, 현화암, 금강굴, 황률온천, 청계골, 용소계곡, 내칠보에는 노적봉, 형제바위 등 기암괴석의 바위산으로 이루어져 있다. • 온천시설 : 해안지역에 위치한 황률온천, 보천온천은 라돈성분의 온천이며 휴양소와 숙박시설이 있다.
부전호지구	• 자연보호구 • 함경남도 부전군 • 부전호(20.3㎢)는 개마고원(면적 2,000㎢, 평균고도 1200m)에 자리잡은 내륙인공호이다. 호수주변은 한 대림이 무성하고 가파른 바위들로 이루어져 있으며 호반경치가 아름답다. 경승지로서 관광객이 많이 찾고 있으며 호수에는 칠색송어. 정장어가 서식한다. 주변 명소는 차일봉이 있고 호반에 자생하는 부채꽃을 보호하기 위한 "부채꽃 보호구역"이 지정되어 있다. 여름철에는 피서 휴양지로서, 겨울철에는 동계스포츠 장소로 이용된다. • 위락시설 : 호수 뱃놀이, 스키, 스케이팅 시설

관광지	소재지 및 개발내역
장율호지구	• 함경남도 장율군 • 낭림산맥과 개마고원 사이에 위치하고 장율강 상류에 조성한 인공호이다. 호수주위의 경관이 아름답고 호수에서 수상 레크리에이션을 즐길 수 있다. 호수남북으로 유람선이 운항한다. 호반에까지 송흥선(함흥-장진호반)이 연결되어 철도편으로 관광할 수 있다. 호반 근처 황초령에서 호숫가까지 접속구간은 삭도케이블카를 이용한다. 유람선 운항구간은 남쪽 수수리와 북쪽 호반 갈전리 사이이다.
백운산지구	• 함경남도 영광군(종전 오노군) • 내륙에 있는 백운산(1077m) 일대에 주민을 위한 관광지구로 조성하였으며 백운산의 경승, 폭포, 동굴, 명승고적(신흥사, 불지암)을 이용한 관광지로 가꾸었다. 주위 관광지를 연결하는 순환등산로(8km), 휴식공간이 있다. 인근지역에는 천불산 식물보호구역이 있고 천불산은 자연경관이 좋고 백악폭포(높이 100m)가 있다.
마전지구	• 함흥시 흥남구역 마전동 • 동해안에 위치한 해변관광지구이다. 면적은 약 400정보이며 주민의 휴식공간 제공과 외국관광객 유치를 목적으로 개발하였다. 주요위락시설은 다음과 같다. • 마전 해수욕장, 유원지, 놀이시설, 낚시터, 화초원, 문화시설 등 • 인근 동흥산 구역에도 주민들을 위한 위락시설이 있다. • 투숙호텔로는 신흥산호텔(76실)이 있다.
송도원지구	• 원산시 서쪽 4km 지점 • 면적 427만㎡이며 1961년에 개발착수, 현재 확장공사 중이다. 원산 · 금강산종합개발계획에 연계하여 개발하는 송도원지구개발은 금강산 여행의 출발기점으로서 수용태세 확충에 힘쓰고 있다. 최근에 원산역사 확장(연건평 3만 5천㎡), 금강산 연결 도로포장, 철도노반조성, 원산-고성구간 여객선 취항(1986년), 환경정비를 해오고 있다. 외국인의 출입이 빈번하여 국제항구도시로서 개발하면서 한편 관광도시로서 개발을 꾀하고 있다. 원천은 천혜의 자연조건을 갖추고 있어 해안 관광휴양지 개발이 유망하다. 맑은 수질, 양질의 해수욕장, 배후지의 숲(송림, 해당화), 주위 경승지를 관광 및 위락시설 개발 내역을 보면 다음과 같다. • 해변휴식공간 : 송도원해수욕장, 동방식 공원, 명사십리(개발중), 송림(5만㎡), 스포츠 시설, 야외극장, 케이블카, 수족관, 풀장, 경마장 • 야영장 : 국제소년야영장 • 위락시설 : 유람선, 보트, 놀이시설, 유원지(27,000㎡), 스포츠시설, 야외극장, 케이블카, 수족관, 풀장, 경마장 • 녹지공간 : 동물원, 식물원, 화초원, 창덕산(산책로, 위락시설), 장덕도 • 외국인 전용 관광지구 • 숙박시설 : 송도원호텔 (164실), 휴양소
시중호지구	• 강원도 통천시 패천리 및 송전리 • 해변에 위치한 자연호(2.9㎢)를 중심으로 휴양지를 조성하였다. 1973년 개발 착수한 이 지구는 관광휴양지로 발전시키기 위하여 원산에 이어 제2의 동방식공원을 개발 중이다. 개발목적은 주민을 위한 요양, 휴식공간을 조성하고 동시에 외국관광객을 유치하는데 있다. 자연여건은 담수호, 해안, 숲, 백사장, 주위 자연경승, 관동팔경의 하나인 총석정지구와 금난산이 잘 조화를 이루어 개발가치가 높다.

관광지	소재지 및 개발내역
시중호지구	• 주요관광 시설은 다음과 같다. 요양소(56만㎡), 온천장, 일광욕장, 유선장, 낚시터, 산책로, 외국인 전용 요양시설이 있다. 동해안 도로(원산-고성)의 경유지점에 자리잡고 있어 접근이 용이하다.
금강산지구	• 강원도 고성군 일원(외금강 지구) • 금강산 권역(530㎢) 중 일부에 해당하는 외금강, 해금강지구를 대상으로 개발을 하고 있고 내륙방면 내금강, 신금강은 아직 기반시설의 정비가 되어있지 못하고 접근로, 등산로, 휴게소 정도 확보에 머물고 있다. 북한 어느 지역의 관광지보다 양적, 질적으로 우수한 관광자원을 많이 갖추고 있어 가장 유망한 관광개발대상지로 각광받고 있다. 동해안지역을 중심으로 한 금강산 개발내용을 보면 다음과 같다. • 등산로 확충(8개 루트) • 접근수단 개선 : 도로포장(원산-금강산 구간. 2차선 아스팔트 포장), 해상 유람선취항(원산-고성), 철도부설(종전 동해북부선의 복원, 개통, 현재 노반공사 중) • 숙박시설 건설 : 북한여행자, 외국관광객이 투숙할 숙박시설 확충이 절실한 실정이다. 관광호텔-조총련 교포전용 호텔(240실), 금강산 호텔(160실), 온정여관 • 휴양소 : 외금강휴양소는 건축면적 2,800㎡, 13층 건물. 주위경치를 조망하는 전망탑 구실을 하며 보조건물이 있다. 한편 내금강 장안사부터 근처에 1개의 휴양소가 있다. • 휴게소 : 등산객을 위해 세운 것이며 전망대 구실도 겸한다. 만물상 만상정(1973), 구룡연 정각(1961), 비룡폭포 휴식장(1978) • 산장 : 비로봉, 집선봉 • 온천장 : 외금강 온정리(온천 휴양소) • 향토음식점 : 목란관(신계사터 근처), 단풍관(삼일포) • *향토음식점은 금강산 돌불구이 불고기, 전복, 버섯요리 • 전망대 : 삼일포 서편 연화대, 장군대, 봉래대 • 수상 레크리에이션 시설 : 삼일포(0.8㎢)에 뱃놀이를 할 수 있는 장비, 시설을 구비하고 호반에 전문음식점 단풍관(음식점), 해상전망대(13층)가 있다. • 약수터 : 외금강지구에 금강 약수터가 있다. • 기타 편의시설 : 기념품판매점(금강산상점), 택시사업소, 영화관, 대중음식점(금강산식당) • 스키장 : 외금강 온정리 동남쪽 극락재(원호고개) 일대에 위치 • 휴양림 : 외금강 창터솔밭을 주민을 위한 휴식공간으로 이용하고 있다. • 불교사찰보수 : 상당수 사찰이 소실되었으나 일부 현존사찰에 대하여 보수, 단청을 하여 문화재로 지정하고 근로자들을 위한 휴식, 숙박장소로 이용하기도 한다. 그리고 현존 사찰은 "특수역사박물관" 으로 지정하여 공개하고 있는데 표훈사, 정양사, 보덕암, 신계사터 등 사찰이 이에 해당한다.
삼방지구	• 강원도 세포군 삼방리 • 삼방협곡은 추가령지구대의 중간지점에 위치한 협곡지대에 자리잡고 있다. 이곳은 예부터 산간휴양지, 피서지, 약수터로 유명하며 오늘날에도 내륙휴양지로 명성을 유지하고 있다. 현재 약수터 휴양소와 약수터 정양소가 있다. 접근방법은 경원선철도를 이용하여 삼방역에 내리면 갈 수 있다. 삼방협곡은 폭 100m 내지 250m, 골짜기 깊이는 350m에서 500m이고 좌우벼랑의 높이는 500m 내지 700m에 이른다. 협곡은 안변 남대천상류에 해당하며 계곡주변의 경치가 아름답다. 그리고 관광의 특징은 자연경승, 약수, 스키장으로 결합된 여름철, 겨울철 관광지로 면모를 갖추고 있다. • 삼방약수터 : 탄산, 규산, 칼슘, 나트륨 성분으로 된 약수로 유명하며 피서객이 많이 찾는다.

관광지	소재지 및 개발내역
삼방지구	• 인근 관광지 – 삼방폭포, 고음폭포 • 휴양시설 – 약수터 휴양소, 약수터 정양소
개성지구	• 개성시, 장풍군, 판문군, 개풍군 • 고려시대 역사문화자원과 자연경승을 소재로 한 관광선전을 하고 있으며 판문점방문 외국관광객이 개성을 경유 또는 체류하므로 수용태세개선과 관광자원선전에 관심을 보이고 있다. 대외적 관광선전대상은 다음과 같은 것들이 있다. • 사적문화관광 – 공민왕릉, 선죽교, 만월대(고려왕궁터), 남대문, 성표관, 숭양서원, 대흥산성, 대흥사, 관음사 • 일반관광자원 – 고려박물관, 개성자수공장, 민속놀이장, 인삼농장, 개성식물원, 개성백화점(토산품 판매점, 통일각(전통민속음식점), 박연식당(전통민속음식점) • 자연경승지 – 박연폭포, 천마산, 송악산 • 숙박시설 – 개성민속여관촌(20동 100실, 99간 한옥) : 부지면적 4만 5천㎡, 한식당, 위락시설, 상점, 댄스홀, 자남산호텔(43실)
묘향산지구	• 평안북도 향산군 일원 • 자연경승과 불교사적을 결합한 관광자원을 관광객에게 소개하고 있다. 외국인을 위한 관광대상지와 코스에 포함되고 있으며 최근 중국인 관광객을 위한 관광대상지로 지정하였다. 중국관광객들의 묘향산 방문루트는 만주–단동–신의주–묘향산이다. 북한은 이 지역의 관광자원 가치가 높은 것으로 인정하여 1978년에 개발을 착수하였다. 접근방법은 평양에서 육로, 철로를 이용할 수 있다. 철도는 만포선을 이용하여 향산군에서 접근할 수 있다. • 주요 관광자원 시설은 다음과 같다. • 사적문화자원 – 보현사, 영산전, 상원암, 불경대, 축성전, 팔만대장경각 • 자연경승지 – 묘향산(비로봉, 오선봉, 백운대, 석가봉, 법왕봉, 인호대, 향로봉, 천태봉, 진귀봉, 원만봉) • 폭포 – 박연폭포, 은하폭포, 구층폭포, 이선남폭포, 유선폭포, 음선폭포, 무릉폭포, 대하폭포, 천대폭포, 사자폭포, 도솔폭포, 천신폭포, 산주폭포(84m), 금강폭포 • 관광관련시설 – 등산로(4), 야영장(6), 레크리에이션시설(외국인전용), 정자(7) • 숙박시설 – 향산호텔(228실), 가족 휴양소, 근로자 휴양소, 청춘여관 • 약수터 – 묘향산약수(향암리) : 수소탄산, 칼슘, 나트륨 성분의 약수 • 온천–향산온천
평양지구	• 평양시와 교외지역, 대동강을 중심으로 한 평양시민 휴식공간조성, 외국관광객 유치를 위한 관광시설 개발. 개발방향은 소위 "세계 제일의 숲속의 공원도시"를 조성하기 위해 녹지조성, 공해방지, 도시미화에 힘쓰고 대규모 상징적 건물(우상화시설 포함), 기념물에 주력 • 관광호텔 건설 – 1980년대 이후 고급 관광시설에 투자하여 외국관광객 유치에 관심을 보이고 있다. 대표적 호텔은 다음과 같다. • 평양고려호텔(1985년 개관, 474실), 양강호텔(1989년 개관, 474실) • 양각도호텔(공사 중, 1000실), 유경호텔(공사 중, 3,000실) • 대성산유원지(8만㎡)–어린이놀이시설, 인공호수, 편의시설, 동물원, 식물원 • 대동강 유원지 – 위락시설, 온실, 동물원, 수영장

관광지	소재지 및 개발내역
평양지구	• 동방식 공원 – 모란봉 근처 전통 건물양식으로 조성. 위락시설, 인공폭포, 정자, 인공바위산 • 강변 전문요리점 – 청류관, 옥류관 • 능라도 유원지 – 숲, 위락시설, 화원, 동물원 • 보통강 지구 – 외국인을 위한 관광, 위락시설 수용 관광호텔(보통강 호텔 등), 안산각(국제클럽하우스), 외국인 전문음식점, 파칭코, 위락시설
	• 만경대 지구 – 만경대 유원지(60ha) : 위락시설, 동물원, 식물원, 유람코스, 씨름장, 수영장, 낚시터, 그네터 • 용악산 지구 – 평양서북쪽 용악산(292m)에 공원을 조성하여 주민들의 휴식, 놀이터로 이용
남포지구	• 남포시와 대동강하구, 주변지역의 관광자원을 내용으로 한 개발 • 와우도해수욕장 – 남포시 항구 내에 위치한 인공해수욕장이며 남포, 평양시민을 위한 여름철 피서, 휴식장소로 이용된다. • 서해갑문(남포갑문) – 최근에 서해갑문을 대외선전용으로 이용하고 외국인들에게 보여주는 필수 관광코스에 포함시키고 있다. • 우산휴양지 – 남포시 북쪽 우산(507m)에 숲, 삼봉저수지, 휴식시설을 개발하여 휴양지로 조성하였다. • 평양온천 – 종래 용강온천을 확대 개발하여 북한 제일의 온천관광지로 조성했다. 수온은 53° 이다. • 월드홀(오락의 전당) – 면적 17,000㎡의 실내 레저시설이며 파칭코, 마작, 당구TV게임, 디스코 클럽이 있다. 외국인 선원과 관광객을 대상으로 한다. 1987년 말 개관했고 남포시 대외봉사국이 개설, 운영하고 있다.
정방산지구	• 정방산을 중심으로 한 관광지이다. 고려시대 축성한 정방산성(둘레 12km), 높이 5m~6m 석상이 있고 산성 내에 성불사가 있다. 옛날에는 48개 사찰이 있었으나 오늘날 성불사만 남아있다. 자연경치가 수려하여 봄에는 살구꽃, 여름에는 철쭉, 가을에는 단풍이 유명하다. 현재 정방산은 주민 휴식터로 개발하였다.
구월산지구	• 황해도 은율군소재 구월산에는 산성터, 고려청자 가마터가 있다. 이곳의 자연경승은 기암, 숲, 폭포(용연폭포, 삼형제폭포), 계곡, 단풍, 사선대, 금란굴 등이다. 현재 근로자, 청소년을 위한 탐승지와 위락장소로 개발하였다. 옛날에는 23개 사찰이 있었으나 현재 구엽사가 남아있다.
내륙호수	• 관광지, 휴식터, 낚시터, 유선장을 마련하여 주민들이 이용토록 하고 있는 호수는 수풍호, 광포, 연풍호, 은파호, 서흥호 등이 있다. • * 광포 : 금야만에서 내륙방면으로 깊숙이 자리잡은 광포는 예부터 경승지로 이름 높고 오늘날 이곳에는 유람선 운항, 바다낚시로 유명하다. 그러나 근년에 원산 공업지구로부터 흘러내려오는 공장폐수로 오염되어가고 있어 어류와 해조류가 살지 못하는 상태에까지 이르고 있다.

11. 북한의 향토음식과 향토주

(1) 향토특산물과 생산지 : 지도

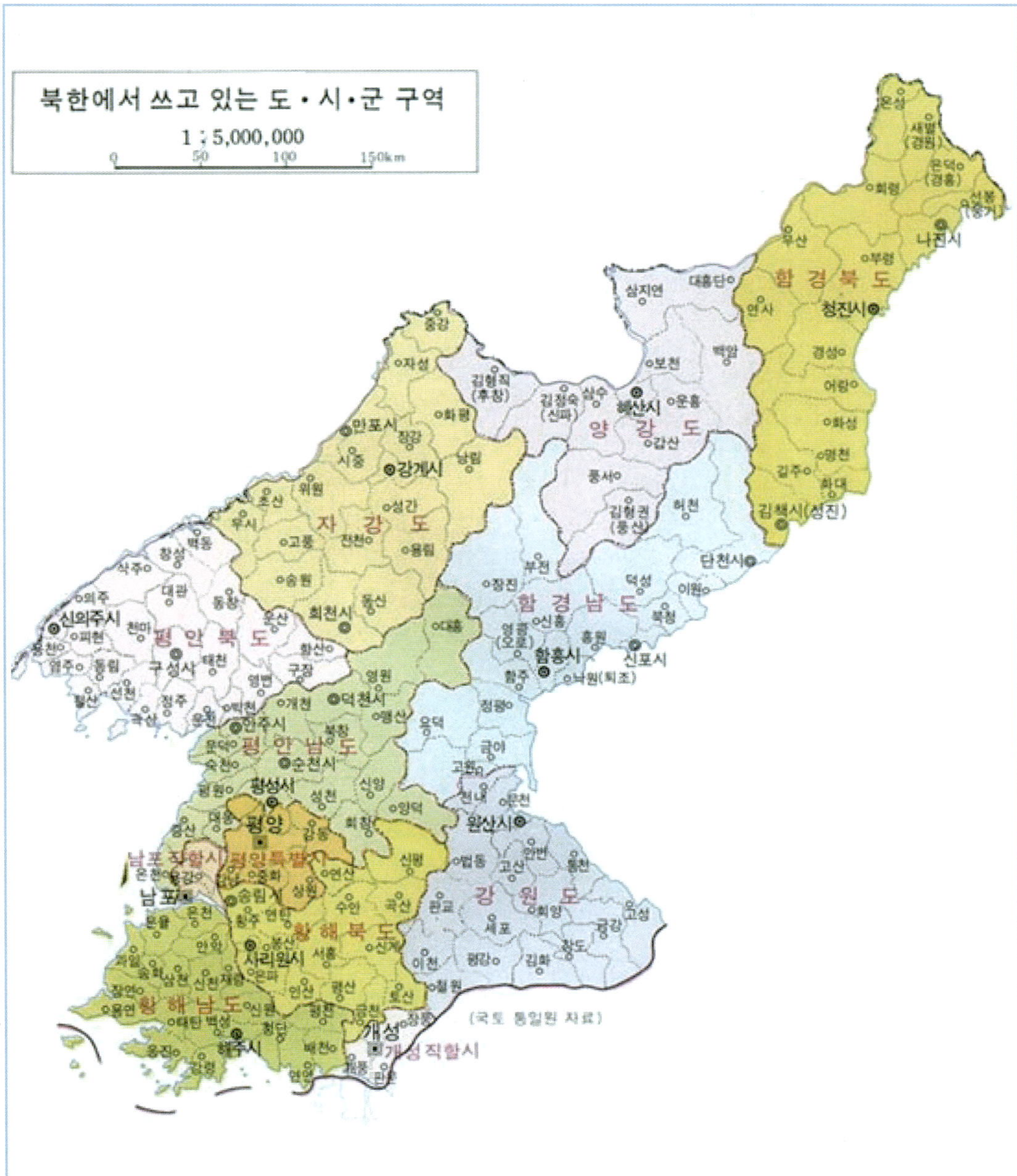

비봉폭포(리정수 사진작품)

(2) 북한지역 특산물

지방/생산지	특산물
	평안북도
구장군	• 연어 : 청천강상류에 양식장이 있고 찬물에 사는 민물고기. 묘행산 계곡에도 서식하며, 무게는 500g 정도
현산군	• 나전칠기 : 나전공예, 나전세공업이 발달하였으며 꽃병, 상자, 과자통, 함으로 만들어진다. 무늬는 포도, 나팔꽃을 주로 사용
태천군	• 나전칠기 : 태천지방에는 옻이 많이 생산되어 옻 공예가 발달했다. 태천 칠기공장에서 생산한다.
정주군	• 밤 : 큰밤이라고 부르며, 한 알 무게는 20g 정도이다. 평양밤의 일종으로 영양가가 풍부하며 과자원료, 전분으로 이용된다. 밤나무 껍질에서 타닌, 염료를 추출한다.
낭림군	• 만삼 : 북한에서 산삼은 백두산, 남림산맥, 함경산맥, 부전고원에서 채취되는데 이 가운데 낭림산맥에서 채취되는 산삼은 인삼주, 한약(十全大保湯)재료가 된다.
	자강도
강계시	• 고추 : 고추가 많이 생산되고 고추씨는 식용류 원료가 된다. 100g당 277칼로리의 열량으로 알려지고 있다. • 작약 : 작약은 강계, 낭림지방에서 많이 생산되며, 붉은 작약과 흰 작약이 있다. 용도는 한약재(탕약, 연고), 위장약, 기생충 구제약으로 쓰인다. • 포도주 : 낭림 만삼, 더덕
안주군	• 안주 갑자(甲紗) : 전통한복감인 이 지방 갑자는 유명하다. 여름철 옷감으로 쓰이는 전강주(全剛紬), 봅단은 치마 저고리, 리본으로 쓰인다. 옷감에는 달, 꽃무늬가 새겨 있다.
강동군	• 대추 : 식용, 캔디, 약재로 쓰인다.
상원군	• 붉은 살구 : 향기가 있고 내한성이 강한 살구이다. 무게는 60g~70g이며, 6월에 수확하는 이 살구의 모양은 타원형이다. 브랜디, 통조림으로 많이 이용하고 살구씨는 항암제, 식용류의 재료가 된다. • 지황 : 한약재로서 숙지황, 십전대보탕, 육미고, 육미환, 팔미환, 사물환, 쌍화탕 등에 쓰인다.
용강군	• 백도(白桃) : 무게 140~160g에 달하고 8월에 수확하는 만생종 복숭아이다. 타원형의 백색살구이며, 당분은 7.6~17.5%이다. 브랜디, 시럽으로 이용된다.
율천군	• 옥류자두 : 북한에서 생산되는 대표적 자두는 어낭자두(함북), 사과자두 등 10여 종이 있다. 이 중 이 지방 옥류자두가 가장 맛이 좋다. 무게는 70~90g이고 8월에 수확되는 적갈색 타원형의 자두이다. 가공식품과 시럽의 재료가 된다.
온천군	• 생수 : 북한에서는 「신덕생물」로 판매되며 신덕리에서 생산 공급한다. 생수는 약수성분이 있어 피부미용, 간장병, 무좀, 위장병에 효험이 있다고 하여 북한은 100세까지 장수하는 사람들이 많다고 한다.
대동강	• 숭어 : 대동강 전역에서 자라며, 평양, 남포, 순천에서 많이 잡힌다.

지방/생산지	특산물
성천군	• 대동강 상류지방인 성천군에는 질 좋은 담배가 생산된다. 담배는 잎담배, 갑담배로 가공한다. 북한의 갑담배의 종류는 비둘기, 꼬꼴새, 백로, 백호, 고려, 첨성대, 평양 을밀대, 대성산성, 인삼담배 등이 있다.
평양시	• 약밤(강서약밤) : 대동강변에는 밤이 많이 생산되며 큰밤(대율), 약밤이 유명하다. 밤을 전문적으로 생산하는 밤나무농장이 많다. 평양밤은 과자, 전분, 잼의 원료가 된다. • 나전칠기 : 나선세성, 옻가공제품이 생산된다. 상자, 꽃병, 병풍을 나선세공으로 만든다. • 비단 : 비단, 색동 모본단(칠색비단, 까치비단)이 생산된다. • 자수제품 : 전통적 기법으로 만드는 속수가 생산된다. 평양에는 조선자수연구소가 있다. 자수의 소재는 소나무, 학, 한복 입은 여인, 백두산, 만경대가 된다. • 보석가공품 : 북한 내 원석을 이용하여 자수정, 옥을 가공하여 장신구, 공예품으로 생산한다. 평양에 대성보석가공 공장이 있다. 대표적인 가공품은 금은 목걸이, 팔찌, 반지, 넥타이 핀, 브로치 등이며 외국관광객에게 판매하고 있다.
양강도	
심지연군	• 다래술 및 들쭉술 : 백두산일대에 자생하는 다래를 빚어 만든 과일주, 당분 63%, 산미 2%의 이 다래술은 이 고장 특산물로 유명하다.
풍산군	• 풍산견 : 이 지방의 풍산개는 용맹한 풍산개로 유명하며 우리나라 진도견과 함께 명견이다.
혜산군	• 호프 : 이곳은 한랭한 고산지대이므로 맥주원료 호프(hop)가 생산된다. 북한의 대표적 맥주(용성맥주)의 재료로 쓰인다.
함경북도	
경성군	• 도자기 : 이 고장에는 고령토가 많이 생산되어 도자기 공장이 세워졌고 다양한 도자기(고려청자, 도기, 생활도자기)를 생산하고, 일부는 수출한다.
선봉군	• 굴 : 웅기지방의 굴포에는 굴이 생산되며, 굴은 식품, 젓갈, 통조림으로 가공된다.
청천시	• 오징어, 낙지, 젓갈 : 청진 앞바다에서 오징어, 낙지가 많이 잡히고 이를 가공하여 식품으로 만든다.
회령시	• 백살구 : 회령 농업협동조합에서 생산되는 백살구는 신맛이 적고 달다. 이 고장 산기슭에는 수천 ha에 달하는 살구 과수원이 있다. 살구의 무게는 53g 정도이다.
함경남도	
신창군	• 송이버섯 : 8~10월에 채취한다. 단백질, 지방분이 풍부하며, 식용, 항암재 원료로 이용된다. • 섬게 알젓 : 동해안에서 잡히는 섬게의 알을 알코올, 소금에 재어 만든 가공식품이다. 섬게의 알은 식품, 약품으로 쓰이고 가공식품은 수출한다.
신포시	• 명란젓 : 명태알을 소금에 절여 만든 가공식품이다. 국내외에서 소비된다.

지방/생산지	특산물
북청군	• 사과 : 껍질이 두껍고 푸르다. 색깔은 푸른 바탕에 붉은 줄이 있다. 내한성이 있어 다음해 6월까지 저장할 수 있으며 당도는 10~15%, 산도는 0.3~0.5%이다.
황해도	
강영군	• 부포미역 : 황해도 남부지방 해안에서 양식하며 크기는 길이 4m, 폭 50cm 정도이다.
용진군	• 김(海苔) : 김 양식장에서 김을 생산한다. • 포도 : 지방분은 40~50%, 단백질 13~24%, 품질이 좋으며, 식용, 고급화장 비누, 안약, 기침약, 피부영양, 방취제로 쓰인다.
해주시	• 배 : 북한에 10여 종의 배 가운데 가장 맛이 좋으며 크기는 400g 정도. 용도는 식용, 시럽, 주스, 술로 쓰인다.
황주시	• 복숭아 : 과육이 부드럽고 물기가 많으며 신맛이 있다. 무게는 130~150g이며 브랜디, 시럽 잼의 원료로 쓰인다. • 사과 : 과거부터 북한지역의 사과를 대표하는 황주사과가 생산된다.
신천군	• 버찌(단앵두) : 6월에 수확하며 달고 연한 맛이 있으며 향기가 높다. 심장 모양의 이 버찌열매는 붉은 반점이 섞여 있는 황색을 띠고 있으며 가공식품으로 쓰인다.
과일군	• 사과 : 옛날 송화군 관내에는 사과, 배가 대량 재배되며 과수원이 많이 있다. 군명을 과일군으로 바꾼 것은 이 때문이다. 사과집단재배지는 백리청춘과원(百里靑春果園)이다.
강원도	
통천군	• 고종감 : 강원도의 감 생산지는 통천국 이외 안변군, 고성군, 천내군 등이 있다. 이 고종시(柿)는 단감이며, 당도는 12.5~16.7%이고, 무게는 180~200g이다. 10월에 수확하는 이 감은 곶감, 수정과, 약밥, 식초, 브랜디 등으로 이용된다.
판문시 개풍군 장풍군	• 고려인삼 : 개풍군, 고려인삼을 집단 재배하여 장풍군 품질이 좋다. 인삼의 용도는 다양하여 담배, 술(위스키), 연고, 치약, 한약재, 비누, 인삼차, 주사약, 크림, 엿, 과자 등 수백 종에 이른다. 북한은 고려인삼 재배농장을 외국관광객에게 보여주는 관광자원으로 이용하고 있다. • 완초제품 : 완초를 이용한 돗자리, 방석, 바구니 등을 생산한다. • 죽세공품 : 대나무를 이용한 부채, 바구니 • 대추 : 장품군 가속리에서 생산되며 식용, 캔디, 한약재로 쓰인다. • 자수제품 : 평양 자수와 함께 유명하다. 자연적 소재를 내용으로 한 자수제품을 생산한다.

(3) 향토음식 및 향토주

지방	향토음식 및 향토주
평 양	평양냉면, 평양온반, 평양어죽, 평양갈비국정식, 잉어죽, 숭어죽, 뱀장어죽, 내장불고기, 닭고기불고기, 낙지불고기, 조개불고기, 쇠고기불고기, 돼지불고기, 감홍로주
개 성	삼계탕, 신선로, 편수(물만두 일종, 구메기), 찹쌀가루튀김, 고려인삼주, 죽력고주
평안도	메밀국수, 소갈비찜, 돼지갈비찜, 양덕소주, 벽향주
자강도	수수떡, 수시지짐, 강계포도주, 인풍주, 들쭉술, 다래술
함경도	감자농마 회국수(홍원, 신포, 이원에서 잡은 물고기 사용), 명태식혜, 창란젓, 명태회
양강도	언감자 국수, 감자 농마국수, 언 감자 송편, 감자농마지짐, 백두산 월귤주, 들쭉술
황해도	해주교반, 녹두지짐, 장연꽈배기, 신원백설기, 메추리요리(튀김, 찜, 알튀김), 해주부용주, 강영쌍교술, 선홍주, 경암주, 불개미술, 굴요리
강원도	금강산 돌 불고기, 해물요리

세존봉 동석동(리정수 사진작품)

합수목폭포(리정수 사진작품)

12. 북한의 명절과 민속놀이

(1) 국가 명절 및 민족명절

명 칭	구 분		비 고
	국가명절	민족명절	
설날		1.1	2일 연휴(1, 2일은 휴무일)
음력설날		1.1(음)	휴무일
김정일생일	2.16		2일 연휴(2, 17일은 휴무일)
국제부녀절	3.8		
한식		4.6	휴무일
김일성생일	4.15		2일 연휴(4, 16일은 휴무일)
국제노동자절	5.1		
단오		5.5(음)	휴무일
조국해방전쟁승리기념일	7.27		
해방기념일	8.15		
추석		8.15(음)	2일 연휴(8, 16일은 휴무일)
정권창건일	9.9		
노동당창건일	10.10		
헌법절	12.27		
계	9회	5회	총 14회, 18일

※ 출처 : 북한자료 종합.

삼일포 전경(리정수 사진작품)

(2) 기념일

행 사 명	일 자	구 분
기계절	2.20	
농업근로자절	2.5	
어부절	3.22	
보건절	4.5	
식수절	4.6	
체신절	4.8	
조선인민군창건일	4.25	공휴일
철도절	5.11	
지질탐사절	5.15	
건설자절	5.21	
국제아동절	6.1	
조선소년단창단일	6.6	
지방공업절	6.7	
광부절	7.1	
탄부절	7.7	
임업근로자절	8.10	
공군절	8.20	
청년절	8.28	
도시경영절	9.5	
교육절	9.5	
상업절	9.15	
금속노동자절	10.9	
방송절	10.14	
체육절	10월 둘째주 일요일	
방직공업절	10.15	
출판절	11.1	
	11.16	
	12.6	
	12.12	
계	29	

(3) 민속놀이의 변형

시 기	내 용
6 · 25전쟁 이전	• 전통 민속놀이 존속 – 그네, 씨름(단오) – 널뛰기, 윷놀이, 연날리기(음력설) – 농악무, 북청사자놀이, 봉산탈춤 등
1950년대	• 민속놀이 일부가 생산성 제고 수단으로 활용 – 농악을 행사에 이용(5 · 1절, 8 · 15 등) – 노동자의 놀이로서 씨름, 그네, 줄다리기 장려
1960년대 이후	• 새로운 형태로 변형 – 군중적 집단놀이로 변형 – 활쏘기 등을 계급교양과 결부(표적은 미군) – 씨름, 그네를 '민족경기'로 채택

※ 주: 본 부록에 제시된 내용은 통일부 발간 「북한개요」, 「2000통일백서」, 「북한의 외국인 투자관련법」, 「북한지지요람」, 통일교육원 발간 「북한백사」, 「통일문제이해」와 한국관광공사 발간 「남북고사교류협력 실무안내」, 「관광·통일·한민족의 비전」, 이장춘 교수 등을 참고해 작성했음을 밝혀드립니다.

천화대의 기암(리정수 사진작품)

부록 2

금강산 산봉우리·고개(령)·명소 높이와 위치

산 명	높 이	위 치
가리산(加里山)	369	고성군
개잔령	1,351	
거룡봉(巨龍峯)		기대봉
고윤산(古尹山)	1,227	통천군 종천리 남쪽과 금강군 안미리와의 경계
고유산	1,227	금강군 룡암리 서북쪽
고황봉	364	명호리 서쪽, 외원리 동쪽
곧은 골령		직동령
관음봉		상관음봉 중관음봉 하관음봉
관음연봉(觀音蓮峯)		상관음봉 중관음봉 하관음봉
광래산	502	금강군 오천리 남쪽
구레산	1,350	금강군 청두리 동쪽, 이포리와의 경계
구령		개잔령
구선봉	187	영랑호와 감호 사이
구선전암	1,340	
국도		국섬
국사봉	1,383	고성군 월비산리 서남쪽 금강군 순갑리 동부의 경계
국섬	41	강원도 통천군 자산리 북쪽 바다에 있는 섬, 천연기념물 제213호
		고성군 삼일포리 북서부
국지봉	347	금강군 세동리 남쪽, 신교리 북서부
군학사	1,084	원호고개

산 명	높 이	위 치
극락고개		원호고개
극락재		원호고개
극락현		닭알바위 닭알바위산
금강산		통천군 금란리 북동해안 연대봉 해안절벽에 있는 굴
금란굴		천정높이 10m, 너비 3m, 굴깊이 15m, 천연기념물 제215호
		연대봉
		고성군 운전리 남쪽 금강군 안풍리와의 경계
금란봉		고성군 진봉리 서쪽 통천군 벽암리, 금강군 북점리 북쪽
금수봉	1,112	고성군 월비산리 서남쪽
기대봉	297	고성군 복송리 말구리마을
까치봉1	1,041	닭알바위산
까치봉[2]		일출봉과 차일봉 사이
낙선봉	1,122	금강군 룡암리 북쪽에서 고성군 릉동리로 넘는 고개
난봉		
내무재령	1,275	금강군 신원리와 창도군 장현리와의 경계
널막령	817	닭알바위산
능허동	1,465	
단발령	833	
달걀바위산		
달돋이산		월출봉
닭알바위산	213	공성군 온정리, 온정다리에서 구룡연으로 가는 왼쪽에 있다. 이 산마루에 금강산 닭알바위(천연기념물 데217호)가 있다.
대봉	44	고성군 남강 입구 해금강
대자봉	362	온정천 북쪽, 동서로 긴 산꼭대기
덕무현	214	고성군 351고지의 서쪽
동배령	554	금강군 오천리 룡문산 남서쪽 능선에 있다.
동파령		동배령
두무산	1,098	고성군 월비산리 남쪽
마석암	1,364	
마패령	686	금강리 소곤리 서남쪽에서 송거리로 넘는 고개
마하연	846	고성군 온정리 만물초 구역

산 명	높 이	위 치
만물상		만물로
만물초	1,240	
망군대	1,331	비로봉 다음가는 전망대
망마암사		망바위산
망바위산	1,091	통천군 봉호리 서남쪽 회양군 신명리 도납리와의 경계 금강산 북쪽 백두대간의 한 봉우리
망양대	1,025	만물초 세지봉 동쪽 줄기에 있다
매바위산	255	고성군 온정리 북서쪽 외금강
매자봉	1,144	금강군 순갑리 동남쪽 속사리 이포리와 고성군 월비산리와의 경계
매산	1,230	금강군 금풍리 북쪽 룡암기와 고성군 운전리와의 경계
먹동령	735	금강군 오천리 먹골 동남쪽에서 지경골로 넘는 고개
먹펜령		묵포령
먹포령		묵포령
무산	1,319	고성군 월비산리 서남쪽 금강군 이포리와의 경계
묵동령		먹동령
묵포령	825	금강군 금강읍과 신읍리 사이
문주봉	897	외금강 만물초 구역
문필봉1		금강군 오천리 서쪽
문필봉[2]	337	고성군 온정리, 외금강 휴양소 뒤
문필봉[3]		금강군 퐁미리 소재지 북서쪽
미륵봉	1,538	고성군 운전리, 중내원터 북서쪽
바깥무재		외무재령
바리봉1	488	수정봉 가까이
바리봉[2]	658	고성군 운전리 서남쪽 백정봉 가까이
발봉		바리봉
방광대	1,062	금강군 내강리
배재령	713	금강군 내금강리 배재골에서 장안사터로 넘는 고개, 정양사 앞에 있다.
백마봉	1,510	금강군 내금강리와 고성군 월비산리 사이, 북동쪽에 차일봉, 남쪽에 외무재령이 있다.
백암산	1,240	금강군 방목리 남쪽
백운대	969	금강군 내금강리
백적산	1,150	금강군 안미리 북서쪽 통천군과의 경계

산 명	높 이	위 치
백정봉	748	고성군 운전리로부터 서남쪽 3km 되는 곳에 있는 산
백현령	627	금강군 송거리 남쪽에서 백현리로 넘는 고개
병풍산	929	금강군 화천리 서남쪽 창도군과의 경계
보리골몰산	826	금강군 신교리 남부와 창도군의 경계
부로지령	653	금강군 화천리와 창도군과의 경계
비봉폭포	880	고성군 온정리 세존봉 벼랑
비로봉	1,639	금강산 정상
사슴봉	613	고성군 월비산리 서북쪽
345.4고지		고성군 월비산리 동남쪽, 351고지 서남쪽
351고지	351	고성군 초구리와 월비산리 경계
삼일포	0	고성군 삼일포리, 온정리 동쪽으로 30리, 넓이 0.85km², 둘레 7km 제일 깊은 곳 4.6m, 호수길이 1.8km, 넓이 최대 0.9km(평균 0.5km)
삼재령	556	남측 강원도 고성군 인제군과의 경계
삿갓봉	1,143	고성군 북송리 남쪽
삿갓봉	1,036	금강군 금풍리 서쪽 아래 장치동 뒷산에 있는 봉우리
삿갓봉	302	고성군 운정리 남쪽
상관음봉	1,132	상등봉에서 동쪽으로 뻗은 산줄기에서 관음연봉 중 첫 봉우리
상등봉	1,227	가는 골 서쪽 꼭대기
석가봉	946	온정령 남쪽
선창산	1,226	금강군 내금강리
성봉대산	1,240	고성군 운정리 남쪽, 남애리와 금강군 단풍리 사이
세존봉	1,160	금강군 화회리 북쪽 신원리 창도군 장현리와의 경계, 먹포령 산줄기
세지봉	1,041	
소반덕	1,482	만물초 · 외금강
송도		금강군 오천리 남쪽, 집선봉 남쪽, 채하봉의 동쪽, 십이폭포의 북쪽
쇠반데기		해금강 솔섬
수광대	1,162	소반덕
수미봉	1,333	금강군 내금강리
수원단	30~62	고성군 해금강리 동쪽 바닷가에 있는 곳
수정봉	775	고성군 성북리와 온정리
수창봉	773.3	고성군 온정리 서북쪽

산 명	높 이	위 치
수청봉	550	통천군 벽암리 남쪽, 고성군 릉동리 · 신봉리와의 경계
시루봉	1,267	금강군 신읍리 동남쪽 금풍리 금천리 금강읍과의 경계 먹포령 북쪽, 먹포령 산줄기
시왕봉	1,141	금강군 내금강리
시중호	0	통천군 송전리, 원산-금강산 간 관광도로변에 바다까지 거리가 300m, 천연기념물 212호
신학산	949	고성군 릉동리와 금강군 룡암리와의 경계
십왕봉		시왕봉
쌍학산	1,011	통천군 봉호리 서남쪽 회양군 신명리와의 경계
안무재		내무재령
안장덕	938	금강리 현동리 북서쪽 하회리와의 경계
알섬	110	통천군 금란리 앞바다, 면적 0.206km², 둘레 2.73km², 총석단에서 15km 떨어져 있다.
어은산	1,278	금강산 백현리 서쪽
연대봉	96	통천군 금란리 북동해안, 북쪽 기슭에 금란굴이 있다.
영랑대	1,381	
영랑봉	1,601	금강군 내금갈이와 단풍리 사이, 비로봉 서쪽 가까이 있다.
예륜령	134	고성군 남애리 서북쪽 운전리와의 경계
오가덕산	950	금강군 이포리 동남쪽 고성군 월비산리와의 경계
오봉산	1,261	금강군 단풍리와 고성군 서남쪽 온정리 경계
오선봉	903	금강군
옥녀봉	1,423	고성군 온정리 옥류동
옥밭봉	1,239	금강산 서남쪽 신원리와 창도군 장현리와의 경계, 먹포령 남쪽, 먹포령 산줄기
옥전봉		옥밭봉
온정령	857	고성군 온정리 북서쪽과 금강군 단풍리 경계, 내금강과 외금강을 통하는 고개
온정리	50~60	고성군 외금강
옻밭봉		옥밭봉
왕장산	1,095	금강군 화천리 서남쪽 창도군 교주리와의 경계
왕청백산	1,482	고성군 온정리 서쪽 주둔리와의 경계
외금강온천	60~70	고성군 온정리 서쪽

산 명	높 이	위 치
외무재령	1,219	백봉과 호령봉 사이
용문산	1,069	금강군 오천리 서쪽, 먹포령산줄기 남부
용산	60	삼일포리 서쪽, 먹포령산줄기 남부
우동산	1,082	회양군과 통천리 사이
운봉산	246	고성군 신봉리 양지말 서북쪽 통천군 가흥리의 경계
원호고개	200	고성군 온정리 동남쪽 밤나무거리 마을에서 룡계마을로 넘어가는 고개
월비산	456	고성군 월비산리와 고봉리 경계
월출봉	1,574	금강군 금강을 동쪽 내금강리, 비로봉구역
월출산		월출봉
은선대	1,060	성문동과 효운동 사이
응암		매바위산
208.3고지		고성군 초구리 서쪽 351고지 동쪽
1211고지		금강산 청두리 동남쪽 이포리와의 경계에 있다.
일출봉	1,522	금강군 내금강리
작전바위	1,211 고지	
장경봉	1,076	내금강–장안사
장군봉	1,560	비로봉 서남 능선
장군성	1,372	장군봉 동쪽
장아대단	64	고성군 해방리 령진반도 끝
장아지 끝		장아대단
적벽산	122	구읍리와 적벽강 남쪽
주곡봉	678	고성군 복성리 남쪽
주곡산		주곡봉
주어산	1,042	금강군 단풍리 동북쪽
죽도		죽섬
죽엽산	1,088	금강군 소곤리 동남쪽 속사리와의 경계
중관음봉	892	상관음봉에서 동쪽으로 뻗은 산줄기 관음연봉 중 가운데 봉우리 가는 골이 있다.
중향성	1,520	금강군 내금강리
중향성봉		중향성
지장봉	1,381	

산 명	높 이	위 치
지혜산	1,192	금강산 속사리 남서쪽 송거리와의 경계, 죽엽산의 남쪽
직동령	932	금강산 속사리와 청두리 사이
진사봉	1,072	금강군 룡암리 동쪽
집선봉	1,351	
차산	362	고성군 구읍리 동쪽
차일봉	1,528	내금강 명경대지역, 비로봉 남쪽
채하봉	1,588	
천불산		장전 서쪽, 고성읍 뒷산
천선대	936	고성군 온정리 만물초구역
천화봉	1,538	내무재령 남쪽
청대산	970	금강군 송거리 북쪽
촉대봉	1,148	만폭동 팔단 마지막 화룡담 지나 통천군 해안, 천연기념물 제214호
총석정		
추지령	639	통천군 중천리 서남쪽 금강군 화천리의 경계
춘양산	1,145	금강군 백현리 동쪽, 청두리
치마바위		바리봉
칠보대	1,273	은선대 서쪽
평지봉	1,235	금강군 속사리 남쪽, 직동령 서쪽
하관음봉	458	상관음봉에서 동쪽으로 뻗은 산줄기 관음연봉 중 제일 낮은 봉우리, 신계사터 북쪽, 원호고개와 문필의 서쪽에 있다.
해금강문	6.5	고성군 해금강리, 두 바위사이 거리 2m 정도, 고성읍에서 20km 떨어져 있다. 주변에 동자바위 · 고양이바위 · 탱크바위 · 배바위 · 어굴바위 · 초대바위 · 사공바위 · 칠섬바위 등이 있다. 천연기념물 제229호
해금강솔섬	50	고성군 해금강리, 주변에 사공바위 · 칠성바위 · 잉어바위 · 얼굴바위 등이 있다. 천연기념물 228호
해만물상		고성군 해금강, 해만물상 구역
현종암	5~6	고성군 해금강, 폭 4~5m, 전설상의 53불이 종을 이 바위에 걸었다는 곳
혈망봉	1,372	금강군, 내금강
형제산	333	고성군 봉화리 동북주, 온정리 동쪽
호암산	295	고성군 봉화리 참대마을 서쪽
호령봉	1,400	고성군 월비산리 서남쪽
호룡봉	1,403	외무재령 남쪽

세존봉에서 본 집선연봉(리정수 사진작품)

산 명	높이		
고운산	1,225×1,227		
관음봉	1,130	1,132	
금수봉	1,113.0	선창산 서북쪽	
내무재령	1,275	1,330	
능허봉	1,455.6	1,456	
단발령	833		
망군대	1,331	1,372	1,529
문주봉	897		
미륵봉	1,538	1,529.2	
백마봉	1,510	1,497	
병풍산	929	927(×)	
부로지령	653	647(×)	
비로봉	1,638.2	1,639	
상관음봉	1,132.0	1,133	
상등봉	1,227	1,229	
오봉산	1,264	1,261	
옥녀봉	1,424	1,423.9	1,423
옥발봉	1,239	1,241(×)	
온정령	857	858	
외무재령	1,381(1,219)	1,137(1197)	
원호고개	200		
월비산	458.6(459)	비래정 서쪽	456
월출봉	1,580	1,574	
주어봉	1,044.5	1,042	1,045
중관음봉	892	875.0	
차일봉	1,528	1,529	

※ 본문 중 산 높이는 최근 이병태 박사에 의해 밝혀진 자료를 참고했으므로, 혹시 잘못된 부분이 있을 시 이해를 바랍니다.

부록 3

사진으로 본 필자 활동

국빈 방문한 브라질 룰라 대통령과 영부인, 각료들, 현대그룹 현정은 회장, 필자
(금강산 그림과 도자기를 기증 2005.5)

통일국민당 창당발기위원과 함께(故조윤형 의원, 故 정주영 대통령 후보, 필자 등)

故 정주영 명예회장, 명예철학 박사 영득기념화 증정모습 필자(고려대학교 인촌기념관)

통일국민당 창당발기인 초청만찬(필자, 강부자 의원, 정몽준 의원 부부 등)

21C 한국인상 수상축하(필자 교육문화부분 수상, 이명박 시장 격려모습)

이만섭 국회의장(가운데)과 中國 리 영 화백, 필자

해외동포 김대중 대통령 당선축하모임(필자, 신한은행 설립자 이희건, 이종찬 의원)

금강산 사랑운동 창립총회(한국관광공사 강당, 2003.4)

금강산방영을 마치고(美 CNN TV 스태프들과 함께, 2003)

미주지역 위원들과 함께(평화방문단협의, 2003)

금강산상품 전시회장(정몽헌 회장과 함께 필자, 한국관광공사, 2003)

평양 류경체육관 개관 방북단 단장(2003.10)

금강산인민병원 치과병동 추진모임(이종관 소장, 필자 추진위원장, 이병태 박사 현대아산 및 北 관계자)

금강산관광 7돌 축하연(北아태위원회 리종혁 부위원장, 정동영 통일부장관, 현정은 현대그룹 회장, 필자)

육로관광 자축모습(주한 헝가리대사, 금강산 해상호텔)

금강산 온정리 인민병원 치과병동 설치를 위해(의사, 병원장(여), 필자, 간사)

여의도 현대증권 금화전시 오프닝(윤만준 사장, 그리운 금강산 작곡가 최영섭 先生, 양태석 화백, 현대증권 사장, 필자, 동북아 위기감시소 피터펜 소장, 국회의원 등)

그리운 금강산 작곡가 최영섭 先生과 필자(여의도 현대증권 금화전시장)

금강산 국회전시를 축하하며(극동지역 위기감시소 피터펜 소장과 필자)

금강산평화사업 기자회견(금사운 임원 및 시민단체 대표, 필자)

금강산평화사업 국민운동본부추진위원회 임원기자회견(시청 을지로 입구 캠페인)

평양1,100명 방북단 北 군사분계선(이수성 前국무총리와 필자)

필자, 박준규 前국회의장, 中國 리 영 화백(2001)

美國 여성기금회 제스민 위원장 내외분과 필자(美國 자택에서)

KAIST大學 서남표 총장, 필자, 류근철 박사(KAIST大學 발전과, 금강산 세계청년캠프 과학이벤트행사 의견 교환을 마치고)

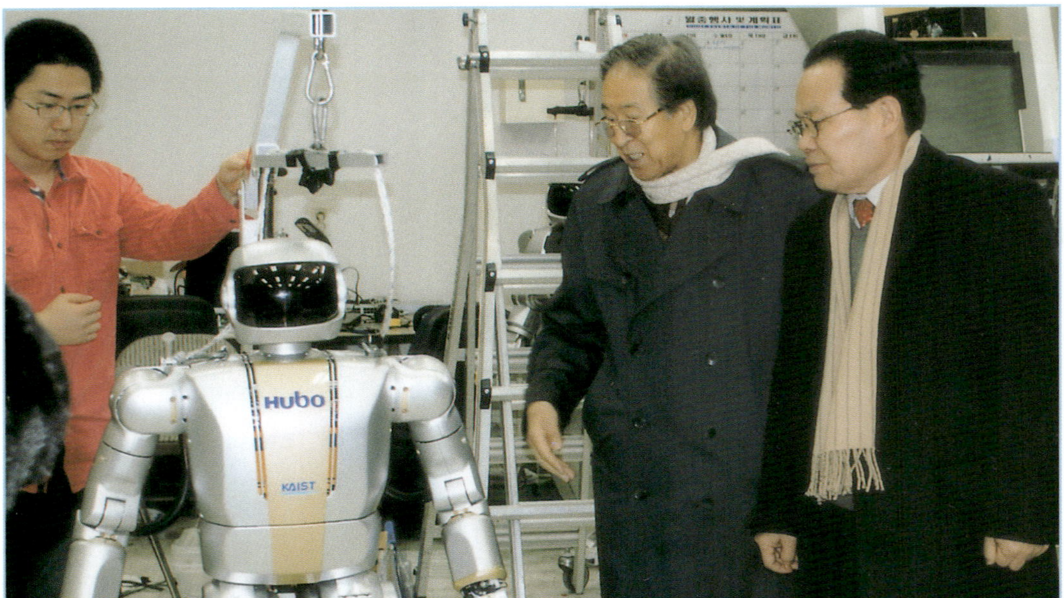

약 6백억 원 가까운 장학금을 기증한 류근철 박사와 필자(금강산세계청년평화캠프과학이벤트 주역을 맡을 Hubo로봇 참관)

코리아라이프 사장(필자) 30주년기념식(日本 故 김석민 회장, 정동화 민단고문, 김덕룡 의원 모친, 故 김효영(前) 의원 등, 1997.5)

美國 워싱턴 르네상스재단(여성, 교육, 청소년) 사무총장 리나메이 여사와 필자

나의 아버지 등소평 출판기념회(등모모와 필자)

문화일보 방문(故이규행 사장, 필자, 中國 리 영 화백, 관계자와, 98.5)

하병옥 在日동포 단장과 필자(金剛山 호랑이작품 증정)

필자, 현대그룹 현정은 회장, 영부인과 브라질 룰라 대통령(롯데호텔, 2005.5)

美國 워싱턴 平和大學설립추진위원단 국회방문(위원장 필자, 김원기 국회의장, 이사장 경암스님, 고문 임인철 회장)

볼리비아 독립기념일 대사와 함께(필자, 신라호텔)

금강산 금화사진전 금강산 온천장 전시실 커팅(현대아산(주) 임원 관계자와 필자)

금강산 온정리 인민병원 치과병동 설치합의 기념사진

故 김대중 대통령과 필자(1991)

제1회 금강산사랑전시회(금강산사랑전시회 운동본부임원 을지로 입구)

마치고 나서…

金剛山이 天下名山이란 사실은 일찍이 中國, 日本, 스웨덴 구스타브 國王 등에 의해 잘 알려진 사실이라 재론할 필요가 없기에 필자 역시 金剛山의 빼어난 아름다움 美나 신비감을 넘어 60여 년이 넘도록 분단되어 대치된 南北 문제와의 관련성에 대해 살펴보았고, 결국 金剛山 관광이 후일 南北 平和統一의「金子塔」이 되어 민족 숙원인 平和統一이 성취될 수 있을 것이라 여겨 이 점에 역점을 두었다.

책名을『平和統一과 金剛山』이라 쓴 것도 이러한 合目的性 때문이었고, 책을 쓰는 과정에서 ① 금강산관광을 여는데 결정적 역할을 하신 故 정주영 명예회장과 故 정몽헌 회장까지로 했고, ② 금강산관광은 분단된 한반도 平和統一을 위한「민족대행진」이라는 사실을 중시했으며, ③ 분단 60여 년 동안 오갈 수 없는 북한 땅을 무려 200만 명이 왕래한 역사적 사실에 중점을 두고 살펴보았다.

향후 소망이 있다면 여기서 다루지 못한 內金剛 속살과 대북사업, 그리고 지구촌 유일분단국에서 펼쳐지는 금강산 평화관광사업에 대해 쓰고 싶다. 그것은 金剛山이 열렸기에 開城과 平壤 그리고 白頭山관광 등이 열릴 것이고, 나아가 문화, 교육, 스포츠, 음악, 과학, 청소년 등의 교류가 활발히 전개되는 과정에서 南北 平和統一은 자연스럽게 성취될 수 있으리라 믿기 때문이다.

최근처럼 심각한 南北 대치상황은 마치 爆風前夜와도 같지만, 긴 역사에서 조망해 보면 민족 화해와 협력, 그리고 平和統一로 나아가는 일대 전환기적 상황에서 비롯되는 과도기적 시련이 아닌가 한다. 특히 무차별적 포격으로 인해 비참하게 죽어간 '천안함'과 '연평도' 희생자 여러분께 마음을 다해 冥福을 빌고, 南北 당국은 平和統一에 모든 역량을 다해 헌신했으면 한다.

최근 南北 대치상황은 전면전쟁의 일촉즉발 前이라 해도 과언이 아니다. 그러나 北측은 이러한 일련의 사태에 대해 南측 괴뢰집단의 선제공격에 신속히 대응해 승리했다며 홍보하고 있다고 한다. 그러나 누가 먼저 공격했는지는 후일 인공위성 판독 등으로 결국 명백히 밝혀질 것이다. 그리고 南北 平和統一은 그 누구도 막을 수 없고, 더더욱 거짓 선전을 할 수 없다는 사실을 명심했으면 한다.

출판을 마치면서 염려되는 것은, 金剛山에 대해 충분히 알고 책을 써야 하는데, 금강산 관광 초기라는 한계와 연구부족으로 走馬燈격이 되지 않았나 싶고, 책을 쓰는 과정에서 느낀 점은 필자처럼 미련하고, 일의 속도가 늦은 사람이 영리하고 발 빠른 사람들에 비해 몇 십 배 힘들고 어렵다는 사실을 절감하면서 이제 책을 출간해 독자 여러분과 함께할 수 있어 기쁘기 한량없다.

어떤 경우에도 祖國 韓半島는 하나 되어야 한다. 그 길만이 민족, 국토, 나라가 統一되는 유일한 길이기 때문이다. 허나 오늘날 나라사정은 어떤가. 대결로 치닫는 진보와 보수, 심각한 남남 갈등, 심화된 빈부 격차, 증폭되는 종교 간·세대 간 갈등, 위기적 부정부패, 정치 폭력 및 정의의 실종, 처참한 천안함 연평도위기 사태, 구제역 쓰나미, 리더십의 실종 등은 총체적 위기상황이라 하지 않을 수 없다.

그뿐만 아니다. 초기 南北사태 등도 보다 쉽게 해결할 수 있었음에도 불구하고 원칙론에 치우친 나머지, 무고한 젊은 생명 50여 명만 처참히 죽게 하는 결과를 초래하고 말았다. 그리고 국민의 자존심과 실망감은 말로 형용할 수 없었다. 정치와 외교에서 전략적 유연성이 상실된 것 같아 무척 아쉬웠고, 이 위기를 초기 대북 사업자들과 함께 손을 마주잡고 민족 화해와 협력을 도모해 갔으면 한다.

다시 한번 상기해 보면, 초기 대북 사업자는 南北 정부와 지도자를 믿고 오직 민족 화해와 협력을 위해 헌신 고군분투했으나, 이제 노숙자나 다름없는 처지가 되었을 뿐 아니라 南과 北에서 철저히 소외되고 말지 않았는가. 늦었지만 그분들께 격려와 박수를 보낸다. 위기가 기회이기에 지난 10여 년간 南北 교류와 협력을 희생적으로 해온 그분들과 함께 한겨레, 한민족, 한나라를 구축해 가는 데 우리 모두 지혜를 모았으면 한다.

끝으로 故 정주영 명예회장, 故 정몽헌 회장, 中國 故李穎 畵伯, 故金大中 대통령께서 生前에 배풀어 주신 恩德에 미력이나마 보은키 위해 이 적은 노력을 봉정코자 합니다. 그리고 국립중앙박물관, 국립고궁박물관, 고려대학교박물관, 대한민국 국회 등의 협조와 그간 많은 어려움을 함께해 온 대북 시민단체NGO 여러분 그리고 책 제목을 기꺼이 써주신 서봉 김일동 先生께 진심으로 감사를 드립니다.

2011. 1. 1.

著者 玄步 李 勳(Ree Hoon) 拜上

참고문헌

권별, 海東雜錄 4, 대동야승(국역) 5, 민족문화추진위원회, 1971.

권용섭, 참 아름다운 세상(국토기행금강산독도), 에덴노인전문요양센터, 2000.

금강산 50년 만에 다시 보는 우리의 명산, 서문당, 1998.

금강산(금강산관광안내), 현대상선주식회사, 1999.

금강산, 문화일보투데이 31호 7면, 2000.

금강산과 세계유산, 금강산 사랑운동본부세미나, 2004.

금강산사계(久保田博二 구보다히로지 사진집), 을지문덕, 1991.

金剛山河(세계의 경이 一萬二千峯), 일붕삼장원, 1998.

김무진, 고대인의 산림관과 산림정책, 월간산림, 2009.

김석주 외, 북한의 경관과 관광명소, 백산출판사, 2006.

김선혁, 평양에서 서울까지 27년, 홍성사, 1996.

김영진, 시와 에세이로 금강산 맛있게 보기, 금강산, 2006.

김택, 동양고전연구 1, 동양고전학회, 1993.

노영준, 명당은 있다(현장감정예), 경덕출판사, 2006.

데이비드 하비, 신자유주의 세계화의 공간들, 문화과학사, 2010.7.

류희화, Now, 형성의 미래를 상상하는 사람들에게, 조화로운 삶, 2008.

리중길 外, 금강산, 외국문종합출판사조선화보사, 1998.

리훈, 고려지, 홍익인간정신과 천부경, 1981.

리훈, 금강산 금화사진전, 금강산세계화추진위원회, 2005.

리훈, 금강산 금화전, 금강산세계화추진위원회, 2001.

리훈, 금강산 금화전, 금강산세계화추진위원회, 2002.

리훈, 금강산 금화전, 금강산세계화추진위원회, 2003.

리훈, 금강산 금화전, 홍익문화사, 1999.

리훈, 금강산 평화포럼, 金剛山일본평화방문단환영사, 2003.

리훈, 금강산관광평화통일금자탑, 日本우에노시민회관 강연, 2003.

리훈, 금강산버스 평화포럼, 금강산버스포럼 中, 2004.

리훈, 금강산세계 평화산실이어야, 금강산세미나 주제발표, 2003.

리훈, 金剛山평화캠프, 금강산세계청년평화캠프조직위, 2005.

리훈, 남북 평화통일 순수민간교류 활성화되어야, 민주신문특별대담, 2004.
리훈(다니엘 아네원 저), 평화의 성체, 백산출판사, 1989.
리훈, 대규모 평양방문단성명서, 금사운, 2003.
리훈, 봉사와 평화, 백산출판사, 2000.
리훈, 새천년을 위한 홍익평화포럼, 홍익평화포럼주제 발표, 2000.
리훈, 신묘한 기(氣) 가득한 명산 중 명산, ASIA press, 2000.
리훈, 아! 금강산 육로관광이 열리다니(ASIA press 특별기행문), 2004.
리훈, 육로관광특집, ASIA press, 2004.
리훈, 일본금강산관광전략절실, 문화일보, 특별인터뷰, 2005.
리훈, 평화(平和)를 위하여, 백산출판사, 2000.
리훈, 평화창조자(P. Ceresole의 생애와 정신), 백산출판사, 1977.
리훈, 홍익평화포럼, 경덕출판사, 2006.
박건태, 손짓하는 돌부처, 채조음, 2003.
박균열, 국가윤리교육론, 철학과현실사, 2005.
백남식, 金剛山(사진영상집), 정보문화사업단(주), 연도 없음.
백용천, 谷泉(곡천)문목(한국수묵산수화교본Ⅲ), 미술세계, 2004.
북한 365일, 북한연구소, 2004.
북한 방문길라잡이, 통일부 통일교육원, 2003
북한문화재 대관, 한국안보교육협회, 1992.
山書(산서), 한국산서화, 제16호, 2005.
설성경, 한국고전소설의 본질, 국학자료원, 1991.8.
신봉승, 조선의 마음, 도서출판 선, 2005.
신종동국여지승람(국역), 6 민족문화추진위원회, 1967.
아! 금강산(금강산관광 5주년기념 이정수사진집), 한겨레통일문화재단, 2003.
아름다운 金剛山(이정수사진집), 문화사랑방, 2006.
안경희, 夢遊金剛(그림으로 보는 금강산 300년), 일민미술관, 1999.
안두순, 한반도 통일과 경제통합, 한국경제신문사, 1992.
양태석, 미리 가보는 북한문화유적순례, 백산출판사, 1995.
양택풍수, 한국자연지리협회, 경덕출판사, 2003.
에른스트 외 이유영, 독일문화사(최근 100년간의), 민지사, 1986.
우리길벗 생명과 평화의 안국 100년을 꿈꾸며, 죄재천 이대석좌교수, 2010.
원력, 1~2, 혜민, 클리어마인드, 2008.
俞聖雄, 금강산, 도서출판 예맥, 1998.
윤구봉, 아! 고구려, 인사동문화사, 2004.
이석기 외, 남북한 사업협력 기본전략과 실행방안, 산업연구원, 2007.

이청, 소설 김삿갓, 구름처럼 흐르는 바람처럼, 경덕출판사, 2007.
이태영 외, 동서양의 역사와 문화, 백산출판사, 1996.3.
이혜순, 18세기 韓日文士의 금강산 富士山의 우열논쟁과 그 의미, 한국한문학연구 14, 1992.
임동근, 신자유주의세계화의 공간들(원저 DAVID HARVEY), 문화과학사, 2010.
임영신, 평화는 나의 여행, 소나무, 2006.
임영태, 북한 50년사(1-2권), 들녘, 1987.
정재훈, 문화의 산길들길, 동방미디어, 2000.
정전대, 원불교법무식, 원불교출판사, 1977.
정항교, 율곡先生 금강산답사기, 서예문화사, 1996.
조용호, 19세기 선비의 의주 금강산기행, 도서출판 삼우반, 2005.
조자룡, 金剛山圖, 에밀레미술관, 1975.
최남선, 조선상식문답, 삼성문화재단, 1972.
최명관, 미학이론의 발전, 한국정신문화연구원, 1982.
최은주 외, 그리운 金剛山, 국립현대미술관, 2004.
한겨레신문, 1998.11.2.
한겨레신문, 1998.11.23.
한상하, 두고 온 산하(망향 30년), 以北五道 두고온산하편찬위원회, 1979.
허흥식, 指空의 遊歷과 定着, 伽山學報 창간호, 가산불교문화진흥원, 1991.
현대사회와 윤리, 한국정신문화연구원, 1982.
홍석구, 金剛山(세계적 명산 一萬二天峯), 政裕社, 1972.
James, William, Principles of Psychology, N.Y., 1950(1890).
Lipnicn-, Philosophy in the Classroom, Philadelphic : Temple University Press, 1980.
National GEOgraphic, Magazine BLAZE of BLUE November, 2009.

세존봉에서 본 집선봉 운해(리정수 사진작품)

금강산관광 안내도

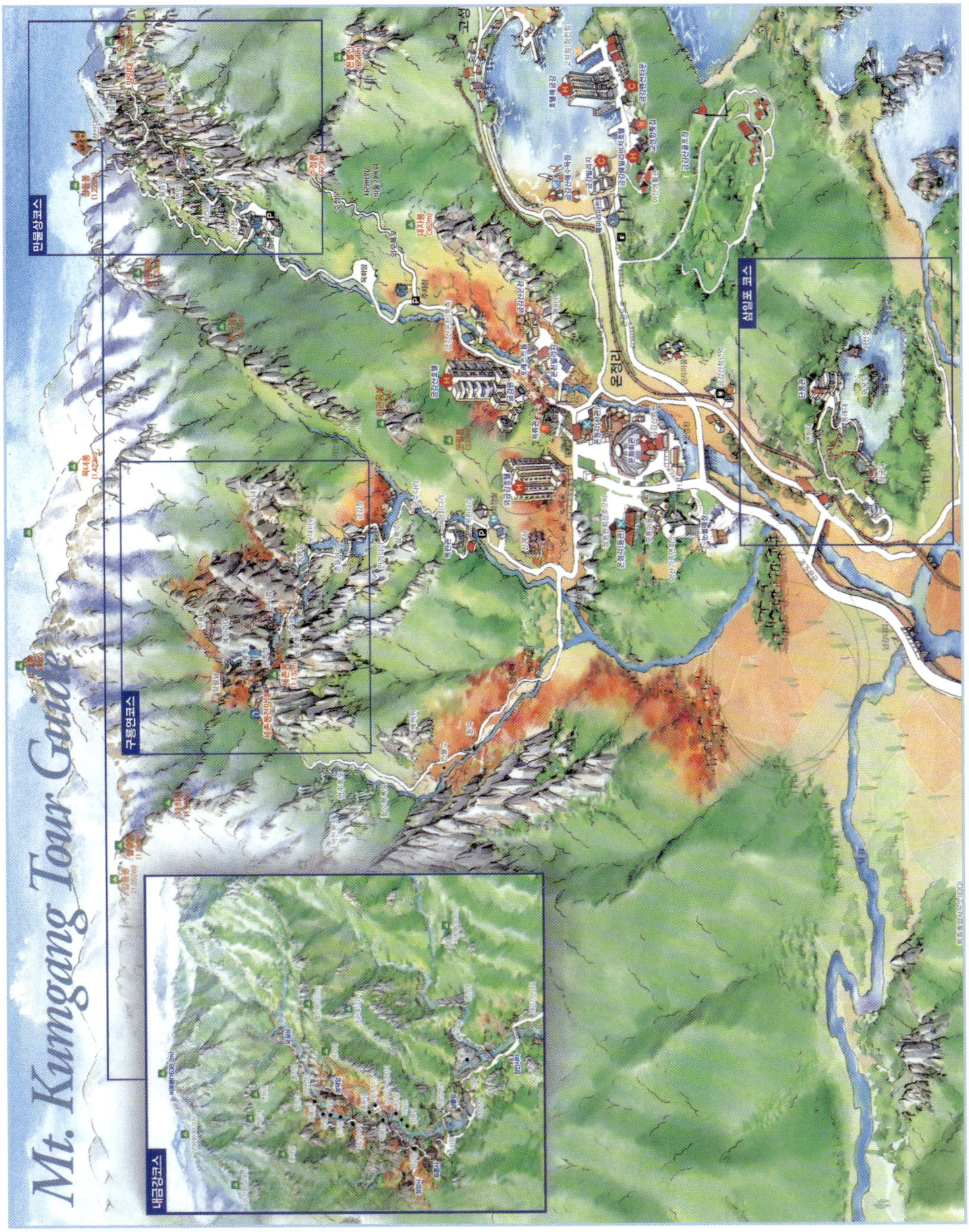

平和統一과 金剛山

2011년 3월 5일 초판 인쇄
2011년 3월 10일 초판 발행

저 자 리 훈
발행인 (寅製) 진 욱 상

발행처 백산출판사
서울시 성북구 정릉3동 653-40
등록 : 1974. 1. 9. 제 1-72호
전화 : 914-1621, 917-6240
FAX : 912-4438
http://www.ibaeksan.kr
editbsp@naver.com

저자와의 합의하에 인지첩부 생략

값 45,000원
ISBN 978-89-6183-462-9